edition suhrkamp 2811

Begriffe wie »postfaktisch« und »alternative Fakten« haben Konjunktur. Sie verweisen darauf, dass in vielen Gesellschaften ein Kampf um die Wirklichkeit der Wirklichkeit entbrannt zu sein scheint.

Der Soziologe Nils C. Kumkar betrachtet diese Phänomene jedoch aus einem anderen Blickwinkel: Ausgehend von Fallstudien zu den Auseinandersetzungen um Corona, den Klimawandel und die Größe des Publikums bei der Amtseinführung Donald Trumps, plädiert er dafür, »alternative Fakten« nicht primär als Versatzstücke einer Parallelwelt zu verstehen, sondern als diskursive Nebelkerzen im Kontext polarisierter Debatten. Sie wirken, so Kumkar, nicht als Beitrag zur *Konstruktion* einer alternativen Realität, sondern als kommunikative *Realitätsdestruktion*, die es erlaubt, wider besseres Wissen weiterzumachen wie bisher.

Nils C. Kumkar, geboren 1985, ist Soziologe und wissenschaftlicher Mitarbeiter am SOCIUM der Universität Bremen. Er forscht zu sozialer Ungleichheit, politischem Protest und qualitativen Methoden.

Nils C. Kumkar

Alternative Fakten

Zur Praxis der kommunikativen Erkenntnisverweigerung

Suhrkamp

Klimaneutral
Druckprodukt
ClimatePartner.com/14438-2110-1001

Erste Auflage 2022
edition suhrkamp 2811
Originalausgabe

Umschlaggestaltung: Nach einem Konzept von Willy Fleckhaus: Rolf Staudt
Satz: Satz-Offizin Hümmer GmbH, Waldbüttelbrunn
Druck: C.H. Beck, Nördlingen
Printed in Germany
ISBN 978-3-518-12811-4

www.suhrkamp.de

Inhalt

Einleitung: Suspicious Minds

> We can't go on together
> with suspicious minds …
> *Elvis Presley, »Suspicious Minds« (1969)*

Als die Beraterin des damaligen US-Präsidenten Donald Trump, Kellyanne Conway, im Januar 2017 vor die Presse trat, wusste sie vermutlich schon, dass sie zu dem eigentümlichen Auftritt des Sprechers des Weißen Hauses befragt werden würde, der in seiner ersten Pressekonferenz ganz offensichtlich Unwahrheiten über die Größe des Publikums bei der Amtsantrittsfeier des Präsidenten behauptet hatte.[1] Auch dass die Befragung eher konfrontativ ausfiel, dürfte sie nicht überrascht haben, schließlich hatte Sean Spicer sein Briefing hauptsächlich damit zugebracht, die anwesenden Pressevertreter:innen zu maßregeln und einer parteiischen Berichterstattung zu bezichtigen. Was sie vermutlich nicht ahnte, war allerdings, dass die originelle Begriffsprägung, mit der sie Spicers Falschbehauptungen zu kaschieren suchte – er habe nicht gelogen, sondern *alternative facts*, also alternative Fakten, präsentiert –, sich wie ein Lauffeuer verbreiten und, ins Negative gewendet, zum Label wie zum Inhalt einer Krisendiagnose über den Zustand der Demokratie avancieren sollte.

1 Diese Anekdote wird in Kapitel 1 »Die Größte Feier der Geschichte« ausführlich interpretiert.

Zwar mühte sich Conway im Nachhinein, ihrer Schöpfung die beunruhigende Spitze zu nehmen, und erklärte, sie habe lediglich alternative Informationen im Sinne einer anderen Perspektive gemeint – so wie die Frage, ob ein Glas halb voll oder halb leer sei, eben eine Frage der Perspektive sei.[2] Doch der Ausdruck war in der Welt und passte viel zu gut zur Selbstwahrnehmung der Zeit, um derart einfach entzaubert zu werden. Gerade erst hatten die Gesellschaft für deutsche Sprache »postfaktisch« und das Oxford Dictionary »post truth« zum jeweiligen Wort des Jahres 2016 ernannt,[3] die ehrwürdige *Washington Post* gab sich wenige Tage später das Motto »Democracy Dies in Darkness«, um die allgemeine Gefahrenlage und die eigene Bedeutung zu würdigen, und George Orwells *1984* führte drohend die Bestsellerlisten an.[4] In dieses Klima passte der Ausdruck »alternative Fakten« hervorragend als Emblem für das dystopische Unwohlsein darüber,

2 Nuzzi, Olivia, »Kellyanne Conway is a star«, in: *New York Magazine* (18. März 2017), online verfügbar unter: {https://nymag.com/intelligencer/2017/03/kellyanne-conway-trumps-first-lady.html} (alle URL Stand März 2022).

3 Oxford Dictionary, »Oxford Word of the Year 2016« (2016), online verfügbar unter: {https://languages.oup.com/word-of-the-year/2016/}; Gesellschaft für deutsche Sprache (GfdS), »GfdS wählt ›postfaktisch‹ zum Wort des Jahres 2016« (9. Dezember 2016), online verfügbar unter: {https://gfds.de/wort-des-jahres-2016/}.

4 Lindner, Roland, »George Orwell. Darum wird ›1984‹ plötzlich wieder zum Bestseller«, in: *Frankfurter Allgemeine Zeitung* (28. Januar 2017), online verfügbar unter: {https://www.faz.net/aktuell/wirtschaft/wirtschaftspolitik/george-orwells-roman-1984-wird-wieder-bestseller-14771376.html}.

dass mit der Trump-Administration etwas unwiederbringlich zu zerbrechen schien. Allerdings fehlte dieser Stimmungslage der Begriff, wodurch eine an schillernden Schlagworten reiche Suche begann, die darauf zentriert war, dass die Wirklichkeit selbst in Gefahr sei. Zusammen mit verwandten Begriffen wie »Fake News«, »postfaktisch«, »post-truth« oder »Verschwörungsmythen«, die in den vergangenen fünf Jahren geprägt, umgedeutet und massenmedial diskutiert wurden, verweist diese steile Karriere einer eigenwilligen Wortschöpfung auf eine tiefgreifende Verunsicherung in der gesellschaftlichen Selbstverständigung.

Es ist das Ziel dieses Buches, diese Verunsicherung präziser zu bestimmen; also genauer zu benennen, welche Probleme eigentlich in der hitzigen Debatte um alternative Fakten bearbeitet werden. Ein erster Blick auf die Diskussion legt nahe, dass es mindestens drei verschiedene Formen der Irritation sind, die sich in der Verunsicherung der gesellschaftlichen Selbstverständigung über die Wirklichkeit verbinden, die alle mit alternativen Fakten in Verbindung stehen, ohne auf sie reduzierbar zu sein: (1) unerwartete Ereignisse, die bisherige Realitätsannahmen problematisch erscheinen lassen; (2) lautstark angemeldete Zweifel darüber, ob nicht alles in Wahrheit ganz anders sei; und (3) eine stärkere Sichtbarkeit von auf den ersten Blick völlig abwegig erscheinenden Tatsachenbehauptungen.

Die Finanzkrise 2008, das Brexit-Referendum und der Wahlsieg Trumps 2016, die rassistischen und antisemitischen Anschläge in Christchurch, Halle und Hanau, das Aufdecken weitverzweigter rechtsextremer

Netzwerke in der Bundesrepublik, die Coronapandemie, der versuchte Sturm auf den Reichstag in Berlin im August 2020 und der erfolgreiche Sturm auf das Kapitol im Januar 2021, »das Klimathema«, das »aus irgendeinem Grund [...] plötzlich ein weltweites Thema geworden« sei (so Armin Laschet 2019),[5] und der russische Überfall auf die Ukraine im Februar 2022: All das sind nur Beispiele für die zahlreichen einschneidenden Ereignisse und Entwicklungen, von denen man – und das ist entscheidend – im Nachhinein meinte, man hätte sie vorher schon kommen sehen können. Während die Ereignisse die meisten scheinbar völlig unvorbereitet trafen, bemühten sich doch vor allem die journalistischen Kommentator:innen nach Kräften, es im Nachhinein schon gewusst zu haben, und erklärten das, was gestern noch eine unproblematisch geteilte Zukunftserwartung war, im Handstreich zur Naivität. Damit verstetigt sich situatives Erschrecken zum konstanten Zweifel: Worauf kann man noch vertrauen? Wenn man es hätte wissen können, warum wusste ich es nicht? Und was wird sonst noch vor mir geheim gehalten?

Dazu kommt, dass die Rechtsextremen und Rechtspopulist:innen, denen im Zuge fast aller dieser Ereignisse verstärkte Aufmerksamkeit zuteilwurde (wenn sie nicht gleich das Ereignis selbst waren), nicht müde werden, ihrerseits gegen die angebliche »Lügenpresse« zu

5 Strobl, Richard et al. »›Anne Will‹ zur Europawahl: Versprecher von Ministerpräsident Laschet sorgt für Spott und Hohn«, in: *Merkur* (30. Mai 2019), online verfügbar unter: {https://www.merkur.de/politik/anne-will-ard-versprecher-von-laschet-macht-zuschauer-sprachlos-zr-12321975.html}.

polemisieren und damit die gesellschaftliche Wirklichkeitskonstruktion unter Feuer zu nehmen. »Mut zur Wahrheit«, so plakatiert die Alternative für Deutschland (AfD), die wie die gleichermaßen aufgeweckten »Querdenker« keinen Zweifel daran lassen will, dass sie die Bevölkerungsmehrheit für eine irregeleitete Herde von »Schlafschafen« hält, die man zur Konfrontation mit der Wirklichkeit zwingen müsse. Als zum Beispiel Hans-Georg Maaßen, damals noch amtierender Chef des Bundesamtes für Verfassungsschutz, erklärte, die rassistischen Hetzjagden in Chemnitz (noch so ein Ereignis, das man hätte kommen sehen können) hätten gar nicht stattgefunden, sondern seien inszeniert worden,[6] drehte er die Schraube der Verunsicherung noch eine Windung weiter: Es passieren nicht nur erschreckende Dinge, von denen man sich fragen muss, wie sie geschehen konnten, nun wird auch noch problematisiert, ob sie wirklich geschehen sind.

Als wäre das nicht schon genug Grund zur Verunsicherung, muss sich die Mehrheit der »Schlafschafe« wiederum mit der Frage auseinandersetzen, wie es dazu kommt, dass gerade diejenigen, die am lautesten alle anderen der Realitätsleugnung bezichtigen, selbst bizarre Falschbehauptungen und Verschwörungstheorien verbreiten. Denn es gab allgemein verfügbare Fotos und Videoaufnahmen von Donald Trumps eben eher klei-

6 Sydow, Christoph, »Chemnitz: Hans-Georg Maaßens Behauptung im Faktencheck«, in: *Der Spiegel* (7. September 2018), online verfügbar unter: {https://www.spiegel.de/politik/deutschland/chemnitz-hans-georg-maassens-behauptung-im-faktencheck-a-1227096.html}.

nen Amtseinführung. Im italienischen Bergamo mussten Armee-Lkw eingesetzt werden, um die Leichen an Corona Verstorbener abzutransportieren – und auch davon existieren Videoaufnahmen. Mindestens eine Partei in diesem Streit muss also den Kontakt zur Wirklichkeit verloren haben. Nur: Wie soll man das ausdiskutieren und woran soll man festmachen, auf welche der beiden Parteien das zutrifft? An der Unsicherheit anzusetzen, mit der alle in diesen Krisensituationen zu kämpfen haben, und geduldig darüber aufzuklären, dass die andere Seite im Irrtum sei, ist dabei offensichtlich keine erfolgversprechende Strategie. Selber Fake News, könnte man die Nullstufe der Kommunikation zusammenfassen, die diese Konfrontation begleitet.

Aus der im öffentlichen Diskurs tonangebenden Perspektive lässt sich das Problem wie folgt zusammenfassen: Es gibt *erstens* eine Verunsicherung über die Wahrnehmung der Realität, deren erratische Ausschläge Zweifel daran wecken, ob ihre grundlegende Mechanik richtig eingeschätzt wird. Diese Situation wird *zweitens* dadurch verschärft, dass immer wieder der Verdacht kolportiert wird, dass es wirklich anders ist, dass es wirklich eine kollektive Realitätsblindheit gibt, der man auch selbst zum Opfer fällt. Und *drittens* ist jede:r mit Behauptungen über die Wirklichkeit konfrontiert, die so abwegig scheinen, dass man, wie unsicher das eigene Verhältnis zur Realität auch sein mag, doch sicher zu sein glaubt, dass die anderen den Kontakt auf jeden Fall verloren haben. Alle drei Verunsicherungen beziehen sich auf zwei Verhältnisse, die schon unter Normalbedingungen intransparent sind: Die Welt entzieht sich meiner sicheren Erkenntnis, und ich kann meinem Gegenüber nicht »in den Kopf schauen«. Gerade weil diese Undurchsichtigkeit aber eben nichts Neues ist, stellt sich einer zeitdiagnostisch interessierten Soziologie brennend die Frage, warum diese Intransparenz, die außerhalb von Philosophieseminaren und Beziehungskrisen normalerweise gut entproblematisiert werden kann, gesellschaftlich auf einmal so ein hitzig verhandeltes Problem darstellt.

Dass die gesellschaftliche Wirklichkeitskonstruktion, also die Aushandlung dessen, was als Wirklichkeit in Auseinandersetzungen vorausgesetzt werden kann, sich nicht jenseits der Gesellschaft vollzieht, dass also Konflikt und Kritik nicht nur ihren Ausgangspunkt bei der »kleinsten gemeinsamen Wirklichkeit«[7] nehmen, sondern diese auch prägen, ist sowohl aus konstruktivistischer wie auch aus ideologiekritischer Perspektive eine Binsenweisheit. In diesem Ausmaß neu ist allerdings, dass dieser Konstruktionscharakter der Wirklichkeit selbst reflektiert und zum Einsatz im Konflikt wird: Man streitet heute eben nicht nur darüber, was wirklich ist, sondern auch und mitunter vor allem darüber, wer was aus welchen Gründen für wirklich hält – und wie man ihn oder sie davon abhalten könnte. Dieses Thema beschäftigt nicht mehr in erster Linie die Philosophie oder die Kultur- und Sozialwissenschaften, sondern treibt (vielleicht sogar in erster Linie) ganz verschiedene politische Akteure auch praktisch um. Dass die World

7 Nguyen-Kim, Mai Thi, *Die kleinste gemeinsame Wirklichkeit. Wahr, falsch, plausibel – die größten Streitfragen wissenschaftlich geprüft*, München: Droemer 2021.

Health Organization zu Beginn der Coronapandemie vor einer »Infodemie« warnte, die mit Nachdruck bekämpft werden müsse, oder dass auf höchsten Regierungsebenen Sorgen artikuliert werden, andere Staaten könnten durch lancierte Falschmeldungen den gesellschaftlichen Zusammenhalt gefährden, legt davon ebenso Zeugnis ab wie aktuelle Sachbuch-Bestseller, die sich mit der Frage befassen, wie man mit denjenigen kommunizieren soll, die an das Falsche glauben.[8]

Es verwundert deshalb nicht, dass »alternative Fakten« zum zeitdiagnostischen Schlagwort wurde. Denn wie kein anderer Begriff bringt der Ausdruck die Verunsicherung auf den Punkt, die sich aus diesen Entwicklungen speist und in der Frage kulminiert, ob wir überhaupt noch davon ausgehen können, in einer »gemeinsamen Wirklichkeit« zu leben.[9] »Everyone is entitled to his own opinion, but not his own facts« – jeder hat das Recht auf seine eigene Meinung, aber nicht auf seine eigenen Fakten –, diese etwas hemdsärmlige Formel von Daniel Patrick Moynihan, Berater ausgerechnet von US-Präsident Richard »Tricky Dick« Nixon, mag aus erkenntnistheoretischer Sicht unterkomplex sein (wir werden darauf zurückkommen), aber sie bringt das politische Alltagsverständnis, das sich durch alternative Fakten bedroht sieht, sehr griffig auf den Punkt.

8 Vgl. z.B. Nocun, Katharina/Pia Lamberty, *True Facts*, Köln: Quadriga 2021.

9 Horn, Eva, »Querdenker-Bewegung: Die Besserwisser«, in: *Frankfurter Allgemeine Sonntagszeitung* (30. Mai 2021), online verfügbar unter: {https://www.faz.net/aktuell/feuilleton/querdenker-bewegung-die-besserwisser-17362761.html}.

Auch in aktuellen sozial- und geisteswissenschaftlichen Zeitdiagnosen fehlt es wohl deshalb selten an Hinweisen auf alternative Fakten. Der Philosoph Markus Gabriel will mit seinem »neuen Realismus« »das Gespenst des postfaktischen Zeitalters [...] bannen«.[10] In ihrer jüngsten Bestandsaufnahme zur gruppenbezogenen Menschenfeindlichkeit erklären Wilhelm Heitmeyer et al., eine Selbstverständlichkeit referierend: »Während der Pandemie [ist] geradezu ein Boom von Verschwörungsideologien zu beobachten«, die in der unübersichtlichen und beängstigenden Situation vielen (falsche) Orientierung und Gewissheit vermittelten.[11]

Doch so eindeutig, wie in all diesen Arenen alternative Fakten als Problem behandelt werden, so schwierig ist es, empirisch oder theoretisch präzise festzumachen, welches Problem dabei eigentlich genau bearbeitet wird. Implizit gehen alle mir bekannten Überlegungen davon aus, dass wir es im weitesten Sinne mit einem Problem der Verunsicherung in Bezug auf die eigene Realitätswahrnehmung vor allem im Abgleich mit dem massenmedial vermittelten Bild der Wirklichkeit zu tun haben. Es geht aus dieser Perspektive also darum, dass viele Leute dem, was ihnen als Wahrheit in den Massenmedien vermittelt wird, nicht mehr vertrauen und ihr individuelles Deuten und Handeln nun an häretischen Tatsachenbehauptungen ausrichteten, denen sie stattdessen Glauben schenken. Genau das scheint aber zu-

10 Gabriel, Markus, *Fiktionen*, Berlin: Suhrkamp 2020.

11 Heitmeyer, Wilhelm/Manuela Freiheit/Peter Sitzer, *Rechte Bedrohungsallianzen. Signaturen der Bedrohung II*, Berlin: Suhrkamp 2020, S. 299.

mindest fraglich: So zeigt zum Beispiel die Mainzer Studie zum Medienvertrauen 2020, dass das Vertrauen in die etablierten Medienformate seit Beginn der Erhebungen 2015 tendenziell zu-, die Zustimmung zu exemplarischen verschwörungstheoretischen Behauptungen im selben Zeitraum hingegen abgenommen hat. Am Ende des ersten Coronajahres befand sich der erste Wert auf einem Allzeithoch, der zweite auf einem Allzeittief.[12] Studien zur Auswirkung von Falschmeldungen auf Wahlentscheidungen bei der US-Wahl 2016, die ja als Ausgangspunkt des Diskurses um alternative Fakten gelten kann, kommen zu dem Schluss, dass diese Auswirkungen vermutlich weit überschätzt werden.[13] So vorsichtig solche Ergebnisse interpretiert werden sollten: Zumindest belegen sie wohl kaum einen »Boom« des Glaubens an alternative Fakten. Und auch wenn in Umfragen in den USA und in Deutschland immer wieder ein Großteil der Befragten angibt, alternative Fakten machten es zunehmend schwieriger, wahre von falschen Nachrichtenmeldungen zu unterscheiden, legen Untersuchungen, die sich näher mit der Frage befassen, was damit genau gemeint sein könnte, nahe, dass die meisten Befragten sich dabei, ein wenig wie die bereits zitierten Sozial- und Geisteswissenschaftler:innen, verhältnismäßig wenig Sorgen um ihre eigene Me-

12 Jakobs, Ilka et al., »Medienvertrauen in Krisenzeiten: Mainzer Langzeitstudie Medienvertrauen 2020«, in: *Media Perspektiven* 3/2021, S. 152-162.

13 Vgl. z.B. Allcott, Hunt/Matthew Gentzkow, »Social media and fake news in the 2016 election«, in: *Journal of Economic Perspectives* 31/2 (2017), S. 211-236, online verfügbar unter: {https://doi.org/10.1257/jep.31.2.211}.

dienkompetenz machen.[14] Verwirrt sind, so könnte man zuspitzend sagen, immer die anderen. Sind alternative Fakten also einfach eine diskursive Modeerscheinung, die vor allem daher rührt, dass diejenigen, die beruflich – als Geheimdienstmitarbeiter:innen, PR-Spezialist:innen, Journalist:innen oder Kultur- und Sozialwissenschaftler:innen – mit der gesellschaftlichen Selbstverständigung befasst sind, ihre Deutungshoheit verhandeln und festigen müssen? Dieses Buch schlägt eine andere Herangehensweise vor: *Unbestritten sind alternative Fakten ein gesellschaftliches Problem – allerdings eines, das bisher soziologisch noch gar nicht befriedigend formuliert wurde.*

Es ist diese Aufgabe, der sich dieses Buch stellt: einen Vorschlag zu unterbreiten, was alternative Fakten eigentlich ausmacht und, hiervon ausgehend, ein gehaltvolleres Verständnis davon zu entwickeln, warum sie gerade in den vergangenen Jahren gesellschaftlich so hitzig diskutiert worden sind. Dabei betrachte ich alternative Fakten vor allem als eine *kommunikative Form*. Denn auch wenn die Veröffentlichungen zu alternativen Fakten inzwischen kaum noch zu überschauen sind, wissen wir bisher erstaunlich wenig darüber, was

14 Vgl. z. B. Wagner, María Celeste/Pablo J. Boczkowski, »The reception of fake news: The interpretations and practices that shape the consumption of perceived misinformation«, in: *Digital Journalism* 7/7 (2019), S. 870-885, online verfügbar unter: {https://doi.org/10.1080/21670811.2019.1653208}; Jang, S. Mo/Joon K. Kim, »Third person effects of fake news: Fake news regulation and media literacy interventions«, in: *Computers in Human Behavior* 80/2018, S. 295-302, online verfügbar unter: {https://doi.org/10.1016/j.chb.2017.11.034}.

alternative Fakten in ihren jeweiligen kommunikativen Kontexten eigentlich machen. Genauer, wie setzt man sie eigentlich, ganz pragmatisch, als kommunikative Schachzüge im Spiel der gesellschaftlichen Debatte ein? Die Klärung dieser Frage hilft auch dabei, besser zu verstehen, warum die Gesellschaft sich so sehr für alternative Fakten interessiert. Auf eine knappe Formel gebracht: *Alternative Fakten sind*, anders als oft implizit angenommen, *keine Versatzstücke von Parallelwelten oder Ad-hoc-Hypothesen in unklaren Situationen, sondern kommunikative Ausflüchte aus Situationen, in denen die Faktenlage vorgängig klar ist, aber Dilemmata konstituiert, mit denen man sich nicht auseinandersetzen kann oder will.* Und die Obsession, mit der sich die Gesellschaft an diesen alternativen Fakten als angeblichen Irrtümern abarbeitet, wiederholt und verstärkt diese Ausweichbewegung, indem sie die realen gesellschaftlichen Widersprüche in diesen Dilemmata hinter scholastischen oder pädagogischen Fragen nach der »Wahrheit« zum Verschwinden bringt. Statt sich mit der überfordernden Realität auseinanderzusetzen, sprechen wir über unser Verhältnis zur Wirklichkeit: *Alternative Fakten sind gesellschaftlich relevant und wirken – aber eben nicht (oder zumindest nicht primär), weil viele Menschen sie glauben würden (das ist die gute Nachricht), sondern weil sie in der Kommunikation wie die Verdrängung irritierender Inhalte wirken (das ist die schlechte Nachricht).*

Diese zugegebenermaßen etwas dürre und abstrakte Formel in der Auseinandersetzung mit konkreten Fällen von alternativen Fakten konkreter werden zu lassen, sie gewissermaßen am Material mit gesellschaftstheoretischem Leben zu füllen, ist die Aufgabe der Fallstudien in diesem Buch. Bevor diese jedoch vorgestellt werden, soll in dieser Einleitung zunächst genauer herausgearbeitet werden, aus welcher theoretischen Perspektive sich das Buch alternativer Fakten annimmt und worin diese Perspektive sich von den bisher den Diskurs bestimmenden Sichtweisen auf alternative Fakten unterscheidet.

Glaubensfragen: Der Diskurs um alternative Fakten

Die Behauptung, dass das Problem der alternativen Fakten bisher nicht befriedigend gestellt wurde, mag etwas vollmundig klingen. Bevor also die spezifische Perspektive des Buches entwickelt wird, möchte ich etwas genauer herausstellen, warum ich meine, dass diese Perspektive eine Lücke schließt. Nicht im Sinne eines Forschungsstandes, sondern im Sinne einer kurzen Skizze dessen, was ich als eine wesentliche Achse des Diskurses bezeichnen möchte, über die sich klarer herausstellen lässt, warum ich meine, dass es nicht befriedigend wäre, bei dieser Ausgangslage stehenzubleiben.

Von Beginn an wurde in der Debatte um alternative Fakten eine wohlvertraute Kontroverse aus den Geistes- und Sozialwissenschaften der vergangenen Dekaden wiederbelebt: die Auseinandersetzung um das Paradigma des Sozialkonstruktivismus (von seinen Gegnern oft eher verunklarend als »Postmoderne« gescholten). Es ist nicht überraschend, dass diese, auch wegen ihrer unheilvollen Verstrickung mit den sogenannten *culture wars*, weiter glimmende Debatte sich an dieser Frage wieder entzündete. Es ist – so viel konstruktivistische Parteinahme sei mir an dieser Stelle erlaubt – nun einmal so, dass ein neuer Gegenstand vor allem dann zum Gegenstand der Auseinandersetzung wird, wenn er sich an die etablierten Relevanzsysteme anschließen lässt. Ein Problem sieht man in einer neuen Entwicklung mit anderen Worten eben gerade dann, wenn man ihr Attribute zuordnen kann, die man schon für problematisch hält. Und gerade Verunsicherung über den Status der Realität, wie sie im Neologismus der alternativen Fakten auf den Punkt gebracht wird, ist nun einmal ein wichtiger Gegenstand der Debatte um den Konstruktivismus. Genauso wenig überraschend ist, dass dabei allerlei Spiegelfechterei betrieben wurde – auch das ist in dieser Debatte nichts Neues. Es soll hier aber nicht darum gehen, ob die Kontrahent:innen der Debatte sich gegenseitig richtig verstehen oder, schlimmer noch, wer recht hat, sondern darum, den Kern der jeweiligen Perspektiven auf das Problem alternativer Fakten und, ausgehend davon, den geteilten blinden Fleck herauszuarbeiten.

Zunächst scheint es, als würde der Sozialkonstruktivismus einen fast schon selbsterklärenden Zugriff auf das Phänomen der alternativen Fakten bieten: Schließlich geht die Kernthese dieses (in sich diversen) Paradigmas davon aus, dass Realität als Gegenstand von Deuten und Handeln immer sozial konstruiert ist. Jedes Faktum muss, um als solches eine Rolle spielen zu können, als solches aufgefasst werden. Wie man sich diesen

Prozess des Auffassens genau vorzustellen hat, darin unterscheiden sich die Ansätze des Sozialkonstruktivismus durchaus. Einig sind sie sich jedoch darin, dass es sich dabei um einen unhintergehbar sozialen Prozess handelt.[15] Da Gesellschaft kein wie auch immer integrierter Akteur ist, verwundert es nicht, dass die einen anderes als Fakt auffassen als die anderen. Doch gerade in dieser scheinbaren Trivialität der Lösung des Problems verbirgt sich die größte Schwierigkeit dieser Perspektive: Denn was genau ist dann das theoretische *Problem*, das alternative Fakten darstellen? Was unterscheidet sie dann eigentlich vom Normalvollzug der kontingenten sozialen Aushandlung von Realität? Denn gerade weil der Konstruktivismus keinen direkten Zugriff darauf erlaubt, was wahr – und damit eben auch darauf, was *eindeutig falsch* – ist, tut er sich schwer damit zu erklären, warum alternative Fakten auf so eigentümliche Art und Weise *problematisch* sind.

Die Beiträge, die sich aus der Perspektive des Konstruktivismus um eine Klärung dieser Frage bemühen, kommen bisher nicht ohne den Rückgriff auf eklektische, mit der eigentlichen theoretischen Perspektive inkonsistente Zusatzannahmen aus. So führen die Medienwissenschaftler Fabian Zimmermann und Matthias Kohring in ihrer konstruktivistischen Definition von

15 In diesem Sinne sprechen Berger und Luckmann in ihrer klassischen wissenssoziologischen Studie von der titelgebenden »gesellschaftlichen Konstruktion der Wirklichkeit«; vgl. Berger, Peter L./Thomas Luckmann, *Die gesellschaftliche Konstruktion der Wirklichkeit. Eine Theorie der Wissenssoziologie*, Frankfurt am Main: Fischer 1969 [1966].

»Fake News« den Begriff der »Unwahrhaftigkeit« ein: Es muss sich um eine Mitteilung handeln, die um ihre eigene Unwahrheit weiß (also nicht um einen Irrtum im Sinne einer klassischen Zeitungsente). Das kommt nun zwar ohne Rekurs auf eine vorsoziale Realität aus, allerdings nur um den Preis einer Intentionszuschreibung und einer unterstellten Einsicht in die Realitätswahrnehmung der Sprecher:innen, die aus der Perspektive des Konstruktivismus kaum weniger problematisch sind.[16] Einige Autor:innen scheinen auch deshalb alternative Fakten eher als Problem für den Konstruktivismus in dem Sinne zu betrachten, dass ihre Diskussion Angriffen auf den Konstruktivismus Vorschub leisten könnte.[17]

Und in der Tat wurde auch genau dieses Problem von den realistischen Kontrahent:innen als Kritik gegen den Konstruktivismus gewendet. Aus der Perspektive des Realismus (die ich hier wieder mit Blick auf das Bezugs-

16 Vgl. z. B. Zimmermann, Fabian/Matthias Kohring, »›Fake News‹ als aktuelle Desinformation. Systematische Bestimmung eines heterogenen Begriffs«, in: *Medien & Kommunikationswissenschaft* 66/4 (2018), S. 525-541, online verfügbar unter: {https: doi.org/10.5771/1615-634X-2018-4-526}; eine ähnliche Kritik am Vorschlag von Zimmermann und Kohring formulieren: Scholl, Armin/Julia Völker, »Fake News, aktuelle Desinformationen und das Problem der Systematisierung. Anmerkungen zum Aufsatz von Fabian Zimmermann & Matthias Kohring [...]«, in: *Medien & Kommunikationswissenschaft* 67/2 (2019), S. 206-214, online verfügbar unter: {https://doi.org/10.5771/1615-634X-2019-2-206}.

17 Z. B. Dyk, Silke van, »Krise der Faktizität? Über Wahrheit und Lüge in der Politik und die Aufgabe der Kritik«, in: *Prokla. Zeitschrift für kritische Sozialwissenschaft* 47/3 (2017), S. 347-368, online verfügbar unter: {https://www.prokla.de/index.php/PROKLA/article/view/65}.

problem bewusst holzschnittartig vereinfache) ist die Realität nämlich nicht (oder nur in begrenztem Umfang) sozial konstruiert, sondern wir haben in unseren Konzepten und Urteilen durchaus einen Zugriff auf die Realität, »wie sie ist« – was natürlich nicht bedeutet, dass wir sie immer richtig auffassen. Ganz im Gegenteil: Die Realität ist aus der Perspektive des Realismus gerade das, in Bezug worauf wir uns *irren* können. Der Konstruktivismus kann darum, so die Kernkritik, die ich wohlwollend den Realist:innen in den Mund legen würde, alternative Fakten nicht als das begreifen, was sie sind und was sie problematisch macht: dass sie nämlich schlicht nicht zutreffen, gar keine Fakten sind.

In der Debatte verbindet sich diese ja nicht unplausible (und oft nuancierter ausgearbeitete) Argumentation allerdings häufig mit einer Anschuldigung gegenüber dem Konstruktivismus. Dieser wird nämlich nicht nur als ungeeigneter Rahmen porträtiert, alternative Fakten zu verstehen, sondern, in einer eigentümlichen Überschätzung der Diskursmacht geisteswissenschaftlicher Moden, geradezu als eigentlicher Schuldiger an ihrer Konjunktur. Das ist nicht nur (wenn auch vor allem) in der polemischen Auseinandersetzung in den Feuilletons, sondern durchaus auch in der philosophischen Debatte selbst zu beobachten. So endet Markus Gabriels kritische Auseinandersetzung mit dem Konstruktivismus, anhand derer er sein Konzept eines neuen Realismus ausarbeitet, mit einem Appell, »das Gespenst des postfaktischen Zeitalters zu vertreiben«,[18] der kaum

18 Vgl. Gabriel, *Fiktionen*, a.a.O., S. 621-627.

einen anderen Schluss zulässt, als dass für ihn die Kritik des Sozialkonstruktivismus wenn nicht hinreichende, so doch mindestens notwendige Bedingung für diese Geisterjagd ist. Die Debatte um alternative Fakten ist aus dieser Perspektive deswegen so verwirrend, weil sich viele weigern, falsche Tatsachen einfach als falsche Tatsachen zu bezeichnen, und der Konstruktivismus trägt daran zumindest eine Mitschuld.

Wenn wir jedoch von dieser Überschätzung der Wirkmacht philosophischer Schulen einmal absehen, die vermutlich auch das Ergebnis eines Forschungs- und Publikationsbetriebs ist, der sich nicht zuletzt an dieser Art der Kontroverse selbst reproduziert, ist die realistische Perspektive vor allem aus zwei Gründen für die Fragestellung dieses Buches interessant. Zunächst, weil sie den Blick dafür schärft, was aus konstruktivistischer Perspektive vorschnell entproblematisiert zu werden droht: dass die Provokation alternativer Fakten nicht darin besteht, eben eine abweichende Tatsachenbehauptung zu sein, sondern dass sie (auf eine noch näher zu bestimmende Art und Weise) *falsch* erscheinen. Was diese besondere Art des falsch *Scheinens* allerdings ausmacht, die mehr und tiefer zu verunsichern scheint als die Lügen und Irrtümer, die uns schon seit Menschengedenken begleiten, dazu schweigen sich auch die Vertreter:innen des Realismus aus. Ihnen genügt zunächst die Feststellung, dass sie falsch *sind*, und das Beharren darauf, dass man dies bitte auch so zur Kenntnis nehmen möge. Ihre Leitfrage in Bezug auf das »postfaktische Zeitalter«, die auch für die konstruktivistische Betrachtung oft im Zentrum steht und die auch für einen Großteil der empirischen Forschung als gemeinsames Bezugsproblem ausgemacht werden kann, lautet darum eben: Warum glauben so viele Menschen die falschen Dinge?

Bei der Durchsicht der empirischen Forschung zu alternativen Fakten fällt auf, dass es vor allem zwei Disziplinen sind, die sich mit dem Phänomen befassen: Psychologie und Medienwissenschaften. Besonders die psychologische Auseinandersetzung stellt sich das Problem dabei ziemlich genau im Sinne der skizzierten Perspektive auf alternative Fakten: Sie setzt voraus, dass alternative Fakten ein Problem sind, weil so viele Menschen sie *glauben* – und fragt dann, wie es dazu kommt und was man dagegen tun kann.[19] Die implizite oder explizite Grundannahme, dass der Begriff »alternative Fakten« als Problemstellung in letzter Instanz Glaubensinhalte bezeichnet, wird also interessanterweise sowohl von den entgegengesetzten erkenntnistheoretischen als auch von den verschiedenen empirischen Herangehensweisen an das Phänomen geteilt. Das trifft auch auf die Grundannahmen der Untersuchung von Nicola Gess zur Narratologie der »Halbwahrheiten« zu, auf deren Ergebnisse ich mich in der Folge immer wieder beziehen werde. Der von Gess vorgeschlagene

19 Siehe für einen zugänglichen Überblick über die psychologische Forschung zum Thema Nocun/Lamberty, *Fake Facts*, a.a.O. Nocun und Lamberty behandeln alternative Fakten dabei, wie große Teile der psychologischen Forschung, mehr oder minder synonym mit Verschwörungstheorien – eine Gleichsetzung, die, auch wenn der Zusammenhang praktisch sehr eng ist, dennoch wichtige analytische Unterschiede unter den Tisch fallen lässt (vgl. Kapitel 3 »Masken und Maulkörbe«).

Perspektivwechsel von der Frage »*wahr/falsch*« zu »*glaubwürdig/unglaubwürdig*«[20] beruht dabei ebenfalls auf der Annahme, dass das zu bearbeitende Grundproblem darin bestehe, dass die betreffenden Behauptungen *geglaubt* werden.

Damit überspringen diese Untersuchungen gerade das interessante Problem, das ich in der Gegenüberstellung von Konstruktivismus und Realismus zu skizzieren versucht habe: dass nämlich die besondere Verunsicherung, die alternative Fakten hervorrufen, auch aus ihrem eigentümlich gebrochenen praktischen Verhältnis zur Wahrheit zu entspringen scheint. Es ist doch rätselhaft, dass eine Behauptung über eine vermeintliche Tatsachenwahrheit, egal ob sie als Ansatzpunkt einer Realitätskonstruktion oder als Zugriff auf die Beschaffenheit der Welt betrachtet wird, sich als *alternative* Tatsachenbehauptung präsentiert (denn das tun alternative Fakten, wie sich zeigen wird), damit die eigene Kontingenz geradezu offensiv ausstellt und gerade mit dieser offensiv ausgestellten Kontingenz so tief greifend verunsichert. Im Streit um alternative Fakten geht es also nicht nur um unterschiedliche Auffassungen der Wirklichkeit, die man dann daraufhin befragen könnte, wie diese Auffassungen jeweils zustande kommen. In diesem Streit wird, auch auf der Ebene der Äußerungen der Kontrahent:innen selbst, das Verhältnis zur Wirklichkeit *selbst* zum hitzig debattierten Thema.

Es ist, darauf deuten ja auch die bereits erwähnten

20 Gess, Nicola (2021), *Halbwahrheiten. Zur Manipulation von Wirklichkeit*, Berlin: Matthes und Seitz, S. 13 (Hervorhebung im Original).

Diskrepanzen in den Untersuchungen zur Verbreitung und Wirkung alternativer Fakten hin, keinesfalls ausgemacht, dass wir es primär mit einem Problem der Realitätswahrnehmung im Sinne von falschen oder divergierenden Glaubensinhalten zu tun haben. Und selbst wenn es so sein sollte, dann beantwortet die Entschlüsselung ihrer Genese und ihres Gehaltes immer noch nicht die Frage, warum sie in der Debatte derart verunsichernd wirken. Die Herausforderung liegt demnach darin, ein Konzept und eine Untersuchungsweise für alternative Fakten zu entwickeln, die das Dilemma der bisherigen konstruktivistischen und realistischen Zugriffe insofern umgeht, als sie nicht auf das Verhältnis der Fakten *zur* Wirklichkeit oder auf ihre Konstruktion *als* Wirklichkeit fokussiert, sondern sich vielmehr fragt, wie Äußerungen in der Kommunikation zu alternativen Fakten werden und was diese Äußerungen als kommunikative Form ausmacht. Die Frage lautet also in aller Einfachheit: *Was macht alternative Fakten in der Kommunikation* (denn nur dort erscheinen sie als solche) *eigentlich zu alternativen Fakten?*

Alternative Fakten als kommunikative Form: Eine neue theoretische Perspektive

Festzuhalten ist: Die *gesellschaftliche* Verunsicherung, die von alternativen Fakten ausgeht, holt man theoretisch und empirisch nicht ein, indem man die individuellen Überzeugungen nachvollzieht, die ihrer Artikulation jeweils zugrunde liegen. Dafür bedarf es vielmehr eines besseren Verständnisses davon, was alternative Fakten eigentlich ausmacht. Und diese Frage lässt sich, so die These dieses Buches, nur beantworten, wenn man ihre *kommunikative Funktion* rekonstruiert, wenn man also versteht, was mit alternativen Fakten in der Kommunikation gemacht wird und welchen Unterschied alternative Fakten in der Kommunikation machen. Die Funktion einer Äußerung (oder einer Klasse vergleichbarer Äußerungen) bezeichnet dabei die aus der Perspektive der Beobachter:innen identifizierbare Veränderung des kommunikativen Kontexts, die mit der Äußerung einhergeht und die also – funktional äquivalent – auch anders hätte zustande kommen können. Zum Beispiel wäre die Funktion der Äußerung »Es geht mir gut« im Kontext eines Gesprächs, das konventionell mit dem Austausch von Höflichkeiten beginnt, der Abschluss dieses thematischen Abschnitts, damit ein anderes Thema initiiert werden kann. Man könnte natürlich auch sagen »Ach, wissen Sie, lassen Sie uns doch zum eigentlichen Thema kommen« – nur würde man sich damit andere Folgeprobleme einhandeln, weil man zum Beispiel als unhöflich gälte oder weil damit eine Meta-Diskussion darüber anheben könnte, worum es im Gespräch eigentlich geht. Wie an diesem Beispiel ebenfalls deutlich wird, kann eine solche Funktion durchaus auch intentional in Anspruch genommen werden (ich will das Thema wechseln) – dies ist allerdings nicht notwendig der Fall und auch nicht die Regel. Wir werden sehen, dass bei alternativen Fakten gelegentlich beides denkbar ist: eine bewusst-strategische Indienstnahme, aber auch eine Funktion, die sich gewissermaßen »hinter dem Rücken« der Beteiligten Geltung verschafft.[21]

Der Fokus auf die Funktion bedeutet selbstverständlich nicht, dass die Fragen, die darauf abstellen, warum und wie alternative Fakten geglaubt werden, als irrelevant abgetan werden sollten. Es geht vielmehr darum, sie vorübergehend abzuschatten, um den Blick darauf freizugeben, wie sie in der Kommunikation funktionieren. Denn in der Alltagseinstellung, die sich ja auch in der Forschung nie dauerhaft abschalten lässt, droht sonst die erste Frage die zweite ständig zu überstrahlen. Wir alle tun in der Regel so, als ob der Umstand, dass jemand etwas glaubt, ein hinreichender und notwendiger Grund wäre, es auch zu sagen. Wer etwas Falsches sagt, der muss dementsprechend irren oder lügen, wer etwas Wahres nicht sagt, der verschweigt es, und alles, was dann noch bleibt, ist die Frage, warum: Er irrt, lügt oder verschweigt.

Dabei wissen wir das, wenn wir unsere Alltagspraxis betrachten, eigentlich besser, wie drei kleine, uns allen

21 Mit der rekonstruktiven Sozialforschung vertraute Leser:innen können sich dies analog zur komparativen Sequenzanalyse bei der Interpretation von Interaktionen vorstellen: Hier wie dort geht es darum, wie eine Äußerung an vorangegangene Äußerungen anschließt und dadurch wiederum die möglichen folgenden kommunikativen Anschlüsse einschränkt, was vor allem durch die Identifikation von Sequenzen/Äußerungen mit homologer Funktion als Regelhaftigkeit rekonstruiert werden kann. Und hier wie dort geht es nicht in erster Linie um den subjektiv gemeinten Sinn der Äußernden, sondern darum, was sich implizit in der Kommunikation zur Geltung bringt; vgl. Bohnsack, Ralf, »Dokumentarische Methode und sozialwissenschaftliche Hermeneutik«, in: *Zeitschrift für Erziehungswissenschaft* 6/4 (2003), S. 550-570.

vertraute Beispiele verdeutlichen dürften. Zum Beispiel erwähne ich schon seit Jahren die Tatsachenwahrheit, dass Wasser bei 100 °C siedet, so gut wie nie, obwohl ich sie wirklich glaube (versprochen!). Dass es mir gut geht hingegen, habe ich schon sehr häufig wider besseres Wissen behauptet. Beides ist alltagspraktisch völlig unproblematisch: Das eine ist keine verschwiegene Wahrheit und das andere (wenn man nicht gerade eine jugendlich-existentialistische Phase fundamentaler Authentizitätssehnsucht durchmacht) keine Lüge. Beide Situationen erklären sich aus der kommunikativen Funktion: Ersteres ist fast nie eine Äußerung, bei der ich den Eindruck habe, den anderen etwas Neues mitzuteilen. Und selbst wenn ich davon ausgehen würde, dass sie es nicht wissen, wäre es immer noch sehr unwahrscheinlich, dass sie sich dafür interessieren, dass es für sie deutungs- oder handlungspraktisch relevant wäre. Zweiteres hingegen ist eine Äußerung, bei der in der Regel davon ausgegangen werden kann, dass die eigentliche Information sich gar nicht auf meinen Gemütszustand bezieht – sondern darauf, dass auch ich lieber zum interessanten Teil des Gesprächs fortschreiten möchte. Und gelegentlich teile ich auch Tatsachenwahrheiten mit, die ich glaube, aber nicht, *weil* ich sie mitteilen möchte: Zum Beispiel nutze ich den Umstand, dass die Sonne im Osten aufgeht, derart häufig als Beispiel dafür, dass man Selbstverständliches nicht sagt (und damit eben gerade nicht als Aussage darüber, ob die Sonne im Osten aufgeht), dass es sich als Beispiel eigentlich schon nicht mehr anbietet (weswegen ich es an anderer Stelle des Texts durch den Siedepunkt des Wassers ersetzt habe). Kurzum: Die Frage nach dem Glauben lässt sich von der Frage nach der Funktion der Artikulation einer Tatsachenbehauptung trennen, und wenn man Zweitere untersuchen möchte, tut man deshalb gut daran, Erstere für den Moment abzuschatten.

Das Buch betrachtet alternative Fakten von dieser Warte aus und untersucht sie auf die Frage hin, wie sie sich auf die Kommunikation beziehen, in deren Kontext sie geäußert werden, und wie die Kommunikation sich wiederum auf diese Äußerungen bezieht. Das heißt, es begreift alternative Fakten als eine bestimmte Form eines kommunikativen Schachzugs in einer spezifischen Situation, deren Besonderheiten interpretierend erschlossen werden müssen: Was alternative Fakten ausmacht, das wird in diesem Sinne erst im Verlauf der Untersuchung deutlich werden, die an verschiedenen vom massenmedialen Diskurs als »alternative Fakten« bezeichneten Äußerungen die Gemeinsamkeiten und Unterschiede in der kommunikativen Bezugnahme herausarbeitet. Die Plausibilität der Ergebnisse hängt also nicht zuletzt an einer geschickten Auswahl der Fälle, an denen die Untersuchung durchgeführt wird. Konkret waren dabei zwei Überlegungen leitend: Die Fälle sollten untereinander divers genug sein, um sicherzustellen, dass die herausgearbeiteten Gemeinsamkeiten nicht nur für eine sehr spezifische Untermenge gelten (es sind also nicht nur Beispiele aus der Debatte um Wissenschaft oder nur aus den sozialen Medien). Zugleich sollten sie aber zumindest in der Hinsicht ähnlich sein, dass sie auch wirklich alle gemeinhin als »alternative Fakten« bezeichnet wurden.

Zwei konzeptionelle Einschränkungen bei der Fallauswahl habe ich dennoch schon im Vorfeld vorgenommen – und möchte sie deshalb auch gern im Vorfeld begründen: Den Begriff alternative Fakten werde ich in der Folge für solche Äußerungen reservieren, die zumindest auf den ersten Blick Anspruch auf faktische Geltung in Bezug auf empirische Sachverhalte erheben – auf Tatsachenwahrheiten, wie sie zum Beispiel Hannah Arendt in ihren Überlegungen zu Wahrheit und Lüge in der Politik auffasst.[22] Das heißt unter anderem, dass *Werturteile nicht unter diesen Begriff fallen.* Unabhängig von der philosophischen Frage, ob Werturteilen ebenfalls objektive Geltung zukommen könnte, werden sie zumindest, wie es ja auch im bereits zitierten Diktum »Jeder hat das Recht auf seine eigene Meinung, aber nicht auf seine eigenen Fakten« angedeutet ist, gesellschaftlich nicht so behandelt. Hätte Sean Spicer in seiner Pressekonferenz nicht behauptet, dass die Amtseinführungsfeier Donald Trumps die größte, sondern vielmehr die großartigste Feier in der Geschichte gewesen sei, dann wäre ein Großteil der Beobachter:innen sicherlich nicht seiner Meinung gewesen, allein, dass er gelogen hätte, wäre wohl trotzdem kaum jemandem eingefallen.

Ebenso *unterschieden werden müssen alternative Fakten von Hintergrundtheorien zu Tatsachenfeststellungen und damit eben auch von Verschwörungstheorien*. Diese Entscheidung mag mit Blick auf die gängige

22 Vgl. Arendt, Hannah, »Wahrheit und Politik« (1964), in: dies., *Wahrheit und Lüge in der Politik. Zwei Essays*, München: Piper 2021, S. 48ff.

Verwendungsweise in der Debatte zunächst verwirren. Ich möchte die enge Verknüpfung der beiden Phänomene, die ich in Kapitel 3 näher untersuchen werde, nicht leugnen. Allein, sie umstandslos in eins zu setzen, würde einen Verlust an Trennschärfe bedeuten, denn offensichtlich können die beiden unterschiedliche Verhältnisse eingehen. Die Behauptung, dass John F. Kennedy am 22. November 1963 nicht von Lee Harvey Oswald erschossen wurde, kann man als Ausgangspunkt einer Verschwörungstheorie und – potenziell – als alternativen Fakt verstehen. Der Verdacht, dass »mehr dahintersteckt«, ist dabei das verschwörungstheoretische Element,[23] die Tatsachenbehauptung, dass Oswald nicht der Schütze sei, der alternative Fakt. Häufig besteht die Prozesslogik der Verschwörungstheorien primär darin, allgemein anerkannte Tatsachenfeststellungen spekulativ[24] so zu verknüpfen, dass sie einen anderen Sinn ergeben. Würde man zum Beispiel behaupten, dass Lee Harvey Oswald unter Billigung oder sogar mit Unterstützung des FBI Kennedy erschossen hätte, weil sich der Vorgang in seiner brutalen Einfachheit sonst kaum erklären ließe, dann hätte man eine Verschwörungstheorie entworfen, die in Bezug auf das Attentat selbst ohne alternativen Fakt auskommt. Die Behauptung, Elvis sei gar nicht tot, wäre andersherum ein potenziel-

23 Vgl. Butter, Michael, *»Nichts ist, wie es scheint«. Über Verschwörungstheorien*, Berlin: Suhrkamp 2018.

24 Vgl. Kuhn, Oliver, »Spekulative Kommunikation und ihre Stigmatisierung – am Beispiel der Verschwörungstheorien«, in: *Zeitschrift für Soziologie* 39/2 (2016), S. 106-123, online verfügbar unter: {https://doi.org/10.1515/zfsoz-2010-0202}.

ler alternativer Fakt, der, wie Sean Spicers Behauptung von der größten Amtseinführungsfeier der US-Geschichte, zumindest zunächst keine Verschwörungstheorie impliziert – auch wenn er sich ohne eine solche auf Dauer kaum aufrechterhalten ließe.

Gerade weil sich die Untersuchung also auf Tatsachenbehauptungen beschränkt, ist das Ergebnis umso überraschender: dass es sich nämlich bei alternativen Fakten, obwohl sie, für sich genommen, als Tatsachenbehauptungen vorgebracht werden, funktional gar nicht primär um solche handelt. Alternative Fakten funktionieren *nicht als* Tatsachenbehauptungen, sondern als *Widersprüche zu* Tatsachenbehauptungen. Sie wirken nicht als Beitrag zur Realitätskonstruktion, sondern als kommunikative *Realitätsdestruktion*, die es erlaubt, wider besseres Wissen weiterzumachen.

Zum Aufbau des Buches

Um dieses Argument zu entfalten und nachvollziehbar zu machen, welche Schlüsse daraus gezogen werden können, untersucht das Buch drei sehr unterschiedliche Fälle der Artikulation alternativer Fakten in ihren jeweiligen kommunikativen Kontexten. In allen diesen Fällen wird sich zeigen, dass der Gehalt des jeweiligen alternativen Fakts bis zu einem gewissen Grad beliebig ist, da es in dem jeweiligen Kontext viel eher darum geht, einem Sachverhalt zu widersprechen, als darum, einen alternativen Sachverhalt zu kommunizieren.

Wie genau diese Form der Erkenntnisabwehr allerdings zustande kommt und wie der jeweilige kommunikative Kontext dazu beiträgt, dass diese Äußerungen funktionieren, wie sie funktionieren, das variiert erheblich zwischen den einzelnen Fällen. Zusammen ergeben sie darum ein facettenreiches Bild davon, wie alternative Fakten sich in die kommunikative Landschaft unserer Zeit einfügen, und sie stützen die zeitdiagnostische Abschlussthese dieses Buches, die gewissermaßen die realistische Pointe einer konstruktivistischen Untersuchung bildet: Bei alternativen Fakten handelt es sich um eine kommunikative Form der sozialen Verleugnung, der kommunikativen Erkenntnisabwehr. Sie sind weit davon entfernt, gesellschaftliche Wahrheit dauerhaft zu verdrängen, sondern legen vielmehr in ihrem praktischen, beobachtbaren Vollzug Zeugnis von der anhaltenden Arbeit daran ab, die Auseinandersetzung mit den eigentlich bekannten Wahrheiten und ihren konfliktbehafteten Konsequenzen zu vermeiden.

Die erste Fallstudie, »Die größte Feier der Geschichte«, widmet sich dem bereits eingangs erwähnten Briefing des damaligen Pressesprechers des Weißen Hauses, Sean Spicer, in dessen Verlauf dieser die nachweislich falsche Tatsachenbehauptung aufstellte, die Amtseinführungsfeier sei die größte in der Geschichte der Vereinigten Staaten gewesen, sowie der Verteidigungsstrategie, mit der die Beraterin des damaligen Präsidenten, Kellyanne Conway, diese Äußerung gegen die empörte Kritik in den Massenmedien zu rechtfertigen suchte. Dieses Beispiel bietet sich als Ausgangspunkt der Untersuchung vor allem deswegen an, weil hier der Begriff der alternativen Fakten erstmals geprägt wurde – und weil bei aller diskursiven Unschärfe, die den Begriff umgibt, die Familienähnlichkeit mit diesem Fall deshalb als einheitsstiftendes Prinzip verstanden werden kann. Als Äußerung im offiziellen, institutionalisierten Setting eines Pressebriefings durch die Regierung selbst entfalten diese alternativen Fakten zur Größe des Publikums als Maßstab der Unterstützung des Präsidenten ihre Wirkung an der Schnittstelle zwischen den sozialen Systemen der Politik und der Massenmedien und verdanken ihre steile Karriere nicht zuletzt einem Ringen um Deutungshoheit, das, so die These dieser Fallstudie, als Symptom einer in diesem Konflikt latent wirkenden Legitimationskrise verstanden werden muss. Diese drängte sowohl die politischen als auch die journalistischen Akteure beständig dazu, die mit ihren Rollen verbundenen Verhaltenserwartungen zu überschreiten – und sich genau dafür dann gegenseitig zu kritisieren.

Die zweite Fallstudie, »Eine zweite Meinung zum Klima-Konsens«, setzt sich mit dem Phänomen der wissenschaftlichen Gegenexpertise auseinander. Am Beispiel der von konservativen Thinktanks und erdölindustrienahen Forschungsinstituten vorgebrachten alternativen Fakten zum menschengemachten Klimawandel zeigt sich, dass das Phänomen alternativer Fakten zumindest in diesem Fall älter ist als der Begriff – und dass sie auch schon länger funktionieren. An der Schnittstelle von Politik, Wissenschaft und Massenmedien wird auch in diesem Fall offenbar, wie die Wirkweise alternativer Fakten sich der permanenten Überschreitung von Rollen verdankt, die man bei den jeweiligen Gegner:innen zugleich lauthals anprangert: Im konstitutiv unklaren Setting der Expert:innenanhörung und des Policy-Papers wird die Wissenschaft verdächtigt, Politik zu machen, die Politik bezichtigt, in die Wissenschaft hineinzuregieren – und alle führen diese Auseinandersetzung zugleich vor einem Publikum auf, dem unterstellt wird, diese Unterschiede nicht zu verstehen, an das aber ständig appelliert wird, sich »nicht für dumm verkaufen zu lassen«. An diesem Beispiel wird zugleich auch klarer, wie diese kommunikative Form als Verleugnung von Erkenntnis funktioniert: In den Stellungnahmen der Klimawandelleugner:innen wird, wenig subtil, immer wieder eingestanden, dass der eigentliche Gegenstand der Kritik nicht die wissenschaftliche Erkenntnis des menschengemachten Klimawandels ist – sondern die politischen Konsequenzen, die das Eingeständnis dieser Erkenntnis hätte. Und die Zugeständnisse, die den Behauptungen der mangelnden Solidität der wissenschaftlichen Erkenntnis in Massenmedien und Politik gemacht werden, wirken mit an einer Themenverlagerung, die dazu beiträgt, dass diese politischen Konsequenzen nicht eintreten – unabhängig davon, wer den Gegenexpertisen im emphatischen Sinne eigentlich Glauben schenkt.

Die dritte Fallstudie »Masken und Maulkörbe« befasst sich mit Konversationen zu Corona und zur Pandemiepolitik auf den Facebook-Seiten der AfD und mit der kommunikativen Funktion, die alternative Fakten in diesen Konversationen haben. Dieses Beispiel ist vor allem deshalb interessant, weil es den Fokus gegenüber den beiden anderen Fällen in doppelter Hinsicht verschiebt: Es entstammt erstens den sozialen Medien, also einer Umgebung, die von vielen verdächtigt wird, die Zirkulation alternativer Fakten zu begünstigen; und die Protagonist:innen sind zweitens eher Teil des politischen Publikums, also eben keine Leistungsrollenträger aus Politik und Massenmedien, was andere Rückschlüsse darauf erlaubt, wie alternative Fakten auch von den »Leuten« eigentlich angenommen werden. Dabei zeigt sich, dass die Kernerkenntnisse aus den ersten beiden Fallstudien sich im Kontext der sozialen Medien als tragfähig erweisen: Auch hier ist der Sachgehalt der alternativen Fakten sekundär, besteht die vordringliche kommunikative Funktion in der Abwehr eines mitkommunizierten Sachverhalts, gegen den Stellung bezogen wird. Darüber hinaus zeigt sich, dass die alternativen Fakten kumulativ, also in ihrer Häufung in der Kommunikationsdynamik, der Identitätsbehauptung dienen – das Teilen von und zustimmende Interagieren mit alternativen Fakten wehrt nicht nur eine Auseinandersetzung mit eigentlich bekannten Sachverhalten ab, sondern dient außerdem der Festigung einer Identität als »Durchblicker«, als jemand, der schlauer ist als die Menge der »Schlafschafe«, weil er zumindest durchschaut, dass diese getäuscht werden. Diese praktische Fundamentalskepsis, die sich ironisch zu »Immerhin weiß ich, dass du nichts weißt« zuspitzen ließe, stellt sich dabei als das verbindende Element aller untersuchten Fälle alternativer Fakten heraus. Die Dynamik, die alternative Fakten mit Verschwörungstheorien verbindet, lässt sich von diesem Ausgangspunkt her begreifen.

Das vierte Kapitel »Querdenker, quergelesen« widmet sich stichprobenartig dem massenmedialen Diskurs über die sogenannten Querdenker und vor allem um die Funktion, die die Zuschreibung des Glaubens an alternative Fakten in diesem Diskurs hat. Es geht also im Kern nicht um die unmittelbare kommunikative Funktion alternativer Fakten selbst, sondern darum, was eigentlich wie in der Kommunikation *über* Artikulationen alternativer Fakten verhandelt und was dadurch wie ermöglicht wird. Doch es zeigt sich, dass die grundlegende Funktion alternativer Fakten in diesem Diskurs in überraschender Art und Weise repliziert wird. Sowohl in der artikulierten Sorge über die epistemische Solidität der gemeinsamen Wirklichkeit als auch in Beiträgen, die sich fragen, warum die Unbelehrbaren sich scheinbar so störrisch der Erkenntnis verweigern, wird die skeptische Wirkung alternativer Fakten verstärkt und nicht gebrochen. Unabhängig davon, ob man die Vertreter:innen alternativer Fakten als Gesprächspartner:innen über die Beschaffenheit der Wirklichkeit auffasst oder sie als Problemfälle behandeln will: Solange man sie nicht als politische Kontrahent:innen in einer hinreichend definierten Situation, deren Kenntnis man voraussetzen kann, ernst nimmt und ihre Angriffe auf dieser Ebene pariert, wiederholt man die an allen drei zuvor behandelten Beispielen deutlich gewordene Verschiebung eines politischen Konflikts in eine epistemologische Fragestellung. Allerdings ist die Umgangsweise mit alternativen Fakten in den Massenmedien derart eng mit ihrer eigenen Funktionslogik verknüpft, dass es naiv wäre, diese Diagnose in einen moralisch-politischen Vorwurf an die Massenmedien zu wenden.

Im abschließenden Kapitel »Die Wahrheit der Gesellschaft« fasse ich die Ergebnisse der Fallstudien noch einmal in theoretischer Hinsicht zusammen. Davon ausgehend, entfalte ich die zeitdiagnostische These des Buches, die sich in den einzelnen Studien schon andeutet: dass nämlich die Hartnäckigkeit, mit der sowohl die Vertreter:innen von alternativen Fakten wie auch deren Gegner:innen ihre Auseinandersetzungen als Kampf um die Wirklichkeit der Wirklichkeit austragen, keinesfalls ein Zeichen für die Instabilität der gesellschaftlichen Wirklichkeitskonstruktion ist – im Gegenteil. Gerade weil (potenziell) jeder darüber im Bilde ist, was der Fall ist, weil die in dieser Sachlage sich abzeichnenden sozialen Konflikte also ebenfalls allen zumindest schemenhaft vor Augen stehen, üben Diskussionen über alternative Fakten eine solche Faszination aus. Aus dieser Perspektive sind alternative Fakten also paradoxerweise, trotz ihrer polarisierenden Wirkung, in erster Linie kollektive Selbstbeschwichtigungen. Der Ausgang aus der postfaktischen Konstellation wird darum nicht durch mehr oder weniger wissenschaftliche Expertise, durch mehr oder weniger Wissenschafts- und Politikkommunikation oder durch rigides Fact-Checking in den Massen- und sozialen Medien erreicht werden, sondern nur durch ein offenes Ausbrechen der Konflikte, die in ihr latent wirken. Inwiefern dies geschieht und ob die Ergebnisse wünschenswert wären – das sind am Ende politische Fragen.

1. Die größte Feier der Geschichte: Alternative Fakten an der Schwelle von Politik und Massenmedien

Wem vertraust du mehr –
mir oder deinen Augen?
Marx Brothers, Duck Soup *(1933)*

»Alternative facts are not facts, they're falsehoods« – alternative Fakten sind keine Fakten, sondern Falschbehauptungen –, hielt der Journalist Chuck Todd der Präsidentenberaterin Kellyanne Conway in einem Interview auf dem Sender NBC entgegen, als diese behauptete, der Pressesprecher des Weißen Hauses, Sean Spicer, habe in Bezug auf die Teilnehmer:innenzahl bei Trumps Amtseinführung nicht gelogen, sondern eben »alternative Fakten« präsentiert. Zwei Tage später sekundierte auch die ehemalige Chefredakteurin der *New York Times*, Jill Abramson, in einem Kommentar für den *Guardian*, alternative Fakten seien »schlicht und einfach Lügen«.[1] Wäre es so einfach, würde unsere Geschichte hier wahrscheinlich enden, bevor sie begonnen hat. Die Wortschöpfung »alternative Fakten« wäre dann eine einfache begriffliche Ausflucht geblieben, der

1 Abramson, Jill, »›Alternative facts‹ are just lies, whatever Kellyanne Conway claims«, in: *The Guardian* (24. Januar 2017), online verfügbar unter: {https://www.theguardian.com/commentisfree/2017/jan/23/kellyanne-conway-alternative-facts-lies} (Übersetzung NK).

Versuch, sich aus einer eindeutig inkriminierenden Situation herauszumogeln. Und da sie sofort als solche enttarnt wurde, wäre sie gleich wieder aus dem gesellschaftlichen Wortschatz verschwunden. Doch es kam anders: Wie eine einfache Schlagwortsuche in eingängigen Rechercheplattformen schnell ergibt, war der Begriff bis zu diesem Moment quasi nicht existent, verbreitete sich dann aber rasend durch die Massenmedien, die bis heute nicht aufgehört haben, ihn zu verwenden.[2] Zumindest in dieser Hinsicht ist die Zeile also durchaus zutreffend, mit der die *Washington Post* das Transkript des Gesprächs zwischen Chuck Todd und Kellyanne Conway überschrieb: Kellyanne Conway leitete eine Ära alternativer Fakten ein.[3]

Eine solch steile Begriffskarriere lässt es als sehr unwahrscheinlich erscheinen, dass »alternative Fakten« einfach nur ein anderer Ausdruck für »Lügen« ist. Ob nun etwas *anderes* als Lügen, eine *bestimmte Form* der Lüge oder eine Lüge *in einem bestimmten Kontext* gemeint ist: Wenn nicht irgendein Bedeutungsgewinn damit verbunden wäre, den Begriff anstelle von »Lüge« zu benutzen, hätte er auch als Mode wohl eine sehr viel kürzere Halbwertszeit gehabt. Es wird ein durchgängiges Be-

2 In der Nexis-Datenbank mit Presseberichten finden sich z.B. 25 (abseitige) Treffer für den Begriff »alternative facts« im Jahr 2016, über 10000 im Jahr 2017 und immerhin noch 1644 im Jahr 2021.

3 Sinderbrand, Rebecca, »How Kellyanne Conway ushered in the era of ›alternative facts‹«, in: *Washington Post* (22. Januar 2017), online verfügbar unter: {https://www.washingtonpost.com/news/the-fix/wp/2017/01/22/how-kellyanne-conway-ushered-in-the-era-of-alternative-facts/}.

mühen dieses Buches sein, genauer herauszufinden, wovon eigentlich die Rede ist, wenn von alternativen Fakten gesprochen wird. Die Ausgangslage für ein solches Unterfangen ist paradox: Obwohl keine mir bekannte formale Definition der Verwendungsweise des Begriffs gerecht zu werden scheint, wird er doch durchgängig mit einer praktischen Gewissheit gehandhabt, die nahelegt, dass alle am Diskurs Beteiligten sich gegenseitig unterstellen können zu wissen, wovon die Rede ist.[4] Bei näherer Betrachtung ist das freilich kein Alleinstellungsmerkmal dieses Terminus. Vielmehr ist Alltagssprache grundlegend dadurch gekennzeichnet, dass ihre Begrifflichkeiten gleichzeitig definitorisch unscharf und dennoch im Gebrauch beeindruckend präzise sind. Was Angehörige eines beliebigen Milieus meinen, wenn sie zum Beispiel »Familie« sagen, und worüber sie sich mit diesem Begriff alles verständigen können, das fängt keine Wörterbuchdefinition ein[5] – und auch die Betroffenen selbst wären höchstens rudimentär in der Lage zu erklären, was sie mit diesem Begriff alles (mit)meinen.[6] In der Rechtsprechung, die ja eigentlich

4 Die/der Leser:in mag gern die Probe aufs Exempel machen: Was meinten Sie, wovon dieses Buch handelt, als Sie es zur Hand nahmen? Aller Wahrscheinlichkeit nach dachten Sie an eine Reihe konkreter Fälle, die Sie intuitiv unter diesen Begriff subsumierten, oder?

5 Vgl. Bohnsack, Ralf, »Dokumentarische Methode: Theorie und Praxis wissenssoziologischer Interpretation«, in: *Wie kommt die Wissenschaft zum Wissen?*, herausgegeben von Theo Hug, Hohengehren: Schneider Verlag 2001, S. 326-345, S. 330.

6 Die Frage, ob eine »ideale Sprache« ohne einen solchen, Definitionen notwendig überragenden Bedeutungsüberschuss möglich ist, wird unter Philosoph:innen intensiv diskutiert. Jüngst hat Charles

wie kaum ein anderer gesellschaftlicher Diskurs mit dem Zwang zur Eindeutigkeit operiert, wurde dieses Phänomen, ursprünglich in Bezug auf Pornografie, mit der sprichwörtlich gewordenen Wendung »I know it when I see it« auf den Punkt gebracht – »Ich erkenne sie, wenn ich sie sehe«.[7]

Der Lösungsweg, den unter anderem die rekonstruktive Sozialforschung[8] gewählt und ausgefeilt hat, um solche praktisch eindeutigen, definitorisch unscharfen Begriffe dennoch in den Griff zu bekommen, beginnt deshalb gerade nicht mit einer Definition, sondern mit der Untersuchung ihrer Verwendung.[9] Im Prinzip geht

Taylor sie im Rahmen seiner sprachphilosophischen Überlegungen aufgegriffen und dabei einen Kompromissvorschlag entwickelt, der in vielerlei Hinsicht anschlussfähig ist an die wissenssoziologischen Überlegungen Karl Mannheims, die für die Entwicklung der rekonstruktiven Sozialforschung maßgeblich waren; vgl. Taylor, Charles, *Das sprachbegabte Tier*, Berlin: Suhrkamp 2017; Mannheim, Karl, »Eine soziologische Theorie der Kultur und ihrer Erkennbarkeit (Konjunktives und kommunikatives Denken)« (1924), in: *Strukturen des Denkens*, herausgegeben von David Kettler, Volker Meja und Nico Stehr, Frankfurt am Main: Suhrkamp 1980, S. 155-322.

7 Formal ausgedrückt: Man weiß einfach, dass Phänomen X (k)ein Fall von Y ist, auch wenn man Y nicht hinreichend definieren kann; vgl. Lattman, Peter »The origins of Justice Stewart's ›I know it when I see it‹«, in: *Wall Street Journal* (27. September 2007), online verfügbar unter: {https://www.wsj.com/articles/BL-LB-4558}.

8 Bohnsack, Ralf, *Rekonstruktive Sozialforschung*, Opladen/Farmington Hills: Barbara Budrich 2010.

9 »Das Begreifen eines Begriffs ist das Beherrschen des Gebrauchs eines Wortes – und die Verwendungen eines Wortes stellen Musterbeispiele für die Art von Dingen dar, die historisch [und damit auch soziologisch, NK] verstanden werden müssen.« So formuliert

es dabei nur darum, nachvollziehbar nachzuvollziehen, was man beim Erlernen eines Alltagsbegriffes, zum Beispiel in einer neuen Sprache, ohnehin tut: Man liest oder hört ihn in einem Kontext, entwickelt ein Gefühl dafür, was damit gemeint sein könnte, merkt, dass die Gegenüber leicht irritiert reagieren, wenn man ihn nicht ganz zutreffend benutzt, justiert nach, liest oder hört ihn in einem anderen Kontext und erwirbt so (oft) langsam, aber (meist) sicher eine immer solidere praktische Kompetenz in seiner Handhabung.

In diesem Sinne sind die Fallstudien dieses Buches nicht nur eine Erkundung dessen, was alternative Fakten in verschiedenen Kontexten machen, sondern auch ein praktisches Erproben der Begrifflichkeit selbst: Wovon ist eigentlich die Rede, wenn von alternativen Fakten gesprochen wird? Und muss der Begriff abhängig vom jeweiligen Kontext vielleicht doch noch einmal anders gefasst werden?

Damit das aber gelingt (und nicht unnötig kompliziert gerät), ist es wichtig, einen geeigneten Ausgangspunkt für die Rekonstruktion zu wählen: eine Verwendung des Begriffs, bei der man sicher sein kann, dass sie den gesuchten Gegenstand nicht völlig verfehlt. Das Pressebriefing Spicers, das den Anlass zu Conways Begriffsschöpfung bot, ist dafür der beste Kandidat. Der

es der US-amerikanische Philosoph Robert Brandom, dessen pragmatistische Hegel-Interpretation die Überlegungen dieses Buches zur »Wahrheit der Gesellschaft« (vgl. Fazit) entscheidend beeinflusst hat; vgl. Brandom, Robert B., *Begründen und Begreifen. Eine Einführung in den Inferentialismus*, Frankfurt am Main: Suhrkamp 2001, S. 43.

gesamte Diskurs um alternative Fakten hatte hier seinen weithin wahrgenommenen Ausgangspunkt:[10] Wie auch immer man die Ereignisse normativ beurteilt und wie gelungen man die Begriffsschöpfung findet, es ist unstrittig, dass das, was hier geschah, die Artikulation alternativer Fakten war, denn diese Äußerungen wurden hier gewissermaßen so »getauft«. Wann immer seither jemand nach der Devise »I know it when I see it« etwas als alternativen Fakt bezeichnet, beruft er sich implizit auf eine (wie auch immer vage, über verschiedene Zwischenglieder vermittelte) Familienähnlichkeit zwischen dem von ihm so Bezeichneten und diesem ersten »Fall«.

Das Ziel dieser Fallstudie ist ein doppeltes: Zunächst geht es darum, anhand einer Interpretation des Pressebriefings und des Interviews mit Kellyanne Conway eine erste Skizze davon herauszuarbeiten, was man eigentlich getan hat, wenn in der gesellschaftlichen Auseinandersetzung später die Rede davon ist, man habe einen »alternativen Fakt propagiert«. Der Begriff »alternative Fakten« bezieht sich, so wird sich zeigen, nicht einfach nur auf geäußerte Tatsachenbehauptungen, sondern auf die *Art* der Äußerung: Man hat nämlich, wenn man alternative Fakten vorträgt, so viel kann ich an dieser Stelle schon vorwegnehmen, nicht einfach nur be-

10 Keine einzige mir bekannte überregionale deutschsprachige oder englischsprachige Zeitung berichtete in der Woche nach dem Pressebriefing *nicht* auch über die Begriffsschöpfung Kellyanne Conways, und sowohl der englischsprachige als auch der deutschsprachige Wikipedia-Artikel eröffnen mit den Ereignissen des Pressebriefings und des anschließenden Interviews (Stand: März 2022).

hauptet, dass etwas der Fall ist, sondern auch und vor allem, dass etwas Bestimmtes, gemeinhin Akzeptiertes, *nicht* der Fall ist. Diese Interpretation wird sich, anders als die späteren Fallstudien, sehr nah an einem relativ kleinen Materialausschnitt entlangtasten. Diese kleinteilige Vorgehensweise ist nötig, um die begrifflichen Weichenstellungen dieser ersten Annäherung an eine Definition alternativer Fakten auch zu begründen (und nicht einfach zu postulieren). Sie erlaubt mir allerdings auch, exemplarisch meine Arbeitsweise bei der Interpretation des Materials zu illustrieren. Ausgehend von dieser ersten Definition, wendet sich das Kapitel dem spezifischen Kontext dieses alternativen Fakts – einem Pressebriefing am Anfang einer hochumstrittenen Präsidentschaft – zu und zeigt, im kursorischen Vergleich mit der sogenannten »Birther-Theory«, die vor allem zu Beginn von Barack Obamas erster Amtszeit im Umlauf war, welches Problem diese Praxis im Fall Spicer/Conway eigentlich bearbeitet: eine unleugbare Legitimationskrise gleich am Anfang der Präsidentschaft Donald Trumps, die durch Indienstnahme einer gleichzeitigen Legitimationskrise des Journalismus aufgefangen wurde. Das Kapitel schließt mit ersten theoretischen Überlegungen dazu, ob und wie das Verhältnis der Systeme Politik und Massenmedien die Praxis der Artikulation alternativer Fakten ermöglicht.

Alternative Fakten im Dialog: Pressebriefing und Interview

Am 21. Januar 2017, einen Tag nach der Amtseinführung Donald Trumps, die von Tumulten in großen Teilen Washingtons begleitet wurde und deren kleinste Details in Echtzeit in der Presse und in den sozialen Medien diskutiert worden waren, trat der Sprecher des Weißen Hauses, Sean Spicer, zu einem außerplanmäßigen Briefing vor die Medien (die erste offizielle Pressekonferenz sollte erst zwei Tage später stattfinden). Das Briefing war relativ kurz und Fragen im Anschluss nicht zugelassen, so dass es möglich ist, seine Äußerungen (mit unwesentlichen Kürzungen[11]) Abschnitt für Abschnitt zu interpretieren, um sich den Kontext der Behauptungen, deren Äußerung schließlich alternative Fakten getauft wurden, zu erschließen:

> Sean Spicer: Guten Abend. Danke, dass Sie hier sind. Ich weiß, unsere erste offizielle Pressekonferenz ist erst am Montag, aber ich wollte Ihnen schon mal einige Updates zu den Amtshandlungen des Präsidenten geben. Bevor ich allerdings zu den Nachrichten des Tages komme, denke ich, sollte ich etwas zu der Berichterstattung der letzten 24 Stunden sagen.
>
> Gestern, während die Nation und die Welt Zeugen

11 Das vollständige Transkript wurde unter anderem von *Politico* veröffentlicht: »Transcript of White House press secretary statement to the media«, in: *Politico* (21. Januar 2017), online verfügbar unter: {https://www.politico.com/story/2017/01/transcript-press-secretary-sean-spicer-media-233979}. Die Zitate wurden von mir ins Deutsche übertragen.

der friedlichen Regierungsübergabe und, wie der Präsident es formulierte, der Machtverschiebung weg von Washington und hin zu den Bürgern der Vereinigten Staaten waren, betrieben einige Medienvertreter willentlich falsche Berichterstattung.

Sean Spicer eröffnet das Briefing mit einem Exkurs zur Medienberichterstattung. Dieser machte den längsten und auch meistbesprochenen Teil des Briefings aus. Der Exkurs wird schon in der Ankündigung eindeutig gerahmt: Was Spicer in der Folge äußert, soll vor allem eine Richtigstellung sein, und zwar eine Richtigstellung gegenüber einer Presse, die *willentlich* falsch berichte. Dabei stellt Spicer rhetorisch eine Diskrepanz heraus, die uns in der Folge weiter beschäftigen wird: Die Falschberichterstattung fand nämlich statt, während das Land und die Welt eine Amtsübergabe beobachteten, die, unter Rückgriff auf ein klassisches populistisches Deutungsschema,[12] als Verschiebung der Macht weg von »Washington« (also der politischen Elite des Landes) hin zu den »Bürgern« präsentiert wird. Es hat also ein (im emphatischen Sinne) historisches Ereignis stattgefunden, das von einigen falsch repräsentiert, zugleich aber von »Land und Welt« beobachtet wurde. Die Formulierung suggeriert, dass die Falschberichterstattung sich sehr einfach entlarven lässt – nämlich durch den Vergleich mit dem, was »Land und Welt« zur Kenntnis genommen haben. Nun bleibt an dieser Stelle offen, wie und was Land und Welt eigentlich genau be-

12 Vgl. Mudde, Cas, »The populist zeitgeist«, in: *Government and Opposition* 39/4 (2004), S. 542-563, online verfügbar unter: {https://doi.org/10.1111/j.1477-7053.2004.00135.x}.

obachtet haben und wer Land und Welt eigentlich sind. Ob sich dahinter also der Appell an die sinnliche Wahrnehmung der Anwesenden verbirgt (was ein sehr kleiner Ausschnitt von Land und Welt wäre), ob es um unterschiedliche massenmedial vermittelte Bilder geht (was das Folgeproblem aufwerfen würde, wie deren Richtigkeit oder Falschheit jeweils untermauert werden soll) oder ob es um eine andere Form des Wissens – etwa die außerempirische Gewissheit von der Großartigkeit des Augenblicks – geht, in irgendeiner Form stellt sich die Frage des sich hier ankündigenden »Gegenbeweises«. Zentral ist für das weitere Verständnis zunächst vor allem: Was angekündigt wird, ist eine Korrektur vermeintlich falscher Tatsachenbehauptungen.

> Bei all den Diskussionen über die angemessene Nutzung von Twitter stechen vor allem zwei Fälle gestern heraus. Einer war der besonders ungeheuerliche Fall eines Reporters, der fälschlich behauptete, die Büste von Martin Luther King Jr. wäre aus dem Oval Office entfernt worden. Nachdem klargestellt wurde, dass das einfach offensichtlich falsch war, berichtete dieser Reporter beiläufig und tweetete und versuchte zu behaupten, dass wohl ein Mitarbeiter des Secret Service davorgestanden haben müsse. Das war unverantwortlich und leichtsinnig.

In diesem ersten Fall ist die Frage des Gegenbeweises obsolet: Der betreffende Reporter hat, wie Sean Spicer herausstellt, seinen »Fehler« (gemeldet zu haben, die Büste Martin Luther Kings sei aus dem Oval Office entfernt worden) selbst korrigiert. Die starke Sprache, mit der dieser Vorgang bewertet wird (»ungeheuerlich«, »unverantwortlich und leichtsinnig«), mag in Bezug auf das beschriebene Geschehen – ein Tweet, der wenig später in einem weiteren Tweet korrigiert wurde – zunächst irritieren, wird aber verständlicher, wenn man hinzuzieht, was als Kontext allen Beteiligten noch unmittelbar vor Augen gestanden haben muss: Donald Trumps Wahlkampf (und seine Äußerungen gegenüber Barack Obama während dessen früher Amtszeit) war wiederholt als rassistisch kritisiert worden, und Donald Trump selbst hatte sich höchstens halbherzig von rassistischen und nationalchauvinistischen Gruppen distanziert, die ihn im Wahlkampf frenetisch bejubelten. Dass also eine Entfernung der Büste dem Reporter als nächstliegende Möglichkeit einfiel, als er sie nicht sah, und dass die entsprechende Meldung zumindest ursprünglich auch von vielen weiterverbreitet wurde, kann man durchaus plausibel als Hinweis darauf lesen, dass der Eindruck, Trump sei »so etwas« zuzutrauen, die Berichterstattung geprägt haben dürfte.[13]

13 Laut dem Magazin *Time* war die Karriere dieser Fehlmeldung etwas komplizierter: Sein Mitarbeiter Zeke Miller war, gemeinsam mit anderen Reporter:innen, Zeuge einer der ersten Amtshandlungen des Präsidenten im Oval Office, wozu er in seinem Bericht festgehalten habe, dass eine Büste von Winston Churchill aufgestellt worden sei. Von anderen Journalist:innen auf die Büste von Martin Luther King Jr. angesprochen, habe er erklärt, sie nirgendwo gesehen zu haben – was dann zu einer Pressemeldung führte, nach der sie entfernt worden sei. Im Anschluss habe Zeke Miller über E-Mail-Listen und Twitter auf seinen Fehler hingewiesen und sich entschuldigt; vgl. Gibbs, Nancy, »A note to our readers«, in: *Time* (24. Januar 2017), online verfügbar unter: {https://time.com/4645541/donald-trump-white-house-oval-office/}.

Außerdem deutet der Einleitungssatz »Bei all den Diskussionen über die angemessene Nutzung von Twitter« auf einen zweiten Bezugspunkt: Donald Trump war schon vor seiner Amtseinführung immer wieder dafür kritisiert worden, wie er den Kurznachrichtendienst dazu genutzt hatte, an den klassischen Massenmedien und den offiziellen Kampagnenplattformen vorbeizukommunizieren. Das erste Beispiel, das Spicer anführt, ist also eine echte Falschmeldung der Presse, die von ihm als Vergehen präsentiert wird, in dem sich offenbart, dass die Presse Donald Trump gegenüber ungerecht ist und ihre eigenen Maßstäbe verletzt. Erst jetzt (und in diesem spezifischen Kontext) folgt die Passage, die bis heute als der ur-alternative Fakt im Diskurs präsent ist:

> Zweitens, in einem bestimmten Tweet wurden Bilder der Amtseinführungsfeier absichtlich so präsentiert, dass sie die enorme Unterstützung, die sich auf der National Mall ausdrückte, klein erscheinen ließen. Es war das erste Mal in der Geschichte unseres Landes, dass Folien genutzt wurden, um den Rasen zu schonen. Das führte dazu, dass freie Flächen optisch herausgehoben wurden, während das Gras diesen visuellen Eindruck in den Jahren zuvor eliminiert hatte. Es war außerdem das erste Mal, dass Zäune und Metalldetektoren für einen Großteil der Fläche eingesetzt worden waren, was Hunderttausende davon abgehalten hat, so schnell auf die Fläche zu strömen wie bei den vergangenen Amtseinführungsfeiern.
>
> Außerdem wurden falsche Zahlen zur Größe der Zuschauermenge getwittert. Niemand hatte Zahlen, weil der National Park Service, der für die Mall zu-

> ständig ist, keine veröffentlicht hatte. Das gilt übrigens auch für alle Versuche, die Demonstranten heute zu zählen.
>
> Wir wissen allerdings ein paar Dinge, also lassen Sie uns die Fakten durchgehen. Wir wissen, dass die Fläche zwischen der Bühne, auf der der Präsident vereidigt wurde, und der 4th Street etwa 250 000 Zuschauer fasst. Zwischen der 4th Street und dem Medienzelt finden etwa 220 000 weitere Platz. Und zwischen dem Zelt und dem Washington Monument noch einmal 250 000. Diese Fläche war voll, als der Präsident seinen Eid ablegte. Wir wissen, dass 420 000 Menschen gestern den öffentlichen Nahverkehr in Washington, D. C., genutzt haben, verglichen mit 317 000 bei Präsident Obamas letzter Amtseinführung. Es war das größte Publikum, das jemals einer Amtseinführungsfeier beiwohnte – Punkt –, sowohl persönlich als auch rund um den Globus. Selbst die New York Times druckte ein Foto, das die verzerrende Darstellung des Tweets zeigte, das die volle Unterstützung, die Größe der Menschenmenge und Intensität abbildete, die existierte.
>
> Diese Versuche, den Enthusiasmus der Amtseinführung zu schmälern, sind beschämend und falsch.

Auffällig an diesem zweiten Beispiel, das Sean Spicer anführt, um zu belegen, wie die Presse falsch über Donald Trump berichtet, ist zunächst die konfuse Art seiner Darlegung: Anders als im ersten Beispiel, in dem ein bestimmter Tweet benannt und kritisiert wurde, ist hier von einer eher diffusen Menge an »Versuchen« die Rede, den »Enthusiasmus der Amtseinführung« zu dämpfen. Denn anders, als die Presse suggeriert hätte, sei diese Amtseinführung vom »größten Publikum« »sowohl persönlich als auch weltweit« begleitet worden.

Der Weg, den er wählt, um diese Behauptung zu untermauern, ist dabei nicht weniger verwirrend: (1) Die Bilder hätten getrogen, da ein neuer Bodenbelag genutzt worden sei, der das Publikum habe kleiner wirken lassen. (2) Die Einlasskontrollen hätten verhindert, dass »Hunderttausende« rechtzeitig auf die Besucherflächen hätten gelangen können, so dass die Menge zum Zeitpunkt des Fotos zumindest kleiner war, als sie hätte sein können. (3) Verlässliche Zahlen zur Teilnehmer:innenzahl sind nicht verfügbar. (4) Zahlen, die man als Proxy nutzen könnte – er nennt Ortmarken wie die 4th Street und das Medienzelt, um die Menge anhand des Fassungsvermögens der entsprechenden Flächen zu schätzen –, belegen, dass es ein großes Publikum war. Oder, noch kürzer zusammengefasst: (1) Das Publikum wirkt nur klein, (2) das Publikum war zum gegebenen Zeitpunkt aus guten Gründen klein, (3) man weiß nicht, wie groß das Publikum war, (4) das Publikum war groß. In »Der Witz und seine Beziehung zum Unbewußten« erwähnt Freud einen Witz, der eine ganz ähnliche Grundstruktur hat:

> A hat von B einen kupfernen Kessel entlehnt und wird nach der Rückgabe von B verklagt, weil der Kessel nun ein großes Loch zeigt, das ihn unverwendbar macht. Die Verteidigung von A lautet: »Erstens habe ich von B überhaupt keinen Kessel entlehnt; zweitens hatte der Kessel bereits ein Loch, als ich ihn von B

übernahm; drittens habe ich den Kessel ganz zurückgegeben.«[14]

Wie in dem Witz ergibt auch in Spicers Äußerung jeder einzelne »Zug« Sinn – obwohl sie alle faktisch Nicht-Zutreffendes behaupten oder Zutreffendes irreführend formulieren[15] –, untereinander sind sie allerdings völlig inkohärent. Die »gefühlte« Kohärenz des Behaupteten ergibt sich allein aus dem gemeinsamen *impliziten Bezugspunkt*, gegen den sie alle Stellung beziehen: Jede Teiläußerung zielt auf die als falsch zu entlarvende Behauptung, in der geringen Teilnehmer:innenzahl zeige sich die geringe Unterstützung des Präsidenten in der Bevölkerung.

Es ist diese, der Presseberichterstattung als eigentliche Botschaft zugeschriebene, Aussage, die mit jedem seiner »Züge« getroffen werden soll, was dann in der empirisch offensichtlich falschen Aussage gipfelt, es habe sich auch vor Ort um das größte Publikum aller Zeiten gehandelt. Und es ist die dieser Aussage zugeschriebene Intention, nämlich der »böse Wille«, den Enthusiasmus zu schmälern, die schließlich in das drohende Finale der Aussagen mündet:

14 Freud, Sigmund, »Der Witz und seine Beziehung zum Unbewussten« (1905), in: ders., *Psychologische Schriften*, Bd. IV, Freud Studienausgabe, Frankfurt am Main: Fischer 1970, S. 9-219, S. 191.

15 Was in der Presse unmittelbar im Anschluss ausführlich diskutiert wurde – siehe z. B. Hunt, Elle, »Trump's inauguration crowd: Sean Spicer's claims versus the evidence«, in: *The Guardian* (22. Januar 2017), online verfügbar unter: {https://www.theguardian.com/us-news/2017/jan/22/trump-inauguration-crowd-sean-spicers-claims-versus-the-evidence}.

> [...][16] Viel war in den Medien die Rede von der Pflicht, Donald Trump zur Verantwortung zu ziehen. Ich sage Ihnen heute, dass das keine Einbahnstraße ist. Wir werden auch die Medien zur Verantwortung ziehen. Das amerikanische Volk verdient Besseres. Und solange er als Sprecher dieser unglaublichen Bewegung dient, so lange wird er seine Botschaft direkt dem amerikanischen Volk überbringen, das immer im Zentrum seiner Aufmerksamkeit stehen wird. [...][17] Danke, dass Sie heute hier waren. Ich sehe Sie am Montag.

Anschließend verließ Sean Spicer ohne Fragen entgegenzunehmen das Podium.

Vielleicht ist es die Abstumpfung nach der jahrelangen Auseinandersetzung mit Verschwörungstheorien, rechter Propaganda und dem weiteren Verlauf der Präsidentschaft, aber zumindest mir scheint dieser Vorfall, auch gemessen an dem, was Donald Trump im Wahlkampf angekündigt hatte (zum Beispiel: nach der Wahl seine Konkurrentin Hillary Clinton einsperren zu lassen; eine Mauer an der Südgrenze der USA zu errichten und »Mexiko« zu zwingen, sie zu bezahlen, etc.), fast harmlos. Für das Unterfangen dieses Kapitels ist das allerdings eher förderlich, denn so lässt sich die formale

16 Gekürzt wurde ein Exkurs zu Donald Trumps Antrittsbesuch bei der CIA, wo er laut Spicer ebenfalls große Unterstützung genieße.

17 Gekürzt wurde ein Abschnitt, in dem Spicer die ersten Amtstätigkeiten des Präsidenten referiert. Dieser Abschnitt ist allerdings für die »Dramatik« des Briefings so unbedeutend, dass er, obwohl er den eingangs genannten offiziellen Anlass für das Briefing geboten hatte, in der Presseberichterstattung nahezu überhaupt nicht aufgegriffen wurde.

Struktur dessen, was alternative Fakten ausmacht, einfacher herausstellen, ohne sich mit einem Schockeffekt (wie er bei einigen folgenden Beispielen aufgrund der starken normativen Aufladung der sie rahmenden Konflikte kaum zu vermeiden sein dürfte) auseinandersetzen zu müssen. Da es mir dabei vor allem auf die kommunikative Form ankommt, geht es bei dieser Definition nicht um den Wahrheitsgehalt im Sinne der Korrespondenz mit den angesprochenen empirischen Sachverhalten, sondern darum, wie und in welchem Kontext alternative Fakten formuliert werden und wie dabei der Bezug auf Sachverhalte artikuliert wird. Was also sind auffällige Eigenschaften dieser Äußerungen im unmittelbaren Kontext des Briefings, die man an dieser Stelle als erste Definition alternativer Fakten als kommunikativer Form festhalten kann?

- Die Tatsachenbehauptung selbst wird im Kontext einer Gegenstellungnahme geäußert, sie wird also nicht einfach als Information vorgebracht, sondern als Korrektur formuliert. Man könnte zuspitzen: Die eigentliche Aussage ist nicht, dass das Publikum groß war, sondern, dass es nicht klein war.
- Die unmittelbare Wirkung besteht (zumindest auch) darin, kommunikativ Unsicherheit zu erzeugen: »niemand hat Zahlen«, »die Menge wirkt kleiner«/»ist zu Recht kleiner«/»ist groß« – man könnte auch sagen, die Information, gegen die Stellung bezogen wird, wird weniger korrigiert, als vielmehr mit »Rauschen« verdeckt.
- Dieser kommunikative Schachzug und sein unmittelbarer Kontext verweisen wiederum auf eine übergrei-

fende Konfliktstruktur, in der ein solches Manöver erst Sinn ergibt: Er richtet sich nicht nur gegen eine Tatsachenbehauptung, sondern verknüpft diese, qua Intentionalitätszuschreibung, mit einem »Gegner«, dem am Ende ganz unverhohlen gedroht wird.

Besonders der letzte Punkt mag, da er auf einen im eigentlichen Text nur angerissenen Kontext außerhalb des Briefings selbst verweist, nicht unmittelbar überzeugen – alle drei Punkte werden allerdings klarer, wenn man das Interview von Chuck Todd mit Kellyanne Conway, in dem der Begriff alternative Fakten schließlich fällt, pragmatisch als Fortsetzung der Kommunikation liest. Im Sinne eines pragmatischen Verständnisses von »Sinn« als Produkt von Interaktion, wie es prominent vor allem der US-amerikanische Philosoph George Herbert Mead entwickelt hat,[18] könnte man sagen, dass sich in dieser Dreierbewegung – Aktion-Reaktion-Reaktionsreaktion – der soziale Sinn des Vorgangs herausschält, der anschließend »alternative Fakten« getauft wurde.

Chuck Todd eröffnet das Gespräch,[19] nach einem kurzen Austausch von Freundlichkeiten, mit einer Frage, die unschwer erkennen lässt, dass er die Äußerun-

18 Vgl. Mead, George Herbert, *Geist, Identität und Gesellschaft*, Frankfurt am Main: Suhrkamp 1995 [1934], v.a. S. 115 ff.

19 Ein vollständiges Transkript der Unterhaltung findet sich in: Sinderbrand, »How Kellyanne Conway ushered in the era of ›alternative facts‹«, a.a.O. Die Zitate wurden von mir ins Deutsche übertragen. Ein Video des Gesprächs ist online verfügbar unter: NBC News, »Kellyanne Conway: Presidents ›aren't judged by crowd size‹ (full)«: {https://www.youtube.com/watch?v=MA1vD_L8Mjs}.

gen Sean Spicers als genauso aggressiv gegen die Presse gerichtet verstanden hat, wie ich sie gerade interpretiert habe, und dass er den Fehdehandschuh aufzunehmen gedenkt:

> Chuck Todd: [...] Lass mich mit dieser Frage beginnen, die Präsidentschaft bedeutet Entscheidungen. Also frage ich mich, warum Präsident Trump sich gestern entschieden hat, seinen Pressesprecher auf das Podium zu schicken, um dort im Grunde eine nachweisliche Falschbehauptung aufzustellen, wo es doch um eine Petitesse wie die Zuschauermenge bei der Amtseinführungsfeier ging. Ich denke, meine Frage ist, warum tut er das?

Die Frage könnte als Lehrbuchbeispiel für eine Fangfrage dienen (nach dem Muster: »Haben Sie eigentlich aufgehört, Ihre Frau zu schlagen?«): Es gibt schlicht keine Möglichkeit, inhaltlich an diese Frage anzuschließen, ohne den zugrunde liegenden Prämissen beizupflichten, nämlich dass Sean Spicer im Auftrag des Präsidenten gelogen hat und dass diese Lüge eine bewusste Entscheidung des Präsidenten war (also nicht unwissentlich oder naiv erfolgte).

Selbst der oben ja ebenfalls schon angemerkte Umstand, dass der Gehalt der Behauptung selbst in gewissem Sinne »harmlos« war, wird hier gegen das Weiße Haus gewendet. Gedankenexperimentell könnte man ergänzen: Eine Lüge, die eine Petitesse betrifft, könnte man ja auch einfach auf sich beruhen lassen, um so dem Gegenüber den »Gesichtsverlust« des Eingeständnisses der Lüge zu ersparen. Gerade diese aber als Eröffnungsfrage explizit als solche zu rahmen, kann auf der Ebene der Botschaft eigentlich nur bedeuten, dass man signalisieren will, wie genau man hinsieht, oder dass gerade der Umstand, dass bei einer Petitesse wissentlich etwas Falsches behauptet wird, als bedeutsam verstanden wird, weil sich damit eine Zuschreibung potenziell pathologischer Motive verbindet – kurzum, dass der Gesichtsverlust willentlich in Kauf genommen wird, wenn er nicht sogar das eigentliche Ziel des Manövers ist.

Auch wenn Todd also den Umstand, dass die Äußerungen Spicers als Kritik an der Presse artikuliert wurden, nicht noch einmal explizit aufruft, greift er den Kontext der Konfliktstruktur, in dem diese Kritik als Angriff vorgebracht wurde, mit auf und validiert ihn damit.

> Kellyanne Conway: Chuck, der Präsident hat gestern und am Tag zuvor viel getan, das wichtig für Amerika ist. Er hat ein Dekret unterzeichnet, um Obamacare mit allen seinen Problemen abzuschaffen. Viele Menschen haben – Millionen von Menschen haben ihre Versicherung verloren, ihren Arzt, ihren Versicherungsplan. Das ist nun vorbei. Er wird es durch eine viel marktwirtschaftlichere, patientenzentrierte Lösung ersetzen.
>
> Und was die Menge der Zuschauer angeht, ich meine, aus meiner Sicht sind die quantifizierbarsten Punkte, die die Amerikaner interessieren sollten, was vor nur wenigen Monaten passierte und ihn ins Amt brachte, die 31 der 50 Staaten in denen er gewinnen konnte, die 2600 Wahlkreise, die 200 Wahlkreise, die für Obama gestimmt hatten und nun für Präsident Trump gestimmt haben. Und der Fakt, dass 29, 30 Millionen

Frauen dafür gestimmt haben, dass Donald Trump Präsident wird. Man sollte sie respektieren. Jemand sollte auch über ihre Stimmen berichten. Mir geht es um Dinge, die klar zu beziffern und die wichtig sind. Ich glaube nicht – Ich glaube, am Ende werden Präsidenten nicht nach der Größe der Zuschauermenge bei der Amtseinführung beurteilt. Ich denke, sie werden danach beurteilt, was sie erreicht haben. Und wir wissen, dass bei Präsident Obama und seinen Errungenschaften, dass da einiges liegen geblieben ist.

Und was die Zuschauermenge angeht, ich denke, das ist ein Symbol für die unfaire und unvollständige Berichterstattung, die diesem Präsidenten zuteilwird. Es berührt mich, dass Nielsen gerade die Ratings veröffentlicht hat, 31 Millionen Menschen haben die Amtseinführungsfeier gesehen. Barack Obama hatte 20,5 Millionen Fernsehzuschauer bei seiner zweiten Amtseinführungsfeier vor nur vier Jahren. Wir wissen, dass Menschen die Feier auch auf anderen Bildschirmen und in anderer Weise gesehen haben. Und, ich meine, ich weiß auch, dass starker Regen vorhergesagt war. Das wird auch viele Menschen davon abgehalten haben zu kommen. Aber ohne Frage waren da Hunderttausende auf der Mall, und –

CT: Alles klar, Kellyanne, lass mich dich unterbrechen, weil –

KC: – weißt du, viele waren begeistert [...].

Es ist nicht weiter überraschend, dass Conway die Frage nicht direkt beantwortet – die erwähnte Fangfragenstruktur hätte ihr dies ohne eine direkte Konfrontation, die den Rahmen des in einem solchen Gespräch Zulässigen überschritten hätte, kaum offengelassen. Der Verweis auf »das, was wirklich zählt«, und insbesondere auf das bei Wähler:innen der Republikanischen Partei unbeliebte Gesetzespaket Obamacare sind in diesem Sinne kein für uns informativer Anschluss an das zuvor Gesagte, sondern dürften auch den an der Interaktion Beteiligten vor allem als ritualisierte Antwortverweigerung erschienen sein.

Für die Interpretation relevanter ist, dass Conway in dem Teil der Antwort, den sie selbst als zur Frage der »Zuschauer:innenmenge« gehörig rahmt, direkt auf den eindeutigen Wahlsieg Trumps zu sprechen kommt. Hier wie in der Folge wiederholt sie die schon von Spicer hergestellte Verbindung zwischen der Zuschauer:innenzahl bei der Amtseinführung und der allgemeinen Unterstützung für den Präsidenten. Damit beantwortet sie implizit durchaus die Frage, warum die scheinbare Petitesse der Zuschauer:innenzahl aus Sicht des Weißen Hauses bedeutsam ist – weil sie nämlich als Beleg der mangelnden Unterstützung des Präsidenten gelesen werden könnte –, auch wenn sie selbst auf der Ebene des expliziten Gehalts ihrer Äußerung dieser Lesart zugleich widerspricht und die Bedeutung der Zahl herunterspielt.

Im letzten Teil der Äußerung, den Chuck Todd dann unterbricht, wiederholt Conway im Wesentlichen drei Stränge des Arguments, das auch Sean Spicer vorgebracht hatte, in veränderter Form: Die Zuschauer:innenmenge war wegen des Regens aus guten Gründen kleiner; die Zuschauer:innenmenge war größer, als man denkt; und die Zuschauer:innenmenge war, berücksichtigt man auch das Fernsehpublikum, doch groß. Dabei greift auch sie hier noch einmal die Konfliktstruktur zwischen Medien und Weißem Haus auf und validiert diese, indem sie die gesamte Debatte als Symbol für die »unfaire« Behandlung des Präsidenten bezeichnet und, subtiler, ihre Freude darüber zum Ausdruck bringt, dass die Zahl der Fernsehzuschauer:innen veröffentlicht wurde (die, so kann man ohne große interpretatorische Willkür ergänzen, als Bestätigung der Behauptung einer großen Zuschauer:innenmenge gelesen werden sollte[20]).

Damit kehren auch in dieser Diskussion über die Äußerung alternativer Fakten (die bisher freilich noch nicht so heißen) alle Elemente wieder (oder werden sogar verstärkt), die oben als bestimmend für die kommunikative Form der Artikulation alternativer Fakten herausgestellt wurden: Sowohl Chuck Todd als auch Kellyanne Conway validieren die konflikthafte Grundstruktur der Kommunikation zwischen Presse und Weißem Haus, indem Ersterer Zweiterer unlautere oder sogar pathologische Motive und offensichtliche Lügen zurechnet, während Zweitere Ersterem eine »unfaire« feindliche Einstellung zuschreibt. Conway lässt außerdem erken-

20 Diese Verschiebung auf eine Behauptung zu den Fernsehzuschauerzahlen ist raffiniert, weil sie auf der Sachebene durchaus zutrifft: Sehr viele Menschen haben die Amtseinführungsfeier im Fernsehen verfolgt. Allerdings ist diese Zahl in Bezug auf das eigentliche Thema von Spicers Einlassungen – die Unterstützung des Präsidenten, die sich in den Zahlen zeige –, anders als die der Teilnehmer:innen an der Feier, nahezu aussagelos. Viele werden auch wegen der erwarteten Ausschreitungen, gerade weil sie sich über den neuen Präsidenten ärgerten oder auch einfach nur, um am nächsten Tag mitreden zu können, den Fernseher eingeschaltet haben.

nen, dass der faktische Gehalt der Äußerungen Spicers zur Zuschauer:innenmenge nicht eigentlich entscheidend sei, sondern dass es letzten Endes darauf ankomme, den falschen Anschein des mangelnden Enthusiasmus der Unterstützer:innen dadurch zu korrigieren, dass man den Meldungen über die geringe Zuschauer:innenzahl (irgend)etwas entgegensetzt.

All das mag sich nach einer etwas formalistischen Exegese anhören – es ist aber wichtig, sich zu vergegenwärtigen, dass die (gleich auftauchende) Begriffsschöpfung »alternative Fakten« nicht einfach als ein Synonym für »Falschinformationen« verstanden werden kann (denn, wie man ja schon gesehen hat, kann Conway es so gerade nicht gemeint haben, da sie ja versucht, den Vorwurf der Falschinformation zu entkräften), sondern auf eine Grundstruktur der Äußerung, die Kellyanne Conway sich weiterhin zu eigen machen will.

KC: Mach doch daraus nicht so ein Drama, Chuck. Was – du sagst, es ist eine Falschbehauptung. Und sie, Sean Spicer, unser Pressesprecher, hat alternative Fakten dazu präsentiert. Aber der Punkt ist doch –

CT: Moment mal – alternative Fakten? [...] Vier der fünf Fakten, die er präsentiert hat, waren einfach nicht wahr. Alternative Fakten sind doch keine Fakten, das sind Falschbehauptungen. [...] Ihr habt den Pressesprecher rausgeschickt, um wegen einer lächerlichen Kleinigkeit zu lügen.

KC: Ich glaube nicht, dass irgendwer belegen kann –

CT: Und ich verstehe einfach nicht, warum ihr das getan habt.

KC: – Schau mal, ich glaube nicht, dass – vielleicht liegt es daran, dass ich mich mit Umfragen auskenne, Chuck. Du kennst dich doch auch mit Daten aus. Ich glaube nicht, dass du diese Zahlen irgendwie belegen kannst. Man kann solche Zuschauermengen einfach nicht eindeutig bestimmen. Wir alle wissen das. Da kannst du über mich lachen, so lange du willst.

Nachdem Chuck Todd wiederholt auf dem Punkt beharrt, den er zu Beginn in seiner Frage angerissen hat, kommt es schließlich zu der viel beachteten Namensgebung, die den kommunikativen Kontext mit aktualisiert (und der folglich berücksichtigt werden muss, wenn man verstehen will, was hier genau geschieht): Kellyanne Conway bezieht den Begriff eben nicht auf die vermeintliche Falschmeldung selbst, sondern auf die Gesamtheit der Äußerung Spicers in ihrem Kontext. Sie insistiert, dass die Presse zwar von einer Falschmeldung Spicers spreche (und meint damit wohl die am offensichtlichsten faktisch problematische Behauptung, der sie ja schon im Vorfeld dieser Sequenz auszuweichen versucht hatte, nämlich dass es sich um die »größte Zuschauer:innenmenge der Geschichte« gehandelt habe), während Spicer alternative Fakten angeführt habe, die diese Behauptung untermauerten. Wie gering sie die Bedeutung dieser Äußerung selbst veranschlagt sehen will, zeigt sich auch darin, dass sie fast schon genervt damit einleitet, dass ihr Gegenüber die ganze Geschichte zu Unrecht »dramatisiere« (was ja durchaus zur Petitessen-Lesart passt, die Todd selbst, wenn auch in einem anderen Sinne, in seiner Eingangsfrage angedeutet hatte). Genau diese rhetorische Differenzierung klammert

Todd allerdings aus und verallgemeinert den Ausdruck als Begriff für die Gesamtheit der Falschaussagen, die er im Briefing identifiziert zu haben meint,[21] woraufhin sich Conway – wieder mit Bezug nur auf eine Behauptung, nämlich die zur Teilnehmer:innenzahl – aus dem Disput damit zurückzieht, dass sie die Solidität der Behauptung der Presse anzweifelt: Diese habe keine letztgültige Möglichkeit, die Zahl wirklich korrekt anzugeben (was Sean Spicer ja auch schon behauptet hatte), und deswegen auch nicht das Recht, die Behauptung Spicers der Lächerlichkeit preiszugeben.

»Alternative Fakten« fungiert damit in dieser Interaktion als eine Kippfigur, mit der eine von der Gegenseite der Falschheit bezichtigte Äußerung durch den Verweis auf die Unsicherheit der Behauptung, an der sich die Falschheit der Äußerung erweisen würde, verteidigt wird: Aus der Sicht des Weißen Hauses hat die Presse aus bösem Willen die Informationslage künstlich (und faktenwidrig) vereindeutigt, wogegen eine Reihe von untereinander inkonsistenten, aber auf den gemeinsamen Bezugspunkt der Widerlegung dieser Berichterstattung

21 Es ist nicht klar, wie er auf »vier« Falschbehauptungen kommt – die richtige fünfte ist wohl die korrigierte Falschmeldung über die entfernte Büste. Das würde bedeuten, dass er alle die Zuschauer:innenzahl betreffenden Äußerungen als Falschbehauptungen einordnet, was strenggenommen nicht zutrifft – mindestens die Zahl der Nutzer:innen des öffentlichen Nahverkehrs in Washington, D. C., an diesem Tag ist durchaus richtig, wenn auch eine problematische Näherungsgröße (weil sie den ganzen Tag betrifft und auch die Gegendemonstrant:innen umfasst), aber auch die anderen »Indizien« (Fassungsvermögen der Fläche, Einlasskontrollen und optischer Eindruck durch den Bodenbelag) sind gegebenenfalls »nur« irreführend.

konzentrierten, Tatsachenbehauptungen ins Feld geführt wird, denen dann wiederum die Presse widerspricht, indem sie sie als Falschbehauptungen »entlarvt«. Gemeinsam ist beiden Positionen jedoch eine reflexive Grundstruktur, da in beiden Fällen nicht einfach »behauptet«, sondern zu einer Behauptung Stellung genommen wird. Alternative Fakten als kommunikative Form sind aus dieser Perspektive auch mit einer Intentionszuschreibung an die jeweilige Gegenseite verbunden: Aus Sicht der Presseberichterstattung sind alternative Fakten »Lügen, die darüber lügen, dass sie lügen«, also eine besonders perfide camouflierte Falschaussage, die man als solche nicht nur benennen, sondern enttarnen muss. Aus Sicht der »Verteidigung« sind alternative Fakten Aussagen, deren wichtigste Funktion darin besteht, eine fälschlich vereindeutigte Situation zu problematisieren und damit eine Parteinahme auszumachen, wo die Gegenseite nur Tatsachen zu behaupten vorgibt.

Beide Seiten in diesem Konflikt legen dabei in der Kommunikation weniger Gewicht auf die Validierung der faktischen Korrektheit der eigenen als vielmehr auf die Problematisierung der Gegenposition: Vor allem Conway gibt recht eindeutig zu verstehen, dass sie sich die Behauptung, es habe sich um die größte Amtseinführungsfeier der Geschichte gehandelt, nicht wirklich zu eigen machen möchte – anders lässt sich kaum erklären, dass sie die Bedeutung der Zuschauer:innenzahl gleich in ihrer ersten Antwort so offensiv herunterspielt. Zugleich beharrt sie auf dem Umstand, dass es letztendlich unmöglich ist, die Zahl letztgültig festzustellen, dass also die Meldungen der Presse zu dem Thema unzulässig sind. Doch auch Todd rahmt ja den thematischen Ausgangspunkt gleich zu Beginn als eine Petitesse und erklärt (wiederholt) den Umstand, dass aus seiner Sicht die Gegenseite der Falschbehauptung schuldig sei, selbst zum eigentlichen Gegenstand seines Interesses.

Die Rekonstruktion des unmittelbaren kommunikativen Kontexts der Äußerungen, die schließlich als »erste alternative Fakten« die Karriere des Begriffs eröffnen sollten, scheint damit auch konkret empirisch zu bestätigen, was in der Einleitung eher aus konzeptuellen Gründen vermutet wurde: Dass es ratsam ist, die Frage nach der Funktion alternativer Fakten nicht vorschnell mit »Überzeugungen« in Bezug auf ihren Gehalt zu beantworten. Natürlich wissen wir nicht, ob Sean Spicer oder Kellyanne Conway zum Zeitpunkt ihrer Äußerungen glaubten, dass es wirklich die größte Amtseinführungsfeier der Geschichte war – die Struktur der Äußerungen selbst legt aber nahe, dass der kommunikativ behauptete »feste Grund«, von dem aus das Weiße Haus operiert, eben nicht die Überzeugung ist, der größten Amtseinführungsfeier beigewohnt zu haben, sondern die Gewissheit über die Böswilligkeit der als Gegner markierten Presse.[22] Eindeutige Daten, das hatte auch Sean

22 Dass es sich bei dem Angriff auf die Glaubwürdigkeit der Presse um eine verallgemeinerbare Kommunikationsstrategie der Trump-Administration handelt, darauf deutet auch die inflationäre Verwendung des Begriffs »Fake News« durch den Präsidenten selbst hin – mal nutzte er ihn, um konkrete Presseorgane, oft aber auch um die Gesamtheit der Presse zu disqualifizieren. Wright zählte allein bis Mai 2019 394 Tweets auf Trumps mittlerweile gesperrtem Account, die diesen Begriff beinhalteten. Und meist ging es um

Spicer ja schon gesagt, hat niemand – als Gewissheit präsentiert er hingegen, dass die Presseberichterstattung die Zahlen willentlich nach unten vereindeutigt hat. Auch von der Rezipient:innenseite aus betrachtet, scheint wahrscheinlich, dass diese Botschaft viel eher verstanden und angenommen wurde als die Aussage zur Größe des Publikums.

Allerdings wirft diese Beobachtung Folgefragen auf: Sean Spicers Pressebriefing hätte ja sehr viel weniger Angriffsfläche geboten, hätte er sich auf die Skandalisierung der schon bekannten Pressefalschmeldung über die entfernte Büste konzentriert. Gerade wenn die Beteiligten (also in diesem Fall Spicer und Conway als Vertreter:innen des Weißen Hauses) auch in der Kommunikation, in der sie alternative Fakten formulieren und als legitime Äußerungen verteidigen, so wenig Gewicht darauf legen, dass sie faktisch zutreffen, ist umso rätselhafter, warum sie dennoch vorgebracht werden. In gewisser Weise geht es darum, Chuck Todds Eingangsfrage anders zu reformulieren: Warum ist die Zuschauer:innenmenge scheinbar für beide Seiten eine Petitesse, der Streit über diese Petitesse hingegen nicht?

einen analogen Vorwurf: dass nämlich die Berichterstattung die Sachlage zu seinen Ungunsten vereindeutigte; vgl. Wright, Jake, »›Many people are saying …‹: Applying the lessons of naïve skepticism to the fight against fake news and other ›total bullshit‹«, in: *Postdigital Science and Education* 2/1 (2020), S. 113-131, S. 114, FN 1, online verfügbar unter: {https://doi.org/10.1007/s42438-019-00051-0}.

Das Problem der Legitimation: Populistische und populäre Präsidenten

Diese Fragestellung verlagert das Problem auf eine neue Ebene: Ging es bisher darum, sich an eine Definition heranzutasten und zu diesem Zweck zu klären, was alternative Fakten in diesem Kontext *sind*, geht es jetzt darum, was man mit alternativen Fakten in diesem Kontext eigentlich *macht*, beziehungsweise genauer, welche Probleme alternative Fakten eigentlich wie zu bearbeiten erlauben.[23]

An einigen Punkten der Interpretation des Pressebriefings und des Interviews schien schon auf, was für das Weiße Haus im Streit um die Zuschauer:innenmenge auf dem Spiel stand. So hatte sich in Sean Spicers inkohärenter Argumentation zur Größe des Publikums gezeigt, dass der einheitsstiftende Bezugspunkt eben die Abwehr der von den Medien nahegelegten Lesart war, dass die geringe Zuschauer:innenzahl eine geringe Unterstützung des Präsidenten in der Bevölkerung offenbare. Auch Kellyanne Conway hatte diesen Punkt im Interview explizit abgerufen. Um zu verstehen, war-

23 Im Verständnis von alternativen Fakten als kommunikative Form sind diese beiden Seiten – Binnenlogik der Interaktion und Funktion im Kontext – untrennbar ineinander verschränkt. Die gewissermaßen künstliche Trennung dient hier der leichteren Nachvollziehbarkeit der Argumentation (und bildet dabei auch den Gang der Untersuchung nach, die ihren Anfangsimpuls aus dem irritierenden Eindruck gewonnen hatte, dass Kellyanne Conway und Chuck Todd vollkommen aneinander vorbeizureden schienen, was sich erst im Kontext wieder als ein zugrunde liegendes gegenseitiges Verstehen entpuppt).

um und wie sich dem Weißen Haus das Problem »Unterstützung des Präsidenten durch Akklamation« stellte, muss die Situation in einem umfassenderen Sinne berücksichtigt werden: Einbezogen werden muss der »Stand der Dinge« zu Beginn der Amtszeit Donald Trumps, wie er sich aus der allen Beteiligten durch die massenmediale Berichterstattung noch unmittelbar vor Augen stehenden Entwicklungen des Wahlkampfs, der Wahl sowie des Interregnums zwischen Wahl und Amtsübergabe ergeben hatte.

Kennzeichen dieser Situation ist eine dreifache Legitimationskrise, die eng mit dem Streit zwischen Trump und seinen Unterstützer:innen auf der einen Seite und großen Teilen der Presse auf der anderen Seite verbunden ist und die in der hier untersuchten Auseinandersetzung über die alternativen Fakten gewissermaßen kollaborativ bearbeitet wird. Diese Krise betrifft: erstens die Legitimität eines Präsidenten, der nur von einer eindeutigen Minderheit der Bevölkerung gewählt wurde; zweitens die Legitimität eines Wahlsystems, das ein solches Ergebnis wahrscheinlich macht. Und drittens betrifft sie die Legitimität der Massenmedien, die dieses Ergebnis nicht antizipiert hatten. Ich möchte zunächst das Legitimitätsproblem des Präsidenten als »auslösendes« Problem in den Mittelpunkt stellen.

Donald Trump wurde im November 2016 von etwa 18 Prozent der Wohnbevölkerung der Vereinigten Staaten zum Präsidenten gewählt.[24] Diese Zahl erklärt sich

24 Manz, Kaspar/Yannick Wiget, »Nur 18 Prozent wählten Trump«, in: *Tages-Anzeiger* (9. November 2016), online verfügbar unter:

teilweise aus dem relativ hohen Anteil Nicht-Wahlberechtigter (Kinder, Ausländer:innen, in den USA aber auch verurteilte Straftäter:innen), doch auch gemessen an der wahlberechtigten Bevölkerung konnte Trump weniger als 30 Prozent der Stimmen auf sich vereinen, noch dazu nur eine (wenn auch dünne) Minderheit derer, die überhaupt wählen gingen: Bei einer Wahlbeteiligung von etwa 60 Prozent hatten 48 für seine Konkurrentin Hillary Clinton gestimmt, 46 für ihn.[25]

In einer dem Selbstbild nach demokratischen Gesellschaft,[26] in der politische Akteure ihre Legitimation aus der Berufung auf ein vom eigentlichen politischen »Spiel« ausgeschlossenes Publikum beziehen, das vor allem über den Wahlakt einbezogen wird,[27] sind solche Werte

{https://www.tagesanzeiger.ch/us-wahl/nur-18-prozent-waehlten-trump/story/24826741}.

25 Pew Research Center, »An examination of the 2016 electorate, based on validated voters«, in: *Pew Research Center – U.S. Politics & Policy* (9. August 2018), online verfügbar unter: {https://www.pewresearch.org/politics/2018/08/09/an-examination-of-the-2016-electorate-based-on-validated-voters/}.

26 Die Einschränkung »dem Selbstbild nach« soll keine normative Bewertung als »unaufrichtig« implizieren, vielmehr ist gerade das Selbstbild für diese Definition entscheidend. Denkbar wäre ja auch eine Gesellschaft, in der politische Macht zwar über demokratische Wahlen zugeteilt wird, in der ihre Legitimität aber anders hergestellt wird. Andersherum ist auch eine de facto fehlende demokratische Beteiligung so lange kein Problem für eine dem Selbstbild nach demokratische Gesellschaft, wie nicht infrage gestellt wird, ob die Abstimmungsergebnisse die Zustimmung des Publikums abbilden.

27 Vgl. Bourdieu, Pierre, »Das politische Feld« (2000), in: ders., *Politik*, herausgegeben von Franz Schultheis und Stephan Egger, Berlin: Suhrkamp 2013, S. 97-112; Bourdieu, Pierre, »Der Begriff ›Volk‹ und sein Gebrauch« (1992), in: ebd., S. 117-123.

an sich schon hochgradig problematisch – erst recht, wenn, wie 2016, von einem in der jüngeren Geschichte vielleicht einmalig polarisierten Wahlkampf die Rede ist, so dass die Annahme, dass es sich bei der hohen Wahlenthaltung gewissermaßen um »freundliche Indifferenz« handelt, sich nicht gerade aufdrängt. Speziell für Donald Trump verschärfte sich dieses Problem dadurch, dass sein gesamter Wahlkampf auf der Konstruktion einer klassischen populistischen Konstellation aufruhte,[28] in der er für sich in Anspruch nahm, für die Masse der einfachen Bürger:innen gegen eine kleine Elite Stellung zu beziehen. Wie er selbst es in einem Wahlwerbespot formulierte: »Unsere Bewegung will ein gescheitertes und korruptes Establishment ablösen, ablösen durch eine neue Regierung, die von Euch, dem amerikanischen Volk, kontrolliert wird.«[29]

28 Vgl. Mudde, »The populist zeitgeist«, a. a. O.

29 Team Trump, »Donald Trump's argument for America« (2016), online verfügbar unter: {https://www.youtube.com/watch?v=vST61W4bGm8}, Übersetzung NK. Der letzte Präsident, der von einer Minderheit der Wähler:innen ins Amt gewählt worden war, George W. Bush, hatte mit diesem Umstand vermutlich auch deswegen weniger Probleme, weil er zumindest nicht in diesem Ausmaß an einer populistischen Selbstpräsentation hing. Dass er bei einer Wohltätigkeitsveranstaltung mit hoch betuchtem Publikum 2000 mit einem Augenzwinkern bemerkte: »Some call you the elite, I call you my base« – »Manche nennen Euch Elite, ich nenne Euch meine Basis« –, ist etwas, das Donald Trump *so* sicherlich nicht öffentlich über die Lippen gekommen wäre; siehe für das Zitat: Nagourney, Adam, »Bush and Gore mix jokes and barbs at Smith Dinner«, in: *New York Times* (20. Oktober 2000), online verfügbar unter: {https://www.nytimes.com/2000/10/20/nyregion/bush-and-gore-mix-jokes-and-barbs-at-smith-dinner.html}.

Dass er weniger Stimmen als seine Konkurrentin erhalten hatte (und dass seine Wählerschaft obendrein im Schnitt wohlhabender war[30]), lässt sich mit dieser Selbstpräsentation schwer in Einklang bringen. Daher legte seine Öffentlichkeitsarbeit so viel Wert auf weniger leicht zu quantifizierende Indikatoren für seine Unterstützung, also etwa den Enthusiasmus und die Energie bei seinen Wahlveranstaltungen. Die politisch inkorrekten Sprechchöre, die er zumindest ermutigte, die Aufrufe zur Gewalt gegen politische Gegner, das exzentrische Auftreten einiger Anhänger:innen, das die Presse dankbar aufgriff – all das wurde von Donald Trumps Wahlkampfteam auch genutzt, um im Kontrast seine Konkurrentin und deren Anhänger:innen als empfindlich, kalt und abgehoben zu porträtieren.

Tatsächlich bildet die populistische Selbstinszenierung Donald Trumps die Realität des republikanischen Vorwahlkampfes relativ gut ab: Hier rekrutierten sich seine Anhänger:innen wirklich vor allem an der Parteibasis, die sich von ihrer Führung verraten gefühlt hatte, nachdem diese im Wahlkampf 2012 den gemäßigten Mitt Romney gegen die verschiedenen radikaleren Tea-Party-Kandidat:innen durchgesetzt hatte und damit gescheitert war – und hier hatte er es auch wirklich mit einem »Establishment« aufgenommen, das bis zuletzt

30 Bump, Philip, »Places that backed Trump skewed poor; voters who backed Trump skewed wealthier«, in: *Washington Post* (29. Dezember 2017), online verfügbar unter: {https://www.washingtonpost.com/news/politics/wp/2017/12/29/places-that-backed-trump-skewed-poor-voters-who-backed-trump-skewed-wealthier/}.

versuchte, ihn als Kandidaten zu verhindern. In *dieser* Hinsicht waren seine Unterstützer:innen in der Tat sehr viel euphorischer als die seiner Gegner:innen.[31] Bei der eigentlichen Wahl hingegen war das Entscheidende vermutlich weniger die Euphorie seiner Wähler:innen, sondern, im Gegenteil, der mangelnde Enthusiasmus der potenziellen Unterstützer:innen seiner Gegnerin. Beide Kandidat:innen waren in der Gesamtbevölkerung in historischem Ausmaß unbeliebt. Hillary Clintons Kampagne hatte sich wohl auch deshalb vor allem darauf konzentriert, Menschen davon zu überzeugen, *gegen* Trump zu stimmen, was letzten Endes nicht genügend Mobilisierungskraft entfaltete. Die eigentliche Wählerverteilung in verschiedenen demografischen Gruppen blieb dabei gegenüber vergangenen Urnengängen nahezu unverändert: Gruppen, die schon 2012 dazu tendiert hatten, die Republikaner zu wählen, taten es 2016 wieder (in etwas größerem Umfang);[32] wer sich selbst als konservativ oder Republikaner:in identifizierte, wählte Trump.[33] Einen Erdrutschsieg oder eine massenhafte Mobilisierung neuer Wähler:innengruppen fand definitiv nicht statt.

Die Diskrepanz zwischen der populistischen Selbst-

31 Vgl. Kumkar, Nils C., »Autoritarismus und Realitätsverlust: Das Krisenerleben des klassischen Kleinbürgertums und die Attraktivität Donald Trumps«, in: *Psychologie und Gesellschaftskritik* 3/4 (2017), S. 87-107.

32 Flowers, Andrew, »Where Trump got his edge«, in: *FiveThirtyEight* (11. November 2016), online verfügbar unter: {https://fivethirtyeight.com/features/where-trump-got-his-edge/}.

33 Pew Research Center, »An examination of the 2016 electorate, based on validated voters«, a.a.O.

präsentation und der geringen Popularität wurde unmittelbar nach der Wahl von zwei Faktoren überlagert: Zum einen führte das US-amerikanische Mehrheitswahlrecht dazu, dass Trump im entscheidenden Wahlmännergremium mit 304 zu 227 Stimmen ziemlich deutlich gewann – diesen Punkt hatte ja Kellyanne Conway gleich als Erstes angeführt, um die »Größe« der Unterstützung des Präsidenten zu untermauern. Zum anderen war die Presse im Vorfeld mehrheitlich eindeutig davon ausgegangen, dass Clinton die Wahl gewinnen werde,[34] und war vom Wahlsieg dann »kalt« überrascht worden. Was sich dann wiederum hervorragend in das Narrativ von den »ignoranten Eliten« integrieren ließ, denen völlig entgangen war, was im Land eigentlich passierte. Dieses Narrativ war auch deshalb so überzeugend, weil seine Vertreter:innen auf die Tatsache verweisen konnten, dass eine überwältigende Zahl von Tageszeitungen sich offiziell für Clinton oder gegen Trump ausgesprochen hatte – auch solche, die traditionell Republikaner unterstützt oder sich geweigert hatten, offizielle Empfehlungen abzugeben[35] –, was angesichts der scheinbar eindeu-

34 Z. B. Katz, Josh, »2016 Election forecast: Who will be president?«, in: *New York Times* (19. Juli 2016), online verfügbar unter: {https://www.nytimes.com/interactive/2016/upshot/presidential-polls-forecast.html} (Stand: März 2022); Silver, Nate, »2016 election forecast«, in: *FiveThirtyEight* (29. Juni 2016), online verfügbar unter: {https://projects.fivethirtyeight.com/2016-election-forecast/}.

35 Die umfassendste Übersicht zu den Wahlempfehlungen der Zeitungen und Zeitschriften findet sich meines Wissens in der Online-Enzyklopädie Wikipedia: »Newspaper endorsements in the 2016 United States presidential election«, in: *Wikipedia*, online verfügbar unter: {https://en.wikipedia.org/w/index.php?title=News

tigen Wahlprognosen wohl auch ein Stück weit »Gratismut« war. Das kann man aber natürlich auch umgekehrt interpretieren, nämlich in dem Sinne, dass die Medien wegen einer politischen Voreingenommenheit Trumps Chancen systematisch kleingerechnet hatten, um seine Wähler:innen zu demobilisieren – eine Position, die Trump schon im Wahlkampf vertreten hatte und die er im Nachhinein wiederholt mit der Behauptung flankierte, er habe auch die Mehrheit der Stimmen erhalten und hinter dem offiziellen Wahlergebnis verberge sich ein gigantischer Betrug.[36]

Vor diesem Hintergrund war die Amtseinführungsfeier so etwas wie der erste »Reality Check« der populistischen Identitätsbehauptung Donald Trumps: Wenn es zuträfe, dass seine Beliebtheit und seine Unterstützung von den »Mainstream-Medien« kleingerechnet wurde, während er in Wirklichkeit von einer euphorisierten Massenbewegung ins Amt getragen worden wäre, dann sollte sich das ja in diesem Moment zeigen. Auch wenn in einer Stadt, in der gerade einmal vier Prozent der Wähler für Trump votiert hatten,[37] eine euphorische Mas-

paper_endorsements_in_the_2016_United_States_presidential_election&oldid=1075406628}.

36 Vgl. Shear, Michael D./Maggie Haberman, »Trump claims, with no evidence, that ›millions of people‹ voted illegally«, in: *New York Times* (27. November 2016), online verfügbar unter: {https://www.nytimes.com/2016/11/27/us/politics/trump-adviser-steps-up-searing-attack-on-romney.html}; Wines, Michael, »All this talk of voter fraud? Across U.S., officials found next to none«, in: *New York Times* (18. Dezember 2016), online verfügbar unter: {https://www.nytimes.com/2016/12/18/us/voter-fraud.html}.

37 N.N., »2016 Presidential Election Results«, in: *New York Times*

senveranstaltung wie bei der Amtseinführung Barack Obamas 2009 von vorneherein unwahrscheinlich war, durfte sie eben auch nicht *nicht* stattgefunden haben. Insofern hatte Chuck Todd mit seiner Frage, warum der Präsident Sean Spicer bei einer solchen Petitesse die Unwahrheit sagen ließ, einen *richtigen* Punkt *falsch* getroffen: Falsch, weil er (wie überhaupt weite Teile der Presse) insinuierte, das habe mit einer rätselhaften, immer schon in die Nähe einer psychologischen Pathologie gerückten, Eigenheit des Präsidenten zu tun;[38] richtig allerdings, weil er auf den relevanten Punkt hinwies, dass die Frage nach der Teilnehmer:innenzahl bei der Veranstaltung wohl einen »wunden Punkt« traf. Dafür braucht man allerdings gar keine Spekulationen über Trumps Geisteszustand anzustellen: Die alternativen Fakten der »größten Feier der Geschichte« hatten die Funktion, in der Kommunikation eine Situation zu schaffen, in der die Festlegung darauf, dass die Feier kein Ausdruck euphorischer Unterstützung durch die »Massen« war, als unredliche Parteinahme erschien und als solche wieder in den Dienst der populistischen Selbst-

(9. August 2017), online verfügbar unter: {https://www.nytimes.com/elections/2016/results/president}.

38 Die Meinungsbeiträge, die Trump z. B. Narzissmus diagnostizierten, waren schon zu Beginn der Amtszeit Legion, was zu öffentlichen Debatten über die sogenannte »Goldwater-Regel« führte, nach der es Psycholog:innen und Psychiater:innen verboten ist, Vermutungen über den Geisteszustand von Prominenten zu äußern, die sie nicht persönlich untersucht haben; vgl. Gersen, Jeannie Suk, »Will Trump be the death of the Goldwater rule?«, in: *The New Yorker* (23. August 2017), online verfügbar unter: {https://www.newyorker.com/news/news-desk/will-trump-be-the-death-of-the-goldwater-rule}.

präsentation genommen werden konnte. Der Streit darüber, ob Sean Spicer im Auftrag des Präsidenten gelogen habe, fügte sich nahtlos in die bereits etablierte Konfliktstruktur ein und »überbrückte« gewissermaßen den Punkt, an dem sonst die Legitimität des institutionell korrekt prozessierten Wahlergebnisses infrage gestanden hätte.

Dass es sich bei dem Problem, eine geringe Teilnehmerzahl bei einer Amtseinführung als Zeichen einer potenziell geringen Unterstützung in der Bevölkerung nicht zur Geltung kommen zu lassen, nicht um eine »hineingelesene« Herausforderung handelt, mag ein anderes Beispiel verdeutlichen, in dem keine alternativen Fakten mobilisiert werden konnten: Im Juni 2020 veranstaltete Trump eine Wahlkundgebung in Tulsa, Oklahoma. Die Rally fand, durchaus vergleichbar mit der Amtseinführungsfeier, an einem empfindlichen Punkt der Amtszeit statt: Die nächste Wahl war nur noch einige Monate entfernt, Trumps Umfragewerte waren niedrig, und die Coronapandemie, deren viel kritisiertes Management durch den Präsidenten eine wichtige Rolle bei ebendiesen niedrigen Umfragewerten spielte, hatte für Monate Massenveranstaltungen verhindert. Trumps Kampagne hatte die Veranstaltung deshalb im Vorfeld mit großen Erwartungen verknüpft: Eine riesige Kundgebung sollte nicht nur die Unerschrockenheit signalisieren, mit der Trump und seine Anhänger:innen die Pandemie hinter sich ließen, sondern überdies zeigen, dass er, vergleichbar mit 2016, trotz niedriger Umfragewerte und Kritik aus der Presse massenhaft Unterstützer:innen auf seiner Seite wissen konnte. Über Wochen hatte nicht nur die Wahl des Veranstaltungsorts – hundert Jahre zuvor Schauplatz mehrtägiger rassistischer Riots, im Zuge derer die lokale afroamerikanische Bevölkerung vertrieben, enteignet sowie misshandelt und eine bis heute nicht feststehende Zahl von Menschen ermordet worden war, ein Ereignis, das als »Tulsa Massacre« in die Geschichte einging –, sondern eben auch gerade der laxe Umgang mit Infektionsschutzmaßnahmen für Kritik gesorgt.

Womit aber auch in der Presse meines Wissens niemand gerechnet hatte, war allerdings, dass kaum jemand kommen würde. Während die Veranstalter Bühnen außerhalb der Halle aufgebaut hatten, um die Massen einzubinden, die in dem 19 000 Besucher:innen fassenden Gebäude keinen Platz finden würden, füllte sich die Halle schlussendlich nach Angaben der örtlichen Sicherheitsbehörden nicht einmal zu einem Drittel.[39] Die Presseberichterstattung war von Bildern leerer Sitzreihen und der während der Rede schon demontierten Außenbühnen geprägt[40] – oder von einem sichtlich übel-

39 Lutz, Tom, »Brad Parscale faces Trump ›fury‹ after Tulsa comeback rally flops«, in: *The Guardian* (21. Juni 2020), online verfügbar unter: {http://www.theguardian.com/us-news/2020/jun/21/brad-parscale-donald-trump-tulsa-rally-covid-ivanka-kushner-rick-wilson}.

40 Z. B.: Olorunnipa, Toluse/Josh Dawsey/Ashley Parker, »Trump's anger over Tulsa rally underscores growing problems within his campaign«, in: *Washington Post* (20. Juni 2020), online verfügbar unter: {https://www.washingtonpost.com/politics/trumps-anger-over-tulsa-rally-underscores-growing-problems-within-his-campaign/2020/06/22/65a721bc-b4a6-11ea-aca5-ebb63d27e1ff_story.html}; Shear, Michael D./Maggie Haberman/Astead W. Herndon, »Trump rally fizzles as attendance falls short of campaign's

launigen Trump. Auch wenn das Wahlkampfteam sich bemühte, Schuldige für dieses Debakel zu finden,[41] um die Enttäuschung abzufedern, war das Credo in der Presse ziemlich eindeutig: Man interpretierte die Veranstaltung als Zeichen dafür, wie schlecht es um Trumps Chancen bestellt war.[42]

Die kommunikative Funktion der alternativen Fakten von der »größten Feier der Geschichte« wird noch deutlicher, wenn wir sie mit der eines alternativen Fakts *avant la lettre* vergleichen, an dessen Karriere Donald Trump ebenfalls zentral beteiligt war und der nicht ganz zufällig im Anschluss an die wirklich bis dato größte

expectations«, in: *New York Times* (20. Juni 2020), online verfügbar unter: {https://www.nytimes.com/2020/06/20/us/politics/tulsa-trump-rally.html}.

41 Die wohl amüsanteste Theorie ist zugleich vermutlich wahr – denn die Beschuldigten bekannten sich schuldig. Mehrere, vor allem wohl jugendliche, Nutzer:innen der Plattform Tiktok, hatten im Vorfeld massenhaft Karten für die Veranstaltung reserviert und dadurch die erwartete Teilnehmer:innenzahl systematisch »aufgeblasen«; vgl. Lorenz, Taylor/Kellen Browning/Sheera Frenkel, »TikTok teens and K-Pop stans say they sank Trump rally«, in: *New York Times* (21. Juni 2020), online verfügbar unter: {https://www.nytimes.com/2020/06/21/style/tiktok-trump-rally-tulsa.html}.

42 Ob *das* wiederum zutraf, kann und will ich nicht beurteilen. Dagegen spricht zumindest, dass Trump bei den folgenden Präsidentschaftswahlen zehn Millionen Stimmen *mehr* erhielt als bei seiner ersten Wahl; vgl. Fessenden, Ford/Lazaro Gamio/Rich Harris, »Even in defeat, Trump found new voters across the U.S.«, in: *New York Times* (17. November 2020), online verfügbar unter: {https://www.nytimes.com/interactive/2020/11/16/us/politics/election-turnout.html}. Entscheidend ist zunächst nur, dass der über die Presse repräsentierten öffentlichen Meinung hier ein negatives Votum über die Mobilisierungsfähigkeit des Präsidenten zugeschrieben wurde.

Amtseinführung der Geschichte besonders intensiv verbreitet wurde: der sogenannten »Birther-Theorie«.

Allerdings ist in diesem Falle der Begriff »Theorie« selbst im alltagssprachlichen Sinne irreführend: Es handelt sich eher um ein »Gerücht über den Präsidenten«, dessen konkreter Gehalt je nach Publikum und Zeitpunkt variiert, das aber einen festen Kern hat: Barack Obama dürfe *rechtlich* nicht Präsident der Vereinigten Staaten werden/sein, da er kein »natural born citizen« sei, wie es die Verfassung für Präsident:innen und Vizepräsident:innen der USA verlange. Der Ursprung des Gerüchts liegt im Dunkeln. Fest steht: Schon während des Vorwahlkampfes der Demokratischen Partei im Frühjahr 2008 zirkulierte im Lager der Unterstützer:innen von Hillary Clinton, die, für die meisten völlig überraschend, zusehends schlechtere Chancen auf die Nominierung hatte, eine anonyme E-Mail. Darin wurde behauptet, Obamas Mutter habe während ihrer Schwangerschaft mit seinem kenianischen (und, horribile dictu, muslimischen) Vater in Kenia gelebt und ihn dort zur Welt gebracht. Damit sei er weder in den USA geboren noch Kind zweier US-amerikanischer Elternteile.[43]

43 Vgl. Myers, Rupert, »The smear factor: The power of anonymous allegations to affect democracy, justice and the political system«, in: *Index on Censorship* 45/3 (2016), S. 42f., online verfügbar unter: {https://doi.org/10.1177/0306422016670339}; Smith, Ben/Byron Tau, »Birtherism: Where it all began«, in: *Politico* (22. April 2011), online verfügbar unter: {https://politi.co/2JDowoM}. Selbst wenn dies zutreffen würde, würde das allerdings nach der herrschenden Meinung der US-Jurist:innen überhaupt nicht gegen eine Präsidentschaft sprechen. Der Begriff »natural born citizen« heißt demnach nichts anderes, als dass die/der Präsident:in von

Wirklich Fahrt nahm das Gerücht aber erst im eigentlichen Wahlkampf auf, weiter verstärkt *nach* Obamas Wahl und vor allem nach der Amtseinführung. Auf den Demonstrationen der sogenannten Tea-Party-Bewegung, einer radikallibertären und nationalkonservativen Bewegung, die sich in den ersten Monaten von Obamas Präsidentschaft formierte,[44] fehlten so gut wie nie Plakate, die forderten, Barack Obama möge seine Geburtsurkunde vorlegen, behaupteten, dass er keine habe, oder, mit noch offensichtlicheren rassistischen Konnotationen, spöttelten, in Kenia suche ein Dorf jetzt seinen »Trottel«. Dass ausgerechnet Obama als erster afroamerikanischer Präsident mit diesen Gerüchten kämpfen musste, ist sicherlich kein Zufall. Viele Beobachter:innen haben völlig zutreffend darauf hingewiesen, dass das Gerücht ohne die Verbreitung völkisch-rassistischer Ressentiments in der Bevölkerung wohl kaum auf so fruchtbaren Boden gefallen wäre. Wenn ich in der Folge diesen Punkt in meiner Interpretation der kommunika-

Geburt an Staatsbürger der USA gewesen sein muss – und dafür reicht in der Regel ein US-amerikanischer Elternteil auch bei einer Geburt jenseits der Landesgrenzen, wenn die Eltern die Staatsbürgerschaft für das Kind bei dem entsprechenden US-Konsulat beantragen. Für die Basisdaten der Geschichte des Gerüchts beziehe ich mich in der Folge vor allem auf: Serwer, Adam, »Birtherism of a Nation«, in: *The Atlantic* (14. Mai 2020), online verfügbar unter: {https://www.theatlantic.com/ideas/archive/2020/05/birtherism-and-trump/610978/}.

44 Siehe für eine Übersicht über die Geschichte der Tea Party: Kumkar, Nils C., *The Tea Party, Occupy Wall Street, and the Great Recession*, Basingstoke/New York: Palgrave 2018; Skocpol, Theda/Vanessa Williamson, *The Tea Party and the Remaking of Republican Conservatism*, Oxford: Oxford University Press 2012.

tiven Form, in der das Gerücht massenmedial prozessiert wurde, weitgehend ausklammere, dann nicht, weil ich ihn in seiner Bedeutung herunterspielen will oder gar für falsch halte, sondern schlicht, um klarer herauszustellen, worin dieses Gerücht mit den alternativen Fakten von der »größten Feier der Geschichte« vergleichbar ist.

Das Gerücht nahm, spätestens nachdem das Team von Barack Obama im Juni 2008 seine vom Gesundheitsamt in Honolulu ausgestellten Geburtsunterlagen veröffentlicht hatte, im öffentlichen Diskurs eine seltsame Doppelgestalt an: Während mit der Frage befasste Gerichte, Fact-Checking-Plattformen und selbst die Führung der Republikanischen Partei das Gerücht vollumfänglich zurückwiesen, wurde die ursprüngliche Behauptung in Ketten-E-Mails und auf Plakaten mit leicht variierenden Inhalten immer wieder formuliert. Rechtskonservative und reaktionäre Gegner:innen des Präsidenten – unter ihnen besonders prominent eben der damals noch als TV-Persönlichkeit und Immobilienmogul firmierende Donald Trump – griffen es allerdings in einer subtileren Art und Weise auf: In Interviews im Jahr 2011, also auf dem letzten Höhepunkt der Tea-Party-Proteste und im beginnenden Vorwahlkampf zur Wahl 2012, erklärte Trump, man solle die Vertreter:innen des Gerüchts nicht als »Idioten« hinstellen, weil sie Zweifel an der Herkunft des Amtsinhabers äußerten. Vielmehr seien diese Zweifel als solche legitim, und auch er könne sich ihnen immer weniger verschließen, da die ganze Geschichte eben doch nicht aufgehe – aus einer Reihe von Gründen. Allein in einem wütenden Leserbrief, der im April 2011 in der *New York Times* veröffentlicht wurde[45] und in dem er sich dagegen verwehrte, wie er und andere »Birther« in der Presse abqualifiziert würden, behauptet er schließlich:

- Sehr große Teile der Bevölkerung glaubten, Obama sei nicht in den USA geboren worden;
- Obamas Großmutter habe erklärt, er sei in Kenia geboren;
- Obamas Familie könne sich nicht auf ein Krankenhaus einigen, in dem er geboren sei;
- die Geburtsurkunde, die Obama vorgelegt habe, sei kein gerichtsfestes Dokument und überdies »völlig un-unterschrieben«;
- es gäbe keine Urkunden in den Archiven hawaiianischer Krankenhäuser, die auf seine Geburt hinwiesen;
- es gäbe zwar Zeitungsanzeigen zu seiner Geburt, aber »einige hätten das Gefühl«, diese Anzeigen seien nur aufgegeben worden, um dem Kind die Staatsbürgerschaft zu ermöglichen.

Scheinbar registriert Trump dabei selbst, dass diese Liste an Indizien, wenn sie denn zutreffen und auf das hinweisen würden, worauf sie seiner Meinung nach hinweisen, die schwierige Frage aufwerfen würde, warum ein solcher Skandal *so wenig* öffentliche Beachtung erfährt – denn er greift diese Frage selbst auf. Er erklärt, bei jedem Präsidenten vor Obama hätte eine solch erdrückende Beweislast zur Amtsenthebung geführt, aber

45 Trump, Donald, »Donald Trump responds«, in: *New York Times* (8. April 2011), online verfügbar unter: {https://www.nytimes.com/2011/04/08/opinion/lweb08trump.html}. Wörtliche Zitate in der Folge wurden von mir ins Deutsche übertragen, NK.

in diesem Falle schütze die Presse Obama »aus irgendeinem Grund«, obwohl es doch zumindest eine Chance gebe, nach der Obama »die Verfassung zu Hackfleisch verarbeitet« habe, was die Journalist:innen, die sich der Geschichte annehmen würden, zu den »heißesten« Berichterstattern seit Watergate machen könne.

Wieder soll es hier nicht in erster Linie darum gehen, dass alle von Trump angeführten Indizien (außer vielleicht dem ersten und letzten) irreführend formuliert oder schlicht falsch sind, sondern zunächst vor allem wieder um die Form der Argumentation: Bis auf die Anekdote von der Großmutter[46] sind alle Indizien Gegen-Gegenbeweise: Sie belegen nicht, dass Obama an einem anderen Ort geboren sei, sondern lediglich, dass es vorgeblich der Gegenseite nicht möglich sei, ihren eigenen Punkt zu beweisen, also zu widerlegen, dass er an einem anderen Ort geboren sei, so dass es sich bei den herbeizitierten »großen Teilen der Bevölkerung« eben nicht um Vertreter:innen einer falschen Tatsachenbehauptung, sondern einer legitimen Annahme handele. Wir haben es also, in der Darstellung Trumps, wieder mit einer ungeklärten Situation zu tun, in der die Gegenseite unzulässigerweise Klarheit suggeriert – und ganz analog zu Sean Spicers Pressebriefing ist die daraus entstehende Figur: Ich weiß nicht, ob ich (beziehungsweise: die Menschen, für die ich spreche) recht habe(n), aber ich weiß, dass die Gegenseite lügt, wenn sie suggeriert, sie könne beweisen, dass ich lüge. Der Spre-

46 Der er augenscheinlich so wenig Beweiskraft zumisst, dass er die anderen Indizien aufzählen muss.

cher übernimmt in diesem Fall nicht die Verantwortung für seine Behauptung im eigentlichen Sinne, sondern erhebt sie als Anklage gegen die ursprüngliche Behauptung.[47]

Warum aber fand diese – ja schon auf der formalen, gänzlich vom faktischen Gehalt abstrahierenden Ebene – verschraubte These ein so dankbares Publikum? Obama hatte die Wahlen 2008 in einem Erdrutschsieg gewonnen: Anders als Trump 2016 hatte wirklich nicht nur die Mehrheit der Wahlmänner, sondern die Mehrheit der abgegebenen Stimmen für den Präsidenten votiert – und zwar deutlicher als bei allen Wahlen seit 1964. Senat und Kongress waren ebenfalls in der Hand der Demokraten, und mit einer außerordentlich breiten Zustimmung auch in den Umfragen stand Obamas Legitimität in keiner relevanten Hinsicht infrage – vielmehr war es die damalige Opposition, die um ihre Daseinsberechtigung bangte und in der die Befürchtung laut wurde, man könne als landesweite Partei bedeutungslos wer-

47 Das erlaubte ihm auch einen relativ unzeremoniellen Abschied aus der Gemeinschaft der »Birther«, nachdem Obama schließlich doch seine amtliche Geburtsurkunde vorgelegt hatte: Zunächst rühmte er sich, derjenige gewesen zu sein, der Obama erst zu diesem Schritt bewegt hatte, und schließlich, kurz vor der Präsidentschaftswahl 2016, distanzierte er sich nachdrücklich von der Birther-Theorie, nicht ohne seine Konkurrentin zu beschuldigen, ursprünglich habe sie hinter diesen Anschuldigungen gegen Obama gesteckt; vgl. Cillizza, Chris, »Donald Trump's birther event is the greatest trick he's ever pulled«, in: *Washington Post* (16. September 2016), online verfügbar unter: {https://www.washingtonpost.com/news/the-fix/wp/2016/09/16/donald-trumps-birther-event-is-the-greatest-trick-hes-ever-pulled/}.

den.[48] In dieser Lage mag manch eine:r sich ein Wundermittel gewünscht haben, mit dem sich diese Situation noch auflösen ließe: Und das Gerücht, dass Obama kein Amerikaner sei, kam in diesem Zusammenhang wie gerufen. In einem Land, in dem die Verfassung über eine derartige Aura verfügt wie in den USA,[49] war das Gerücht, der Präsident habe sein Amt verfassungswidrig errungen, auch wenn es auf einer sehr dünnen Datenbasis der Anklage und einer noch dünneren legalistischen Argumentation zur Gesetzesgrundlage selbst beruhte, eine durchaus effiziente kommunikative Blendgranate, vor allem wenn es sich durch den offensichtlichen unterschwelligen Verweis auf Obamas Identität als erster afroamerikanischer Präsident doppelt plausibilisieren ließ (dazu unten mehr). Bestand das Problem des Weißen Hauses 2016 darin, einen »legalen« Präsidenten mit zweifelhafter Legitimität vor der Delegitimierung zu schützen, bestand das Problem der Republikanischen Partei und ihrer Unterstützer:innen 2008 darin, einen legitimen Präsidenten durch den Hauch der Illegalität in Verruf zu bringen. Und es wirkte: Nachdem das Gerücht einmal massenmedial verbreitet war,[50]

48 Vgl. z. B. Davis, Susan, »Sen. McConnell calls on GOP to redefine itself«, in: *Wall Street Journal* (29. Januar 2009), online verfügbar unter: {https://www.wsj.com/articles/BL-WB-8099}.

49 Die lange Geschichte des konservativen »Constitutionalism«, die diese Aura der Verfassung mitgeprägt hat, mag zunächst wie eine US-amerikanische »Schrulle« erscheinen – aber dieselbe inhaltsleere, pathosreiche Bezugnahme auf die Verfassung wird uns auch bei den sogenannten »Querdenkern« (vgl. Kapitel 4) wiederbegegnen.

50 Im Sommer 2009 gaben immerhin 80 Prozent der Befragten in

bekannte zu Hochzeiten immerhin ein Viertel der Befragten in Erhebungen, sie seien sich zumindest unsicher, ob Barack Obama in den USA geboren sei, und auch nach Veröffentlichung der Geburtsurkunde im April 2011 blieben 13 Prozent bei dieser Meinung.[51] In den Medien wiederum wurde im Anschluss an Sean Spicers Pressebriefing mehr über den Streit über die Zuschauer:innenmenge als über die Menge selbst berichtet (zumindest wurde Zweiteres fast immer im Kontext von Ersterem thematisiert). Das bedeutet in beiden Fällen: Die Artikulation der alternativen Fakten führte, auch – oder gerade – weil sie in der massenmedialen Kommunikation sofort »widerlegt« wurden, dazu, dass dieselbe massenmediale Kommunikation im Anschluss eine beträchtliche Irritation registrierte: Sie meldete Verunsicherung und Konflikt über das, was doch gerade widerlegt worden war.

einer repräsentativen Umfrage an, von den Gerüchten gehört zu haben; vgl. Pew Research Center, »Many fault media coverage of health care debate«, in: *Pew Research Center – U. S. Politics & Policy* (6. August 2009), online verfügbar unter: {https://www.pewresearch.org/politics/2009/08/06/many-fault-media-coverage-of-health-care-debate/}.

51 Morales, Lymari, »Obama's birth certificate convinces some, but not all, skeptics«, in: *Gallup* (13. Mai 2011), online verfügbar unter: {http://www.gallup.com/poll/147530/Obama-Birth-Certificate-Convinces-Not-Skeptics.aspx}.

Massenmedien, Politik und Publikum als Resonanzkörper alternativer Fakten

Alternative Fakten sind nicht »einfach Lügen«. Die bisherige Interpretation erlaubt es vielmehr, an zwei raffiniertere Deutungen zu alternativen Fakten anzuschließen und sie zugleich weiterzutreiben: Zunächst illustrieren die beiden in diesem Kapitel diskutierten Fälle, dass alternative Fakten in Bezug auf ihren eigentlichen Gehalt, also auf das, was sie über die Welt unmittelbar inhaltlich aussagen, Hybride sind, in denen sich Wirkliches, Umstrittenes und inhaltlich Falsches durchdringen. 2016 war zahlenmäßig sicher nicht die größte Amtseinführungsfeier der Geschichte, aber es war de facto eine Falschmeldung, dass die Büste Martin Luther Kings aus dem Oval Office entfernt worden war, und die weißen Planen auf der Wiese ließen die Menge aus der Luft kleiner aussehen als bei den meisten vergangenen Amtseinführungen. Obama war – institutionell beglaubigt, und dass ist nun einmal die *objektivste* Form, die dieser soziale Tatbestand annehmen kann[52] – von Geburt

52 Das gilt übrigens unabhängig vom in der Einleitung angesprochenen epistemischen Konflikt nicht nur für sozialkonstruktivistische, sondern genauso für realistische Perspektiven auf diese Frage; vgl. z.B. Searle, John R., *Die Konstruktion der gesellschaftlichen Wirklichkeit. Zur Ontologie sozialer Tatsachen*, Berlin: Suhrkamp 2018 [1995]. Staatsbürgerschaft ist so oder so eine *ontologisch* institutionelle Tatsache. Selbst völkische Rassist:innen, die wirklich meinen, man könne (und solle) biologische Eigenschaften eines menschlichen Organismus zur Grundlage der Entscheidung über Staatsbürgerschaft machen, melden damit zwar Revisionswünsche an den Maßstäben an, die im institutionellen Beglaubigen der Staats-

an US-amerikanischer Staatsbürger, aber in den ersten zweieinhalb Jahren seiner Amtszeit hatte er eben wirklich nur die Krankenhauspapiere zu seiner Geburt und nicht die amtliche Geburtsurkunde vorgelegt, auch wenn beide Dokumente, was ihre rechtliche Aussagekraft angeht, äquivalent sind. In diesem narratologischen Sinne sind alternative Fakten, wie Nikola Gess in ihrem gleichnamigen Buch herausgearbeitet hat, in der Tat eher »Halbwahrheiten« als einfache Lügen.[53]

Betrachtet man darüber hinaus aber auch, wie alternative Fakten an Gesagtes/Geschriebenes interpretierend anknüpfen, wie sie selbst beantwortet werden und sich dann zu dieser Antwort verhalten, bezieht man, mit anderen Worten, die Interaktion als Kommunikationszusammenhang, in dem sie artikuliert werden, mit in die Betrachtung ein, dann zeigt sich eine weitere irritierende Besonderheit, die sie von anderen Halbwahrheiten (und vielen Propagandalügen) unterscheidet: Die eigentliche, kommunikativ als solche sanktionierte, Falschbehauptung tritt fast völlig in den Hintergrund, scheint ihrem Gehalt nach beliebig, solange sie negierend auf die Ausgangsbehauptung bezogen bleiben kann. Es ist eigentlich gleichgültig, ob die Zuschauer:innenmenge wirklich die größte der Geschichte, ob sie für die gegebenen Umstände sehr groß oder vielleicht am Ende sogar nur größer war, als sie wirkte, solange sie

bürgerschaft zur Anwendung kommen, stellen aber nicht den institutionellen Charakter der Staatsbürgerschaft selbst infrage.

53 Vgl. Gess, *Halbwahrheiten*, a. a. O.

nicht klein war. *Der feste, in der Kommunikation behauptete Grund (im Doppelsinn) ist in der Sachdimension ein an Nullaussagen grenzender Skeptizismus, in der Sozialdimension die Bezugnahme auf einen der Kommunikation bereits vorgängigen Konflikt.* Das Ergebnis dieses Manövers ist darum zunächst einmal – kommunikativ und nicht psychologisch verstandene – Unsicherheit. Denn während in der Sachdimension die zugleich unvermeidlichen und unter normalen Umständen irrelevanten Unschärfen hervorgehoben werden, indem also gewissermaßen künstlich das »Rauschen« aufgedreht wird, wird in der Sozialdimension durch die Betonung der Konfliktstruktur der Kommunikation jede Festlegung in eine Parteinahme umgedeutet. Diese Indifferenz gegenüber dem Wahrheitsgehalt könnte man, im Anschluss an ein bekanntes Konzept des Philosophen Harry G. Frankfurt, auch als »Bullshit« bezeichnen.[54] Allein, der Umstand, dass *beide* Definitionen scheinbar zutreffen, gibt Rätsel auf. Wenn nämlich, wie beim »Bullshit«, der Wahrheitsgehalt für die/den Sprecher:in von nachgeordneter Bedeutung ist, dann scheint unklar, warum man sich die kommunikativen Folgeprobleme einhandelt, die dabei auftreten, dass man unmittelbar erkennbar auch Falsches behauptet. Warum beschränkt man sich nicht einfach direkt auf die Äußerung von vagem Skeptizismus oder das Unterminieren der Gegenposition durch das Aufdecken realer Fehler? Oder andersherum: Warum macht man sich

54 Frankfurt, Harry G, *Bullshit*, Berlin: Suhrkamp 2019 [1988]; vgl. Wright, »›Many people are saying …‹«, a. a. O.

die Mühe einer Verschränkung von wahr und unwahr im Sinne einer glaubwürdigen »Halbwahrheit«, wenn man zugleich in der Kommunikation durchscheinen lässt, dass einem der Gehalt des Geäußerten im engeren Sinne eigentlich gleichgültig ist?

Meine Vermutung ist, dass sich das nur aus der kommunikativen Funktion im größeren Kontext erklären lässt. Man muss also über die narratologische, auf die konkrete Aussage konzentrierte Lesart hinaus den weiteren Kontext der über die konkrete Interaktion hinausgreifenden Kommunikation einbeziehen. Alternative Fakten können ihre Entlastungsfunktion nur erfüllen, indem sie diese Kommunikation verwirren – und das wiederum gelingt in ihrem Falle durch die Verschränkung der beiden Aspekte, die Gess und Frankfurt herausstellen. Sie müssen als rudimentär glaubhafte Aussagen artikuliert werden, um überhaupt kommunikative Anschlüsse zu ermöglichen, zugleich müssen sie aber ausreichende Distanz zu ihrem propositionalen Gehalt signalisieren, damit die Anschlusskommunikation nicht durch eine einfache Nein-Stellungnahme zum Erliegen gebracht werden kann.

Oben hatte ich en passant von einer Blendgranate gesprochen – und wie bei einer Blendgranate ist die primäre kommunikative Funktion nicht die Veränderung der Wirklichkeit, in welcher der Konflikt stattfindet, sondern ihre *temporäre Überblendung*. *Temporär* nicht in dem trivialen Sinn, dass alle menschlichen Mühen irgendwann an ihre Grenzen stoßen oder dass »die Wahrheit« sich letzten Endes ohnehin durchsetzt, sondern in dem Sinn, dass alternative Fakten es gar nicht darauf anlegen, eines Tages »für sich« zu stehen.[55] Gerade weil die alternativen Fakten so wenig Gewicht auf die Validierung ihres Inhalts legen und sich stattdessen auf die Problematisierung ihres Widerparts verlegen, können sie sich als Realitätskonstruktion nur sehr begrenzt verselbstständigen. Wie man die Aussagenreihe: »Die Menge sah kleiner aus«, »war zu Recht kleiner«, »war größer, als man denkt«, »war die größte der Geschichte« – »nein« – »Zuschauerzahlen sind irrelevant« und »können nicht abschließend festgestellt werden« auch dreht, wendet und rekombiniert, es wird sehr wahrscheinlich keine in sich schlüssige Behauptung über eine Zuschauer:innenzahl dabei herauskommen. Das heißt zunächst, wie die bisherige Interpretation bereits gezeigt hat, dass wir bei der Entschlüsselung der konkreten Funktion eines bestimmten alternativen Fakts weniger darauf achten sollten, was konkret behauptet wird, als vielmehr darauf, was überblendet wird – in unserem Falle der drohende Legitimitätsverlust durch eine kleine Zuschauer:innenmenge (2017) beziehungsweise die Konfrontation mit einem ungeahnt populären Präsidenten mit (zu Beginn) ambitionierter Reformagenda und beiden Kammern des Kongresses im Rücken (2009).

Damit stellt sich zuletzt eine Frage, die bisher nur

55 In diesem Sinne sind z. B. die Versuche der stalinschen Geschichtsschreibung, Trotzki und die anderen »Abweichler« aus der Geschichte der KPdSU zu tilgen, keine alternativen Fakten. Auch deswegen sind die zahlreichen Deutungen, die alternative Fakten mit dem »Neusprech« aus Orwells *1984* vergleichen, irreführend, da Orwell ja vor allem Anleihen bei der »Wahrheitspolitik« des Stalinismus machte.

touchiert wurde und die uns auch in den folgenden Kapiteln immer wieder beschäftigen wird: wie nämlich genau dieses *Überblenden* eigentlich funktionieren kann. Denn auch wenn ich im Zuge der bisherigen Interpretation zweier alternativer Fakten rekonstruieren konnte, wie sie aufgebaut sind und wie sie an ihren unmittelbaren kommunikativen Kontext anschließen, ist damit ja mitnichten ge- oder gar erklärt, wie die gesellschaftliche Kommunikation von ihnen verunsichert werden kann: Kann denn Kommunikation »verwirrt« sein, auch wenn es starke Anzeichen gibt, dass kaum jemand der an der Kommunikation Beteiligten wirklich verwirrt ist? Denn wenn wir uns gedankenexperimentell vergegenwärtigen, was passieren würde, wenn jemand ein einfaches Zwiegespräch mit Sean Spicer führen würde und sich anhören müsste, was er erzählt – dann würden die meisten das Gespräch vermutlich abbrechen (wie bei unangenehmen Dinnerpartys erprobt: lächeln, nicken und uns jemand anderem zuwenden). Verwirrt wäre man höchstens in Bezug auf Spicers Geisteszustand, aber nicht in Bezug auf das eigene oder das gesellschaftliche Verhältnis zu den Tatsachen.

Einen Hinweis auf den Punkt, an dem diese weiterführenden Überlegungen ansetzen können, gaben sowohl Sean Spicer als auch Donald Trump gleich mit den Eröffnungen ihrer jeweiligen Äußerungen: Spicer hatte sich ja darauf berufen, dass »Land und Welt« die großartige und friedvolle Amtseinführungsfeier beobachtet hatten, während die Medien falsch berichteten. Und Trump hatte erklärt, große Teile der Bevölkerung bezweifelten, dass Barack Obama in den USA geboren sei, dass die Medien diesen Skandal aber ignorierten. Beide berufen sich also in ihrer Argumentation auf die Autorität einer öffentlichen Meinung und bringen diese gegen die von den Massenmedien konstruierte Realität in Stellung. Diese, so die Anklage, verschweigen, was die Menschen wirklich denken. Diese Form der Argumentation ist uns allen aus zahlreichen Zusammenhängen so geläufig, dass ihre Paradoxie kaum auffällt. Denn: »Die öffentliche Meinung gibt es nicht«[56] – zumindest nicht außerhalb der Massenmedien. Und doch ist sie ja eine, wenn nicht die, zentrale Bezugsgröße der politischen Kommunikation.

Dieses Paradox, das an der Schnittstelle zwischen journalistischem Feld und politischem Feld entsteht, bildet die gesellschaftliche Bedingung der Möglichkeit für die Blendwirkung alternativer Fakten. Das wird in den folgenden Fallstudien noch deutlicher werden, aber gerade weil die beiden in diesem Kapitel diskutierten Fälle nur an der Schwelle zwischen Politik und Massenmedien ihre Wirkung zeigen und nicht, wie in den kommenden Kapiteln, noch weitere Felder oder Systeme[57]

56 Bourdieu, Pierre, »Die öffentliche Meinung gibt es nicht« (1972), in: ders., *Soziologische Fragen*, Frankfurt am Main: Suhrkamp 1993, S. 212-223.

57 Spätestens an dieser Stelle mögen einige Leser:innen ein Unbehagen angesichts der scheinbar laxen Verwendung des theoretischen Rüstzeugs verspüren. Ich bin mir der konzeptuellen Unterschiede zwischen »Feld« im bourdieuschen und »System« im luhmannschen Sinne durchaus bewusst, verwende die beiden Begriffe hier aber als austauschbar, weil sie es in Bezug auf das besprochene Verhältnis von Massenmedien, Politik und Publikum als gegenseitige Beobachtungsbeziehung meiner Meinung nach sind, wobei der Systembegriff eine stärkere Akzentuierung des Kommunikations-

zum Verständnis hinzugezogen werden müssen, möchte ich dieses Argument zumindest schon einmal erproben, gewissermaßen seine Komplexität so einfach wie möglich fassen, ohne mich in unnötigen Kompliziertheiten zu verlieren.

Die öffentliche Meinung ist eine äußerst hartnäckige und wirksame gesellschaftliche Fiktion. Im alltagsweltlich geläufigen Sinne, das hat Bourdieu schon 1973 aufgespießt,[58] existiert sie nicht: Es ist eine Illusion, anzunehmen, dass es in modernen, ausdifferenzierten und in Klassen strukturierten Gesellschaften »in den Köpfen« der Bevölkerung abrufbare Einstellungen zu politischen Problemen gäbe, die man einfach aufaddieren könnte, um ein »Stimmungsbild« zu erhalten.[59] Denn das würde voraussetzen, dass diese politischen Probleme sich allen gleichermaßen und in vergleichbarer Form stellen, was offensichtlich in Bezug auf die meisten Probleme nicht stimmt (deswegen, so das Gegenbeispiel, das Bourdieu ebenfalls schon anführt, funktioniert gerade die Wahlforschung als Teilbereich der Demoskopie verhältnismäßig zuverlässig, denn das Ankreuzen einer Parteipräferenz auf einem Wahlzettel ist wirklich ein Problem, das sich allen einigermaßen gleich stellt). Die vor einigen Jahren politisch viel diskutierte Frage nach der Zulassung des Unkrautvernichtungsmittels Glyphosat beispielsweise betrifft nicht

aspekts, der Feldbegriff der akteursbezogenen strategischen Überlegungen erlaubt.

58 Ebd.

59 Vgl. auch Luhmann, Niklas, *Die Politik der Gesellschaft*, Frankfurt am Main: Suhrkamp 2019 [2002], v.a. S. 283 ff.

nur potenzielle Konsument:innen landwirtschaftlicher Produkte anders als Landwirt:innen, sie stellt sich den allermeisten alltäglich gar nicht. Selbst wenn jemand auf die Frage nach einem solchen Problem eine Antwort gibt, kann diese zudem auf grundsätzlich verschiedene Weisen zustande gekommen sein: Es kann sich um eine habituell generierte Antwort handeln, also um eine Problemlösung, die sich an biografisch erprobten und verinnerlichten Mustern ausrichtet (was die »Konzerne« mir andrehen wollen, war noch nie gut für mich). Sie kann im Rahmen eines übergreifenden politischen Konzepts entwickelt worden sein (die Vorteile bei der Unkrautbekämpfung und damit bei der Lebensmittelpreisreduktion überwiegen eventuelle Gefahren – oder eben nicht). Oder sie kann, gewissermaßen als Entscheidung zweiten Grades, um den Anschluss an die »Linie« einer politischen Partei bemüht sein, die man als Vertretung seiner Interessen oder Wertvorstellungen anerkennt.[60] Es leuchtet unmittelbar ein, dass man derart unterschiedlich generierte Antworten nicht einfach aufaddieren kann, um ein »Stimmungsbild« zu erhalten.

In einem anderen Sinne ist die öffentliche Meinung allerdings überaus real: Sie ist das Medium, mit dem das politische System seine Umwelt beobachtet und sich selbst an ihr ausrichtet.[61] Das politische Feld hat nämlich ein gespaltenes Verhältnis zu seinem Publikum. Auf der einen Seite konstituiert es sich über dessen Ausschluss,

60 Vgl. Bourdieu, Pierre, *Die feinen Unterschiede. Kritik der gesellschaftlichen Urteilskraft*, Frankfurt am Main: Suhrkamp 1994 [1979], S. 655 f.

61 Vgl. Luhmann, *Die Politik der Gesellschaft*, a. a. O., S. 274-318.

andererseits kann es seine Legitimation nur durch die Zustimmung ebendieses Publikums gewinnen.[62] In einem ganz basalen Sinne ist das in die Institutionen der parlamentarischen Demokratie eingeschrieben: Politische Positionen werden durch Wahlen vergeben, sollen also an die Zustimmung der Delegation der Macht an bestimmte Personen gebunden sein.[63] In einem umfassenderen Sinne gilt dies allerdings auch: Die Zustimmung der öffentlichen Meinung in der alltäglichen politischen Auseinandersetzung ist eine beständig rhetorisch mobilisierte Ressource, ohne die man kaum vorankommen dürfte. Auch wer von einer klaren Mehrheit gewählt ist, kann in der Regel zumindest nicht offen eingestehen, dass sie/er in der Auseinandersetzung um bestimmte politische Probleme gegen die Meinung der Mehrheit Position bezieht (wer dazu doch gezwungen ist, der muss alternative, immer etwas umständliche Legitimationsressourcen bemühen: die »wahren Interessen« der Mehrheit, zum Beispiel, oder, wenn es gar nicht mehr anders geht, das eigene Gewissen).

62 Vgl. Bourdieu, *»Das politische Feld«*, a. a. O.

63 In dieser Hinsicht ist der »Wahl-O-Mat«, mit dem Wähler:innen die Möglichkeit gegeben wird, ihre Präferenzen mit den Wahlprogrammen der Parteien abzugleichen, eine ideologiekritisch interessante Vorrichtung: Ideologisch ist daran (vom fraglichen prognostischen Wert der Wahlprogramme einmal abgesehen) die Annahme, dass die Wahlentscheidung eine über Meinungen zu politischen Maßnahmen determinierte Konsumpräferenz ist, was bedeutet, dass eine durchaus sozial spezifische Einstellung zum Wahlakt als Ideal verallgemeinert und unterstützt wird – zuungunsten von alternativen Entscheidungsgrundlagen wie Parteiloyalität oder allgemeineren Vorstellungen davon, was »gute Politik« ausmacht.

In diesem Rückkopplungsprozess spielen nun die Massenmedien eine zentrale Rolle: Denn »[w]as wir über unsere Gesellschaft [...] wissen, wissen wir durch die Massenmedien«.[64] Das heißt, so provokant es klingen mag, zunächst einmal etwas recht Basales: In einer funktional differenzierten Gesellschaft, in der das, wovon in konkreten Interaktionen die Rede ist, nicht jedesmal in dieser Interaktion eingeholt werden kann, ist der Grundstock des Wissens, den ich als bekannt voraussetzen kann, der, der sich in den Massenmedien findet. Ich mag ja alles falsch finden, was ich in der Presse über den Einsatz und den Abzug der Bundeswehr aus Afghanistan lese: Ohne die Presse wüsste ich allerdings höchstwahrscheinlich nicht, dass dieser Abzug überhaupt stattgefunden hat – und auch meine Kritik an der Medienberichterstattung zehrt von massenmedial vermitteltem Wissen darüber, was Krieg und Rückzug eigentlich ausmacht.[65] In diesem Sinne ruht auch ein Gespräch über die irreführende Berichterstattung zum Abzug auf der Realitätskonstruktion der Massenmedien auf.

In Bezug auf die öffentliche Meinung als Beobachtung der und durch die Politik gilt das gleich in dreifacher Hinsicht: Weder wüsste die Politik in der Regel, was die öffentliche Meinung ist, wenn sie es nicht aus den Massenmedien erführe,[66] noch müsste sie anneh-

64 Luhmann, Niklas, *Die Realität der Massenmedien*, Opladen: Westdeutscher Verlag 1996, S. 9.

65 Ebd., S. 22f.

66 Die funktionsäquivalente Lösung, die Bevölkerung geheimdienstlich überwachen zu lassen, scheint sich historisch bisher immer als

men (und das ist entscheidender), dass die öffentliche Meinung sich selbst kennen könnte (und also darauf reagieren dürfte, wenn sie missachtet wird). Und die öffentliche Meinung selbst wüsste schlussendlich gar nicht, worüber sie eine Meinung haben sollte, wenn die Probleme, zu denen sie befragt wird, nicht massenmedial verbreitet würden.

Meist vollzieht sich diese komplexe Koordinationsleistung relativ geräuschlos: Die Politik geriert sich selbst als Umsetzung der öffentlichen Meinung in Bezug auf die »Dinge, wie sie sind«, die Massenmedien (zumindest im Programmbereich Nachrichten und Berichte) als Abbild der »Dinge, wie sie sind« (und dazu zählt dann eben auch die öffentliche Meinung), und die öffentliche Meinung hat nicht dazu, sondern eben nur zu den »Dingen, wie sie sind« (und dazu gehört dann in diesem Fall das Handeln der Politik), eine Meinung – und gerade darin, dass an einzelnen Akteuren immer wieder Kritik dahingehend formuliert wird, dass sie diesem Anspruch nicht gerecht würden, bestätigt sich die geteilte Annahme, dass es im Großen und Ganzen schon funktioniere.

Die besprochenen alternativen Fakten als kommunikative Schachzüge fordern diese Koordinationsleistung allerdings heraus: Sobald mit hinreichender »Lautstärke« behauptet wird, dass ein relevanter Teil der öffentlichen Meinung die »Dinge, wie sie sind«, anders sieht, wird der Konstruktionscharakter der Wirklichkeit, wie

weniger irritationssensibel und folglich auch weniger leistungsstark erwiesen zu haben, weswegen sie in der Regel eher als Ergänzungsstrategie eingesetzt wird.

sie in der Kommunikation vorausgesetzt wird, selbst problematisch, und die Massenmedien sehen sich gezwungen, zu kommunizieren, wie sie zu ihren Schlüssen gekommen sind. Das ist natürlich ein Taschenspielertrick – denn auch wenn Tatsachenwahrheiten, wie Hannah Arendt es ausdrückt, geradezu dadurch definiert sind, dass sie genauso gut auch anders hätten ausfallen können (die Zuschauer:innenmenge hätte auch groß sein können und Obama könnte als Kenianer geboren worden sein[67]), heißt das natürlich nicht, dass sie auch ex post nur Wahrscheinlichkeitsaussagen sind.[68] Dass eine bestimmte Tatsache von einigen nicht als solche anerkannt wird, weil sie auch anders hätte ausfallen können, macht also den Schluss, den jemand in Bezug auf diese Tatsache gezogen hat, ex post nicht ungerechtfertigter. Unser Wissen über »die Dinge, wie sie sind«, kann nicht sinnvoll zum Gegenstand einer virtuellen Abstimmung werden. Das ist allerdings nicht entscheidend: Gerade weil es in der Politik vordringlich um Macht und nicht um »Wahrheit« geht (der Code des politischen Systems ist unterlegen/überlegen, wie die Sys-

67 Zweiteres stimmt im strengeren Sinn nicht: Obama ist 1961 geboren (das hat bisher niemand vernehmbar bezweifelt), Kenia erlangte aber erst 1963 seine Unabhängigkeit von Großbritannien. Es ändert das grundsätzliche Argument allerdings nicht – obwohl es natürlich eine geschichtspolitisch interessantere Behauptung gewesen wäre, Obama sei in Wirklichkeit als britischer Staatsbürger geboren worden: Denn genau dieses Szenario eines potenziell loyalistischen britischstämmigen Präsidenten hatten ja die Gründerväter der gerade unabhängig gewordenen USA durch die »Natural born citizen«-Klausel zu verhindern gesucht.

68 Vgl. Ahrendt, *Wahrheit und Politik*, a. a. O., S. 63.

temtheorie es ausdrücken würde[69]), ist der entscheidende Punkt in der politischen Kommunikation, was man *über die öffentliche Meinung* voraussetzen kann. *Damit nimmt allein die in den Massenmedien kommunizierte Unsicherheit über die öffentliche Meinung zu den »Dingen, wie sie sind«, Entscheidungsdruck von politischen Akteuren. Unmittelbar*, weil sie hoffen oder zumindest behaupten können, die durch die Problematisierung verunsicherte öffentliche Meinung zwinge sie geradezu, die Frage nach den »Dingen, wie sie sind«, als offene zu behandeln, und *vermittelt*, weil sie in Bezug auf die »Dinge, wie sie sind«, behaupten können, man wisse es ja nicht mit letztgültiger Sicherheit (und sich dabei auf eine »Gemeinschaft der Häretiker:innen« berufen können). Die Rede vom »Entscheidungsdruck« mag an dieser Stelle nicht unmittelbar einleuchten. Gemeint ist damit, das wird im folgenden Kapitel noch deutlicher werden, dass alternative Fakten sich dann besonders gut massenmedial verbreiten, wenn sie auf einem politischen Konflikt aufruhen (dieser Teil dürfte bei den bisherigen Beispielen unstrittig sein) und wenn es zumindest in Teilen beider am Konflikt beteiligten Parteien das Interesse gibt, bestimmte Gegenstände des Konflikts nicht thematisch werden zu lassen. Dann wird nämlich wahrscheinlicher, dass sie sich kollaborativ an der durch alternative Fakten getriebenen Themenverlagerung beteiligen. Im Falle der »größten Feier der Geschichte« ist dieses unbequeme Thema die Erkenntnis,

69 Vgl. Baraldi, Claudio, »Politik«, a. a. O.; Luhmann, *Die Politik der Gesellschaft*, a. a. O.

dass Trumps Wahlsieg, so skandalös man ihn in seiner Konsequenz finden mag, in seinem praktischen Zustandekommen geradezu aufreizend konventionell war: Es war eben keine populistische Massenrevolte, und ob seine radikalisierende Rhetorik und seine Falschbehauptungen für das Ergebnis eine entscheidende Rolle spielten, ist zumindest fraglich. Er wurde zum weit überwiegenden Teil von Menschen gewählt, die auch sonst die Republikaner wählen – und dass dies für einen (wenn auch Minderheiten-)Sieg reichte, war nach einer vollendeten zweiten Amtsperiode eines Präsidenten der jeweils anderen Partei auch im vergangenen Jahrhundert die Regel und nicht die Ausnahme.[70] Diese Information sperrt sich aber nicht nur dagegen, in Trumps populistische Inszenierung integriert zu werden, sondern hätte, wenn sie denn ins Zentrum der Debatte gerückt worden wäre, auch seine Gegner:innen dazu gezwungen, zu einem politischen institutionellen Arrangement, das solche Ergebnisse nicht nur möglich, sondern auch wahrscheinlich macht, grundlegend Stellung zu beziehen, wenn ihre katastrophischen Einschätzungen von den Konsequenzen einer Trump-Präsidentschaft denn ernst gemeint waren.[71]

70 Vgl. Kumkar, Nils C., »Autoritarismus und Realitätsverlust«, a. a. O.

71 Ein Nachhall dieser Problemverlagerung, nach der einerseits Trump eine geradezu diabolische Fähigkeit zugeschrieben wird, die Massen zu mobilisieren, während diesen »Massen« unterstellt wird, auch die verrücktesten Verschwörungstheorien dankbar anzunehmen, findet sich unter anderem in der Berichterstattung über den »Sturm auf das Kapitol« im Januar 2021: So dramatisch die Ereignisse gewesen sein mögen – einen Schluss auf den weitver-

Zusätzlich gestützt wird diese Strategie der Themenverlagerung dadurch, dass das Publikum sich ja nicht als Menge neutraler und passiver Beobachter:innen zu den politischen Konflikten verhält, in denen alternative Fakten artikuliert werden: In einer experimentellen Studie konnten Politikwissenschaftler:innen anhand der Kontroverse um die Zuschauer:innenzahl bei der Inauguration zeigen, dass Unterstützer:innen Donald Trumps, konfrontiert mit Fotos von den Amtseinführungsfeiern Trumps und Obamas, aus denen klar ersichtlich war, dass zweite sehr viel größer war, zu relevanten Teilen das Gegenteil auf den Bildern zu sehen behaupteten.[72] Mit diesem klar erkennbar *expressiven* Antwortverhalten (das also nicht als Abbild dessen verstanden werden sollte, was die Person »wirklich denkt«, sondern vielmehr als Botschaft der Unterstützung für die Konfliktpartei, die eine bestimmte Position vertritt) tragen diese Menschen dann dazu bei, dass in Umfragen, die ja gemeinhin als solideste Vermessungen der öffentlichen Meinung gelten, eine epistemische Unsi-

breiteten Glauben an einen Wahlbetrug erlauben sie gerade, anders als in der Presse oft suggeriert, nicht. Denn dafür war die Zahl derjenigen, die sich an der Stürmung beteiligten und die vor allem nach deren Scheitern noch auf die Straße gingen, geradezu lächerlich gering; vgl. al-Gharbi, Musa, »No, America is not on the brink of a civil war«, in: *The Guardian* (27. Januar 2022), online verfügbar unter: {https://www.theguardian.com/commentisfree/2022/jan/27/no-america-is-not-on-the-cusp-of-a-civil-war}.

72 Vgl. Schaffner, Brian F./Samantha Luks, »Misinformation or expressive responding? What an inauguration crowd can tell us about the source of political misinformation in surveys«, in: *Public Opinion Quarterly* 82/1 (2018), S. 135-147, online verfügbar unter: {https://doi.org/10.1093/poq/nfx042}.

cherheit gemessen wird, wo doch eventuell vor allem eine kommunikative Parteinahme stattfand.[73] Verstärkt wird dieser Effekt gerade bei im öffentlichen Diskurs als Unfug stigmatisierten Themen (und dazu gehören nun einmal die meisten alternativen Fakten), durch schlichtes »Trolling« in den Umfragen – also dadurch, dass sich Menschen auch einfach einen »Jux« daraus machen, erkennbar Abwegiges zu behaupten.[74]

Ist diese Irritation erst einmal in die gegenseitige Beobachtung von Politik, Publikum und Massenmedien eingespeist, reproduziert sie sich zumindest für eine gewisse Zeit selbst beziehungsweise wird vom Konflikt, durch den sie ja erst entstanden ist, weitergetragen. Denn wie es sich in den interpretierenden Abschnitten schon andeutete, geben einseitige Versuche, die Informationsunsicherheit zu reparieren, der Gegenseite stets Argumente an die Hand, die eigene Legitimation anzuzweifeln: Der Presse wird vorgeworfen, ihre Rollenkompetenz zu überschreiten und bei der Meldung der »Dinge, wie sie sind«, künstlich (was unvermeidbar ist) und einseitig (was oft genug unleugbar ist[75]) zu verein-

73 Vgl. McCarthy, Megan, »Poll: Republicans say inauguration crowd bigger than Women's March«, in: *Morning Consult* (25. Januar 2017), online verfügbar unter: {https://morningconsult.com/2017/01/25/poll-republicans-say-inauguration-crowd-bigger-womens-march/}.

74 Vgl. Lopez, Jesse/Sunshine Hillygus, »Why so serious? Survey trolls and misinformation«, *SSRN Scholarly Paper*, Rochester 2018, online verfügbar unter: {https://papers.ssrn.com/abstract=3131087}.

75 Es gab z.B. durchaus immer wieder Fälle, in denen die Presseberichterstattung im Nachhinein die Teilnehmer:innenzahlen bei Trump-Veranstaltungen nach oben korrigieren musste, wenn auch

deutigen; die Presse wirft den jeweiligen politischen Akteuren (oder sogar der Politik als Ganzes) vor, die Leute »für dumm zu verkaufen«, was zumindest ein Teil der politischen Akteure dann wieder als Vorwurf zurückgibt, sich hinter Elfenbeinturmwissen zu verstecken und die »berechtigten Sorgen« des Publikums nicht ernst zu nehmen, worauf das Publikum mit expressivem Antwortverhalten reagiert, in dem sich zumindest ein allgemeines Misstrauen niederschlägt, wem man überhaupt noch glauben soll, und so weiter.

Das soll nun alles nicht bedeuten, dass die vorgestellten alternativen Fakten von niemandem geglaubt werden, was nicht nur schwer zu beweisen, sondern für das hier vertretene Argument auch irrelevant wäre. Im Gegenteil: Es ist durchaus plausibel anzunehmen, dass die kommunizierte Informationsunsicherheit sich bei einigen auch als wahrgenommene Unsicherheit niederschlägt, vor allem, wenn die Fakten, die man sonst zur Kenntnis nehmen müsste, ohnehin auf kognitive oder normative Widerstände stoßen. Würde man mich damit konfrontieren, dass mein Großvater nach einhelliger Meinung vieler in Wirklichkeit kein gebürtiger Deutscher sei, würde mich das in Bezug auf diese bis dato unproblematische Wirklichkeitsannahme zumindest verunsichern. Wenn nun, wie bei der Kontroverse um die Geburtsurkunde Barack Obamas, eine solche Behauptung auf Unwillen, ihn als Präsidenten zu akzeptieren, und überdies auf Ressentiments trifft, nach denen er

lange nicht so häufig, wie Trump ebendies behauptete; vgl. Wright, »›Many people are saying …‹«, a. a. O., S. 117. Das Gegenteil ist mir in keinem einzigen Fall bekannt.

als Afroamerikaner ohnehin kein »echter« US-Amerikaner sei, dann wird diese Unsicherheit eventuell sogar in die Gewissheit umschlagen, dass der alternative Fakt zutrifft. Für die hier betrachtete Blendwirkung ist allerdings viel wichtiger, dass auch in der massenmedialen Kommunikation diese Ressentiments als plausibilisierende Stützen der Annahme gelten können, dass es relevante Teile der Öffentlichkeit wirklich glauben. Weil wir wissen, dass viele Menschen rassistische Ressentiments teilen, scheint es uns plausibel, dass sie deshalb glauben, dass Barack Obama kein gebürtiger US-Amerikaner ist und dass dies der Grund für ihre Äußerungen ist, in denen sie ebendies behaupten. Warum sonst sollte sich jemand mit einem Schild an den Straßenrand stellen, auf dem Obamas Staatsbürgerschaft infrage gestellt wird?

Die Idee hinter diesem Buch geht nicht zuletzt auf eine irritierende Beobachtung zurück, die ich bei meiner Forschung zur Tea-Party-Bewegung machte: Auch hier fanden sich in den Gruppendiskussionen und qualitativen Interviews, also in nicht direktiven, offenen Gesprächen mit Tea-Party-Aktivist:innen, irritierende Hinweise darauf, dass das Phänomen des expressiven Antwortverhaltens sich nicht auf Umfragen beschränkt, sondern auch in der alltäglichen politischen Praxis dieser Menschen eine wichtige Rolle spielte. So erklärte eine Teilnehmerin in einer Gruppendiskussion, nachdem ihre Vorrednerin behauptet hatte, dass Barack Obama kein Amerikaner sei, lachend: »Well, we say he's not« – na ja, wir *sagen*, er sei kein Amerikaner –, und keine:r der anderen Teilnehmer:innen widersprach.[76] Es schien mir, als ich die Transkripte dieser Gespräche und meine Protokolle von teilnehmenden Beobachtungen bei ihren Treffen später durchlas, als hätte sie damit ein »Geschäftsgeheimnis« ausgeplaudert. Was, wenn alternative Fakten nicht nur deshalb keine Lügen sind, weil ihr eigentlicher Gehalt sekundär ist, sondern auch, weil sie kaum jemand glaubt und dieser Glaube auch von (wenn überhaupt) nachgeordneter Bedeutung für ihr Funktionieren ist? Und was sagt es über unsere Gesellschaft, dass wir uns in der Kommunikation so fulminant selbst etwas vormachen können, ohne es zu glauben, und dass uns das zugleich so verunsichert? Diese Fragen anhand der zwei Beispiele beantworten zu wollen, wäre natürlich vermessen – auch weil das der (irrigen) Annahme Vorschub leisten könnte, wir hätten es hier mit einer Idiosynkrasie von Donald Trumps PR-Arbeit zu tun.

Die beiden alternativen Fakten, die in diesem Kapitel besprochen wurden, »verpufften« recht schnell, nachdem sich die durch sie bearbeiteten Probleme – auf anderem Wege – erledigt hatten: Wenige Wochen nach dem Pressebriefing Sean Spicers war die Zuschauer:innenmenge bei der Amtseinführung kaum noch Gegenstand von massenmedialer Kommunikation, ja, selbst Referenzen auf das Interview mit Kellyanne Conway, die durchaus bis heute vorkommen, nahmen nur noch selten Bezug auf den eigentlichen Stein des Anstoßes in

76 Kumkar, *The Tea Party, Occupy Wall Street, and the Great Recession*, a. a. O., S. 113.

dieser Debatte. Die Kontroverse um Barack Obamas Geburtsurkunde kühlte schnell ab, nachdem seine Partei bei der Midterm-Wahl 2010 die Mehrheit im Repräsentantenhaus verloren hatte – die Verbesserung der Machtposition der Republikaner gab ihnen ganz andere Mittel zur Delegitimierung des Präsidenten an die Hand –, und selbst Donald Trump ließ das Thema weitgehend ruhen und distanzierte sich dann offiziell sogar davon, nachdem er sich die Präsidentschaftskandidatur gesichert hatte und auf das Signal an seine Anhänger:innenschaft, auch in dieser Hinsicht an ihrer Seite zu stehen, verzichten konnte. Im nächsten Kapitel wird es dagegen um ein über *Jahrzehnte hinweg* immer wieder re-aktualisiertes Phänomen gehen: die Leugnung von wissenschaftlichem Expert:innenwissen in Bezug auf den menschengemachten Klimawandel.

2. Eine zweite Meinung zum Klima-Konsens: Alternative Fakten an der Schwelle von Wissenschaft und Politik

Wissenschaft ist eine Meinung,
die muss jeder sagen dürfen.
Rainald Grebe, »Wissenschaft ist eine Meinung« (2020)

Ein verbreiteter Kritikpunkt liberaler Kommentator:innen gegenüber »postmodernen« Theorien ist, dass diese durch ihren relativistischen Wahrheitsbegriff einer Gleichgültigkeit gegenüber »Fakten« Vorschub geleistet hätten, was sich nun, in der Auseinandersetzung mit alternativen Fakten, bitter räche, weil man sich des wichtigsten Kritikinstrumentes beraubt hätte: des Verweises auf empirische Wahrheit. Demgegenüber weist die Soziologin Silke van Dyk darauf hin, dass »kein ernst zu nehmender postmoderner Theoretiker der Welt je behauptet hätte, man könnte die TeilnehmerInnen einer Veranstaltung nicht zählen und mit der TeilnehmerInnenzahl einer anderen Veranstaltung vergleichen«.[1] Damit trifft sie einen Punkt, den auch ihr Kollege Alexander Bogner mit seiner schönen Formel vom »Trotz-Positivismus« anvisiert:[2] dass nämlich in der Debatte

1 Dyk, »Krise der Faktizität?«, a. a. O., S. 362. Das ist wohlgemerkt nur die eine Hälfte ihrer Argumentation, die sich auch kritisch mit Entwicklungen der von ihr sogenannten macht- und erkenntniskritischen Forschung auseinandersetzt.

2 Grobner, Cornelia, »Wir müssen unser Wissen besser verteidigen«,

um alternative Fakten die »aufgeklärte« Fraktion der liberalen Kritiker:innen, die »die Wissenschaft« gegen den »Aufstand der Ignoranten«[3] zu verteidigen meinen, dazu tendiere, hinter die Erkenntnisse der Wissenschaftsforschung zurückzufallen und das komplexe Phänomen wissenschaftlicher Wahrheit (und ihrer kritischen Hinterfragung) mit banalen Tatsachenbehauptungen in einen Topf zu werfen. Und es liegt ja – vor allem wenn man als Kernproblem die Frage identifiziert, warum alternative Fakten geglaubt werden – tatsächlich zunächst auf der Hand, alternative Fakten auch nach der Qualität der Erkenntnisse zu unterscheiden, auf die sie sich beziehen. Das »Wem vertraust du mehr, mir oder deinen Augen?«,[4] das der sinnlichen Gewissheit widerspricht, wäre dann etwas anderes als das Formulieren von Gegenthesen zu hoch komplexen wissenschaftlichen Aussagen.

Betrachtet man alternative Fakten allerdings als kommunikative Form, dann verschwindet dieser am Komplexitäts- und Unmittelbarkeitsgrad festgemachte Unterschied tendenziell:[5] Das letzte Kapitel hat ja schon

in: *Die Presse* (22. Mai 2019), online verfügbar unter: {https://www.diepresse.com/5630100/wir-mussen-unser-wissen-besser-verteidigen}; vgl. Bogner, Alexander, *Die Epistemisierung des Politischen. Wie die Macht des Wissens die Demokratie gefährdet*, Ditzingen: Reclam 2021.

3 Ebd., S. 100.

4 Marx Brothers, *Duck Soup* (Film, 1933).

5 Er bleibt aus wissenschaftstheoretischer Sicht natürlich trotzdem hoch bedeutend – insofern sollte das Folgende nicht als Kritik an van Dyks Argumentation missverstanden werden. Und meine Kritik an Bogners Ansatz zur Erklärung alternativer Fakten wird wei-

gezeigt, dass die scheinbar banalen Fragen nach der Teilnehmer:innenzahl bei der Amtseinführung von Trump oder nach dem Geburtsort Obamas, sobald sie im Kontext eines massenmedial vermittelten politischen Konflikts stehen, durchaus komplexer werden. Es geht eben in der Kommunikation letzten Endes weniger um die Frage, ob ein bestimmter Sachverhalt *so oder anders* war (in den Beispielen des letzten Kapitels: ob die Amtseinführung »groß« war oder ob Obama in Kenia geboren sei), sondern vielmehr darum, ob die Tatsache so, wie sie kommuniziert wurde, in Anschlusskommunikation vorausgesetzt werden kann (also ob man als gesichert behandeln dürfe, dass die Amtseinführung klein war oder dass Obama gebürtiger US-Amerikaner sei). Auch wenn sich die Auseinandersetzung also vorderhand darum dreht, *wie* groß die Zuschauer:innenmenge bei der Amtseinführung war, besteht die eigentliche Funktion der alternativen Fakten darin, diese Frage der Beantwortbarkeit so weit zu entziehen, dass man darauf beharren kann, dass es sich schlussendlich um eine Meinungsfrage handelt – und dass damit jeder, der sie als »klein« bezeichnet, Partei gegen den Präsidenten bezieht. Damit ist aber die Frage nicht mehr, ob man dies oder etwas anderes gesehen hat, sondern was es über einen aussagt, dazu eine bestimmte Aussage zu treffen.

Dieses Kapitel wendet sich nun vergleichend alternativen Fakten in der politischen Debatte um wissenschaftliche Erkenntnisse zu und zeigt, dass die grund-

ter unten (S. 171-175) systematisch entfaltet und hat mit dieser Unterscheidung wenig zu tun.

legende kommunikative Funktion alternativer Fakten hier durchaus ähnlich verstanden werden kann – dass nämlich auch hier die kommunikative Funktion alternativer Fakten vor allem darin besteht, ein Zaudern in der Kommunikation zu erzeugen, das einen Konflikt über Entscheidungen und die Entscheidung selbst hinauszuzögern hilft.

Da die grundlegenden Charakteristika alternativer Fakten als kommunikativer Form bereits im vorangehenden Kapitel herausgearbeitet wurden und sich insbesondere gezeigt hat, wie zentral der kommunikative Kontext für das Verständnis dieser Form ist, werde ich in diesem und im folgenden Kapitel die Reihenfolge der Darstellung gewissermaßen umkehren: Das Kapitel beginnt nicht mit der Rekonstruktion eines bestimmten Falls, sondern mit einer theoretischen Skizze dazu, was Expertise kommunikativ an der Schnittstelle von Wissenschaft, Politik und Massenmedien eigentlich leisten muss, um daran darzulegen, warum Expert:innen immer schon verdächtig sind, Expertise die Gegenexpertise also geradezu herausfordert, was eine Bedingung der Möglichkeit, aber eben gerade keine hinreichende Erklärung für den kommunikativen Erfolg alternativer Fakten in der Kommunikation über Wissenschaft ist. Erst von diesem theoretischen Ausgangspunkt aus widme ich mich dann wieder einem konkreteren Problemkomplex – der klimawandelskeptischen Gegenexpertise besonders des sogenannten Nongovernmental International Panel on Climate Change (NIPCC) als einem Beispiel für alternative Fakten. An den Beobachtungen zu diesem Gegenstand wird sich schärfer herausstellen lassen, was sich im letzten Kapitel nur andeutete: dass alternative Fakten vor allem Wirkung entfalten, wenn sie im Kontext einer Debatte vorgebracht werden, in der die Fakten, die durch sie problematisiert werden, bereits mit einem Konflikt verbunden sind. Dass der artikulierte Zweifel am Klimawandel die effektive Bearbeitung des Problems verhindert, ist kein lästiger Nebeneffekt, den man ausräumen müsste, um zur Sache selbst zu kommen, sondern reagiert gerade auf die Umstrittenheit der Bearbeitung des Klimawandels. Alternative Fakten wirken nicht obwohl, sondern weil sie eine effektive Bearbeitung des Problems hinauszuzögern helfen.

Dieses weiträumige Einkreisen des Problems – Was ist Expertise, was macht Expertise in der Politik, was ist Gegenexpertise, was macht Gegenexpertise zu alternativen Fakten? – ist notwendig, weil sich aus dem dabei entwickelten Modell eine grundlegend andere Einschätzung davon ergibt, was alternative Fakten als Gegenexpertise eigentlich ausmacht, als das in der aktuellen soziologischen Literatur oft impliziert wird. Aus der Perspektive dieses Buches ist dann die Epistemisierung des Politischen, die Alexander Bogner kürzlich identifiziert hat,[6] nicht das Ausgangsproblem, von dem aus sich alternative Fakten verstehen lassen, sondern selbst eine *Bearbeitung* des Problems, dass bei politischen Konflikten immer auch der Gegenstand des Streits selbst umstritten ist und dass keine Instanz die Autorität hat zu entscheiden, worüber gestritten wird. Und

6 Vgl. Bogner, *Die Epistemisierung des Politischen*, a. a. O.

alternative Fakten werden gerade deswegen so bereitwillig gesellschaftlich angenommen, weil sie zu dieser Bearbeitung beitragen, indem sie der Genese wissenschaftlicher Expertise den Latenzschutz entziehen und die Debatte so erst recht auf Wissensfragen zentrieren.

Expertise und Gegenexpertise als Problemlösung und als Problem

Was ist eigentlich Expertise? Menschen, die sich mit irgendetwas sehr viel besser auskennen als andere, hat es vermutlich schon immer gegeben. In diesem alltagsweltlichen Sinn, in dem ich eine Freundin als Expertin für Textverarbeitungsprogramme anrufe, ist Expertise zwar lebens- und forschungspraktisch hoch relevant, aber theoretisch kein besonders ergiebiges Konzept. Allerdings ließe sich fragen, wie die Kompetenz, auf die ich mich in einem solchen Moment verlasse, in doppelter Hinsicht zustande kommt – also wie sie soziobiografisch erworben, aber auch wie sie in konkreten Situationen zugeschrieben wird. Diese Fragen beschäftigen unter anderem die Wissenssoziologie, die auf diesem Weg zu einer Definition von Expertise als einer Rollenkompetenz gekommen ist, die hier als Ausgangspunkt dienen soll: Expertise ist »die institutionalisierte Kompetenz zur Konstruktion von Wirklichkeit«.[7]

7 Hitzler, Ronald/Anne Honer/Christoph Maeder (Hg.), *Expertenwissen. Die institutionalisierte Kompetenz zur Konstruktion von Wirklichkeit*, Opladen: Westdeutscher Verlag 1994.

Diese Definition hat zwei entscheidende Aspekte, in denen sie das alltagsweltliche Verständnis von Expertise schärfer stellt: Institutionalisierung und Wirklichkeitskonstruktion. Es dürfte den meisten unmittelbar einleuchten, dass Expertise nicht nur, und meist auch nicht in erster Linie, situativ ausgehandelt wird. Wer einen rätselhaften Ausschlag hat, der geht zum Hautarzt und nicht zu einer Geologin, und diese beiden unterscheidet man voneinander und von Laien nicht in erster Linie am Aussehen, sondern an ihrer geschützten Berufsbezeichnung, unter der sie nachgeschlagen werden können. Wenn ein Gericht die Schuldfähigkeit eines Beschuldigten ermitteln will, bestellt es eine:n psychiatrische:n Gutachter:in. Kurzum, man verlässt sich in der Regel auf zertifizierte oder auf andere Weise institutionell geregelte Kompetenzzuschreibungen, wenn man Expertise in Anspruch nehmen will, schlicht, weil die eigenständige Beurteilung der Kompetenz ein Wissen voraussetzen würde, das man qua Definition in genau dieser Situation nicht hat.[8]

Das ist der Schlüssel zum zweiten, auf den ersten Blick vielleicht etwas sperrigeren Teil der Definition: die Konstruktion von Wirklichkeit. Man ist auf Exper-

8 Das heißt natürlich nicht, dass man nicht Routinewissen erwerben kann, das diese Kompetenzzuschreibung noch einmal überformt – dass man z. B. bestimmten Ärzt:innen am Ende doch nicht zutraut, eine korrekte Diagnose zu erstellen, wenn sie einem zum fünften Mal bei völlig unterschiedlichen Symptomen dieselben Medikamente verschreiben. Das ist aber nur eine Revision und Verfeinerung institutionell verbürgten Wissens, nicht dessen grundlegende Infragestellung.

tise angewiesen, weil man in einer ungeklärten Situation ist, und die/der Expert:in hat die Funktion, die Situation zu klären, mir zu sagen, »was der Fall ist«, so dass ich handelnd oder kommunizierend daran anschließen kann. Expertise konstruiert also Wirklichkeit nicht in erster Linie, indem sie Gegebenheiten erschafft,[9] sondern vor allem, indem sie für diejenigen, die sie in Anspruch nehmen, Gegebenheiten in Tatsachen übersetzt, mit denen sie dann umgehen können. Der Hautausschlag war ja schon vor dem Besuch beim Hautarzt da, und er war auch schon eine Schuppenflechte. Aber erst nach dem Besuch beim Hautarzt ist er eine Schuppenflechte für die Patient:innen – die sich nun um die entsprechende Salbe kümmern können.[10]

Es liegt auf der Hand, dass der Bedarf (und das Angebot) an Expertise mit dem Grad der gesellschaftlichen Differenzierung und der Arbeitsteilung wächst: Je spezifischer und damit auch fokussierter die Perspektive auf die Welt ist, die verschiedene gesellschaftliche Systeme einnehmen, umso mehr müssen sie zur Bearbeitung an andere Systeme delegieren, umso mehr werden sie

9 Natürlich schafft Expertise auch Gegebenheiten – wenn sie institutionell z.B. ermächtigt ist, Kategorisierungen vorzunehmen, die dann wieder als soziale Tatbestände wirken (wie etwa im Falle eines psychiatrischen Gutachtens vor Gericht).

10 In diesem Beispiel deutet sich auch an, dass die institutionalisierte Kompetenz eine gesellschaftliche Objektivität hat, die jenseits interaktionaler Gestaltungsmöglichkeiten liegt: Selbst wenn Patient:innen wissen, dass sie eine Schuppenflechte haben und welche Salbe dagegen hilft, brauchen sie u. U. dennoch die Bestätigung bzw. ein Rezept der Ärztin, um in der Apotheke die Medikamente zu erhalten.

aber auch in Bezug auf die dort jeweils bearbeiteten Probleme systemisch (nicht unbedingt persönlich[11]) »dumm«. Wenn in einem anderen System also etwas bearbeitet wird, was für die eigenen Handlungen von Relevanz ist, dann wird man jemanden brauchen, die/der einem »übersetzt«, was dort vor sich geht. Um es zunächst für den einfacheren Fall der Arbeitsteilung zu beschreiben: Wenn sich der Baugrund an einer Baustelle plötzlich absenkt, dann weiß der Bauherr, dass das Ärger bedeutet. Welches Problem er allerdings in der Folge genau hat, das wird er sich von einer Ingenieurin erläutern lassen, um dann, eventuell nach einer Beratung mit einer Expertin für Baufinanzierung, einen zusätzlichen Kredit aufzunehmen oder Insolvenz anzumelden. Die Ingenieurin als Expertin übersetzt für ihn also eine diffuse Irritation (den Ärger über die unerwarteten Veränderungen am Baugrund) in eine Information (veränderte Baubedingungen, die eine Anpassung des Bauplans erfordern), die er dann als finanzielles Problem im wirtschaftlichen System (hoffentlich) bearbeiten kann. Der Clou ist dabei unter anderem, dass unser Bauherr selbst sogar besser über Geologie und Architektur informiert sein kann als eventuelle historische Vorläufer:innen, die gegebenenfalls selbst eingeschätzt

11 Um ein drastisches Beispiel für diesen Unterschied zu wählen: Die meisten Pastor:innen dürften heute persönlich ein sehr viel umfangreicheres und nuancierteres Wissen über Infektionskrankheiten haben als ihre Amtsvorgänger vergangener Epochen. Allerdings fallen ebendiese Infektionskrankheiten nicht mehr in ihren Zuständigkeitsbereich, kann also religiöse Kommunikation nur noch sehr begrenzt an die Kommunikation zur Krankheit anschließen.

hätten, ob weitergebaut werden kann: Aber die auch institutionell abgesicherte Arbeitsteilung verpflichtet ihn dennoch dazu, eine zertifizierte Fachkraft hinzuzuziehen, die ihm den Sachverhalt qua Gutachten »feststellt«, so dass er und andere entscheidend daran anschließen können.

Die Entstehung von Politik im heutigen Sinn wird ganz ähnlich seit ihren Anfängen von einem ständig wachsenden Beratungsbedarf begleitet: Die Fähigkeit, *Kapazitäten zu kollektiv bindenden Entscheidungen bereitzuhalten* (die Funktion der Politik[12]), kann sich erst in dem Maße wirklich verselbstständigen, in dem die Bereitstellung der *Entscheidungsgrundlagen* delegiert und vom eigentlichen Entscheidungsvorgang abgelöst wird: Zunächst vor allem an gebildete Berater:innen bei Hofe, später auch zunehmend an wissenschaftlich gebildetes politisches Personal (vor allem in den entstehenden Verwaltungen) und mit zunehmender Spezialisierung wissenschaftlicher Subdisziplinen vor allem auch an bestimmte Wissenschaftler:innen aus der Umwelt der Politik, auf deren Wissen sich ad hoc zugreifen lässt.[13] Man könnte sich fragen, ob der illegitime Erwerb wissenschaftlicher Titel durch Politiker:in-

12 Vgl. Luhmann, *Die Politik der Gesellschaft*, a. a. O., S. 83 ff.

13 Vgl. Luhmann, Niklas, *Die Gesellschaft der Gesellschaft*, Frankfurt am Main: Suhrkamp 2015 [1998], S. 785 f.; vgl. zur Ausdifferenzierung von Erziehung/Wissenschaft und Politik Stichweh, Rudolf, *Der frühmoderne Staat und die europäische Universität. Zur Interaktion von Politik und Erziehungssystem im Prozeß ihrer Ausdifferenzierung (16.-18. Jh.)*, Frankfurt am Main: Suhrkamp 1991; vgl. für eine Übersicht zu den historischen Lösungen dieses Problems Pfister, Ulrich (Hg.), *Kulturen des Entscheidens. Narra-*

nen, wie er in den letzten Jahren wiederholt skandalisiert wurde, nicht in gewissem Sinne auch eine Kompromissbildung in Hinblick auf das Dilemma ist, dass sich aus dieser Entwicklung ergibt: Während wissenschaftliche Kompetenz weiterhin ein wichtiges Signal im politischen System darstellt, ist ihr eigentlicher Erwerb nebenbei fast nicht mehr möglich – und vor dem Hintergrund der Entwicklungsgeschwindigkeit der Wissenschaft vielleicht auch gar nicht mehr wirklich funktional.

Wenn die Politik die Lagerung von Atommüll als Problem einmal erkannt hat (was ihr ohne wissenschaftliche Expertise nicht gelungen wäre), wirft das Folgefragen auf, die wiederum wissenschaftliche Expertise erfordern: Wer die Einlagerung von Atommüll beschließen will, der muss unter anderem wissen, wie lange dieser strahlt, wie man Strahlung abschirmen kann und, wenn man sich entschieden hat, ihn zu vergraben, welche geologischen Gegebenheiten dieser Strahlungsabschirmung entgegenkommen und für die sehr lange Zeit, mit der man, wie einem die Expertise mitgeteilt hat, rechnen muss, hinreichend stabil sind.[14]

Systemtheoretisch gesprochen, hat wissenschaftliche Expertise in der Politik die grundlegende Aufgabe, »Wissen« und »Entscheiden« als Codes des Wissen-

tive, Praktiken, Ressourcen, Göttingen: Vandenhoeck & Ruprecht 2018.

14 Wenn all das bekannt ist, kann man immer noch entscheiden, den Müll an der Grenze zur DDR zu deponieren, einfach weil das politisch opportun ist. Das schafft dann zwar Folgeprobleme, mit etwas Glück aber für spätere Generationen von Politiker:innen und Wissenschaftler:innen.

schafts- und des politischen Systems aufeinander beziehbar zu machen – was allein schon dadurch allerlei Paradoxien erzeugt, dass diese völlig unterschiedlichen Codes ganz andere Formen von Wissen produzieren.[15] Es lohnt sich, bei diesem Punkt kurz zu verweilen, weil hier ein grundlegendes Problem mit anlegt ist, das später in diesem Kapitel bedeutsam wird: Es geht eben nicht nur, wie man angesichts der Beispiele Hautausschlag und Bodenabsenkung vermuten könnte, darum, dass in einer modernen arbeitsteiligen Gesellschaft nicht alle alles wissen können und es deswegen Expertise braucht. Es geht darum, dass differenzierte Gesellschaften völlig disparate, inkommensurable Wissens*formen* produzieren. Verschiedene Wissenschaften unterscheiden sich in vielerlei Hinsicht, was sie aber eint, ist ein grundlegender Modus Operandi, der, unter anderem durch »die Offenlegung der eigenen Forschung, eine systematische Skepsis gegenüber den Wahrheitsbehauptungen anderer Wissenschaftler [idealiter auch der eigenen, NK] und gegebenenfalls deren Überprüfung ohne Rücksicht auf das Ansehen der Person oder andere Interessen« geprägt ist.[16] Wissenschaft ist ungeheuer produktiv, auch und gerade weil sie den unmittelbaren Handlungsdruck der Alltagseinstellung suspendiert und es sich deswegen leisten kann, prinzipiell reversibles, unsicheres Wissen zu produzieren, das von einem stän-

15 Vgl. Weingart, Peter, *Wissenschaftssoziologie*, Bielefeld: Transcript 2015, S. 90.

16 Weingart, Peter, »›Wahres Wissen‹ und demokratisch verfasste Gesellschaft«, in: *Aus Politik und Zeitgeschichte* 67/13 (2017), S. 11-16, S. 15.

dig wachsenden Vorhof von Nicht-Wissen umgeben ist. Politik auf der anderen Seite ist unter ständigem Handlungs- und Entscheidungsdruck. Wenn Expertise herangezogen wird, dann soll sie also Wissen liefern, das *hic et nunc* als gesichert vorausgesetzt werden kann – auch deswegen ist die Aufgabe von Expertise nie eine einfache Zusammenfassung, sondern immer eine kreative Transformationsleistung des verfügbaren wissenschaftlichen Wissens.

Solange wir davon ausgehen, dass die Politik gewissermaßen »aus einem Guss« agiert, zum Beispiel in der Rolle des absolutistischen Monarchen, der, wie Hegel so schön sagt, als »letzte[s] grundlose[s] Selbst des Willens«[17] die alleinige, nicht mehr legitimierungsbedürftige Entscheidungskompetenz auf sich vereint, kann dieses Problem aufseiten der Politik allerdings zunächst ausgeklammert bleiben. Die Problemstellung ist dann zwar kompliziert (allein kundige Expert:innen von Aufschneider:innen zu unterscheiden ist kein einfaches Problem), aber nicht sonderlich komplex. Man muss irgendwie Expert:innen identifizieren, denen man so weit vertraut, dass man sich in seinen Entscheidungen auf sie verlassen kann, damit Feldzüge glücken, Brücken nicht gleich wieder einstürzen und die infrastrukturelle Erschließung von Regionen auch den gewünschten Ertrag liefert.

Das ändert sich sprunghaft, sobald die Regierung sich gegenüber einer Opposition rechtfertigen muss. Denn

17 Hegel, Georg Wilhelm Friedrich, *Grundlinien der Philosophie des Rechts*, Hamburg: Felix Meiner 2017 [1820], S. 280.

weil diese Opposition der Regierung konstitutiv misstraut, färbt dieses Misstrauen auch auf die Expert:innen ab: Weil nicht nur die Frage ist, ob die Expertise sachgemäß ausgewählt wurde, sondern diese Frage zugleich von dem unvermeidlichen Verdacht kontaminiert wird, dass die Regierung ihre Expertise zumindest auch unter dem Gesichtspunkt ausgewählt hat, dass sie den eigenen Entscheidungspräferenzen entgegenkommt,[18] ist diese Expertise immer doppelt »verdächtig«. Auch das zeigt ja die mittlerweile über mehrere Generationen anhaltende Auseinandersetzung um die Endlagerung von Atommüll in der Bundesrepublik, die eben immer auch eine Auseinandersetzung um Gutachten und Expertise war. Es liegt in der Logik der Sache (der Expertise, nicht der Radioaktivität), dass dieser Verdacht sich niemals letztgültig ausräumen lässt. Denn nun explodiert das Problem, das gerade noch nur auf der Wissenschaftsseite der Expertise ausgemacht wurde, auch in der politischen Auseinandersetzung. Während wissenschaftliche Erkenntnis immer reversibel sein muss und prinzipiell Gegenstand skeptischer Infragestellung bleibt, muss genau diese prozessuale Offenheit in der Expertise zu einer Aussage eingefroren werden, »wie die Dinge sind«. Und das bedeutet (auch schon für die Regierung, die ihren Expert:innen vertrauen muss, verschärft aber für die Opposition, die dem Vertrauen der Regierung in die Expert:innen vertrauen müsste, was sie qua Rolle eigentlich nicht kann), dass die Politik nie ganz

18 Vgl. Schimank, Uwe, »Kulturelles am Entscheiden: Ein Kommentar aus soziologischer Perspektive«, in: Pfister (Hg.), *Kulturen des Entscheidens*, a. a. O., S. 387-404, S. 399ff.

sicher weiß, wie viel Entscheidung (als eigentliche Systemaufgabe der Politik) stillschweigend durch die Expertise als Aufbereitung des Standes der Wissenschaft schon vorweggenommen wurde.

Eine Art, in der das politische System dieses Problem bearbeitet, ist die Erstellung von Gegenexpertise, die gewissermaßen aus der Not des Parteilichkeitsverdachts eine Tugend macht. Denn wenn der Regierung unterstellt wird, dass sie Expertise so ausgewählt hat, dass diese die eigenen Entscheidungspräferenzen befördert, liegt es nahe, sich auf die Suche nach Expertise zu machen, die selbiges für andere, oppositionelle Entscheidungspräferenzen tut. Schon 1988 arbeitete Dieter Rucht in einem Aufsatz am Beispiel des Aufstiegs der Grünen heraus, wie eng der Aufstieg von Gegenexpertise mit der Etablierung und Stabilisierung von politischer Opposition verknüpft war.[19] Das bedeutet, dass Gegenexpertisen in diesem Sinne nicht primär als Ausdruck wissenschaftlicher Uneindeutigkeit verstanden werden sollten (obwohl sie an diese anschließen), sondern dass sie vor allem eine Problemlösung des politischen Systems sind: Sie erlauben einerseits eine größere Spannbreite alternativer Entscheidungsszenarien (die Politik wird nicht durch »zu eindeutiges« Expert:innenwissen konditioniert), verhindern aber andererseits, dass die Produktion von Entscheidungsszenarien »freidreht«, also den Kontakt zur wissenschaftlichen Entscheidungsgrundlagenproduktion verliert – man könnte sie, um

19 Vgl. Rucht, Dieter, »Gegenöffentlichkeit und Gegenexperten. Zur Institutionalisierung des Widerspruchs in Politik und Recht«, in: *Zeitschrift für Rechtssoziologie* 9/2 (1988), S. 290-305.

einen Ausdruck von Gesa Lindemann zu verwenden, als *strukturnotwendige Kritik* begreifen.[20]

Was in der Forschung zu Wissenschaftsjournalismus als *false balance* problematisiert wird – also die Neigung der Massenmedien, abweichenden Stimmen in der Wissenschaft überproportional viel Gewicht zu verleihen –, ist in gewissem Maße unvermeidlich, wenn man berücksichtigt, dass Expertise und Gegenexpertise eine Form der politischen Problembearbeitung sind. Nicht nur, weil abweichende Stimmen gegenüber einem etablierten Konsens für die Medien den höheren Neuigkeitswert haben (und die Massenmedien codieren nun einmal nicht nach wahr/unwahr, sondern nach Information/keine Information[21]), sondern auch, weil die Medien damit völlig zutreffend die politische Form von Regierung/Opposition nachbilden, die der Gegenstand nun einmal hat, weil er sich im politischen System konstituiert.[22]

Dass Gegenexpertise eine Form der *politischen* Problembearbeitung und also kein primär wissenschaftliches Phänomen ist, ist für das folgende Argument wichtig, mag aber ein wenig herbeikonstruiert wirken. Vielleicht hilft ein Beispiel aus der jüngsten Vergangenheit, um

20 Vgl. Lindemann, Gesa, *Strukturnotwendige Kritik. Theorie der modernen Gesellschaft*, Band 1, Weilerswist: Velbrück Wissenschaft 2019.

21 Vgl. Luhmann, *Die Realität der Massenmedien*, a. a. O., S. 36.

22 Und nur dann kommt es überhaupt zu *false balance*: Mir wäre zumindest kein Fall bekannt, indem ein nicht politisierter Dissens in der Wissenschaft in dieser Form öffentlich ausgetragen und in dem dann diese Austragung als *false balance* problematisiert worden wäre.

diesen Gedankengang zu plausibilisieren: der massenmedial ausgetragene Streit um die sogenannte »Heinsberg-Studie« relativ zu Beginn der Coronapandemie in Deutschland. Zur Erinnerung: Wissenschaftler:innen um den Bonner Virologen Hendrik Streeck hatten in dieser Studie das Infektionsgeschehen in Gangelt im nordrhein-westfälischen Kreis Heinsberg untersucht, das als erstes Epizentrum der Pandemie in Deutschland galt. Es geht hier nicht darum, die wissenschaftliche Qualität dieser Arbeit in irgendeiner Form zu beurteilen – sie wurde im November 2020 *peer-reviewed* in *Nature Communications* veröffentlicht,[23] was hinreichend deutlich machen mag, dass eventuelle wissenschaftliche Kritik an den Ergebnissen weit jenseits meiner Laienkompetenz liegen dürfte. Entscheidend ist für das Argument dieses Kapitels vielmehr, wie die Landesregierung von Nordrhein-Westfalen und die Diskussion in den Massenmedien diese wissenschaftliche Forschung als Gegenexpertise aufbauten.[24]

23 Streeck, Hendrik et al., »Infection fatality rate of SARS-CoV2 in a super-spreading event in Germany«, in: *Nature Communications* 11/1 (2020), S. 5829, online verfügbar unter: {https://doi.org/10.1038/s41467-020-19509-y}.

24 Grundlage für die folgende Skizze der Ereignisse ist eine Reportage zu den Ereignissen, die der Journalist Christian Schwägerl Mitte April 2020 veröffentlichte; vgl. Christian Schwägerl, »Streeck, Laschet, StoryMachine: Schnelle Daten, pünktlich geliefert«, in: *RiffReporter* (14. April 2020), online verfügbar unter: {https://www.riffreporter.de/de/wissen/corona-streeck-heinsberg-pandemie-exit-laschet}. Es liegt in der Natur der Sache, dass diese Reportage selbst einen Beitrag zur massenmedialen Konstruktion als Gegenexpertise leistete – die wesentlichen Eckdaten erwiesen sich aber bei stichpunktartiger Überprüfung als korrekt (dazu sind

Streeck und seine Mitarbeiter:innen nehmen schon Anfang März, also vor dem bundesweiten Lockdown, die Forschungstätigkeit in Gangelt auf. Parallel äußert er sich immer wieder in der Presse und den sozialen Medien, warnt vor »zu starkem Aktionismus«,[25] mahnt eine weniger »monothematische Beratung« der Regierung an und erklärt, es gäbe keine Alternative zur Strategie der Herdenimmunität.[26] Allerdings sind die Äußerungen zu diesem Zeitpunkt Diskussionsbeiträge in der massenmedialen Debatte – mit der Autorität eines Fachmannes zwar, aber ohne Beratungs- oder Expertenfunktion. Vor allem aber nimmt er selbst kommunikativ immer wieder eine Differenzierung vor, wenn er seine Kritik an der Pandemiebekämpfungspolitik vor allem als »Privatmann und nicht als Virologe« formuliert.[27]

dann jeweils auch die Originalquellen angegeben) – außerdem hat die ganze Skizze hier eher den Status eines illustrierenden Beispiels.

25 Kriesel, Ilona, »Ich bin entschieden gegen eine Ausgangssperre«, in: *Stern* (19. März 2020), online verfügbar unter: {https://www.stern.de/gesundheit/virologe-hendrik-streeck---entschieden-gegen-eine-ausgangssperre--9188488.html}.

26 Z. B. Streeck, Hendrik, »Die Aufgabe der Regierung ist es [sic] sich nicht monothematisch beraten zu lassen. Es muss Diskussion geben. Was wollen wir mit den Maßnahmen erreichen? Sind 100 Neuinfektionen/Tag ein Ziel oder 2? Wir können das Virus nicht aufhalten [sic] nur verlangsamen. #coronavirus #COVID19«, @hendrikstreeck (18. März 2020), {https://twitter.com/hendrikstreeck/status/1240250340374646785}.

27 Z. B. Waschinski, Gregor, »Interview mit Hendrik Streeck: Virologe warnt vor Aktionismus: ›Was im Moment unternommen wird, ist ziemlich drastisch‹«, in: *Handelsblatt* (27. März 2020), online verfügbar unter: {https://www.handelsblatt.com/politik/deutschland/interview-mit-hendrik-streeck-virologe-warnt-vor-

Als Gegenexpertise konstituiert sich seine Position erst in dem Moment wirklich, in dem ein *politischer* Bedarf nach einer solchen deutlich wird: Am 31. März erklärt Streeck bei einer Pressekonferenz in Gangelt, bei der auch der Landrat des Kreises spricht, er wolle Daten liefern, die dabei helfen sollen, »Maßnahmen wieder herunterzufahren und aufzuheben«. Die Landesregierung in NRW fördert die nächste Phase des Forschungsprojekts, eine PR-Agentur begleitet und bewirbt die Arbeit. Einen Tag später beruft Armin Laschet, damals noch Ministerpräsident von NRW und Kandidat für den CDU-Parteivorsitz, einen Expertenrat ein, der »Szenarien für den Übergang zwischen Krisenmodus und Normalität diskutieren« soll – Streeck ist Mitglied in diesem Expertenrat.[28] Der von der PR-Agentur betriebene Twitter-Account Heinsberg Protokoll (@hbergprotokoll) vermeldet am 6. April, »je schneller wir erste Erkenntnisse teilen können, desto eher kehren wir in unseren gewohnten Alltag zurück«,[29] und bestätigt damit noch einmal explizit, was bisher eher angedeutet

aktionismus-was-im-moment-unternommen-wird-ist-ziemlich-drastisch/25688704.html}.

28 Staatskanzlei NRW, »Ministerpräsident Armin Laschet beruft ›Expertenrat Corona‹« (1. April 2020), online verfügbar unter: {https://www.land.nrw/de/pressemitteilung/ministerpraesident-armin-laschet-beruft-expertenrat-corona}.

29 Heinsberg Protokoll, »Unser Forschungsziel: schnell Fakten zu #COVID19 liefern, damit die Bundesregierung Maßnahmen oder Lockerungen erarbeiten kann. Je schneller wir erste Erkenntnisse teilen können, desto eher kehren wir in unseren gewohnten Alltag zurück. @hendrikstreeck #heinsbergprotokoll«, @hbergprotokoll (6. April 2020), online verfügbar unter: {https://twitter.com/hbergprotokoll/status/1247106792196386816}.

wurde: dass die Forschung als Grundlage für eine bestimmte Entscheidung – nämlich die Rücknahme der Infektionsschutzmaßnahmen – dienen soll. Am 9. April werden bereits erste Zwischenergebnisse präsentiert, die von Laschet dahingehend kommentiert werden, sie sollten dazu beitragen, »Freiheit und Gesundheit der Bürger besser in Einklang zu bringen«. Streeck selbst erklärt auf derselben Pressekonferenz nicht nur, seine Daten zeigten, dass das Virus weniger tödlich sei, als gemeinhin angenommen, sondern auch, dass das Pandemiemanagement nun in eine neue Phase der schrittweisen Rücknahme der Maßnahmen eintreten könne.[30] Laut Journalisten, die Streeck einen Tag später zu der Pressekonferenz befragen, bestätigt er ausdrücklich, dass auch deshalb schon am 9. April Zwischenergebnisse präsentiert wurden, damit diese als Basis für die Diskussion der Ministerpräsident:innen mit der Kanzlerin an Ostern dienen konnten[31] – zu der Armin Laschet im Vorfeld schon angekündigt hatte, es müsse darum gehen, ein Herunterfahren der Maßnahmen zu planen. Sein Expert:innenrat äußert sich noch am Samstag vor der Diskussion in einer in der *Frankfurter Allgemeinen*

30 Ein Video der gesamten Pressekonferenz findet sich im Youtube-Kanal der *Tagesschau*: »Corona-Studie Heinsberg: Virologe Streeck informiert«, in: *Tagesschau* (9. April 2020), online verfügbar unter: {https://www.youtube.com/watch?v=VnrHamW8O XQ}.

31 Vgl. Schumann, Florian/Dagny Lüdemann, »Coronavirus: Kritik an Corona-Studie aus Heinsberg«, in: *Die Zeit* (10. April 2020), online verfügbar unter: {https://www.zeit.de/wissen/gesundheit/2020-04/heinsberg-studie-coronavirus-hendrik-streeck-story machine-kai-diekmann/komplettansicht}.

Sonntagszeitung veröffentlichten Stellungnahme, in der die Lockerung der Auflagen »in absehbarer Zeit« gefordert wird.[32]

Es geht hier nicht darum, die Vorgänge normativ oder wissenschaftlich zu bewerten – in beiderlei Hinsicht war die Studie von Streeck und ihre Rezeption vor allem durch Armin Laschet Gegenstand scharfer Kritik, aber diese Kritik ist in diesem Fall selbst ein Teil der eigentlich interessierenden Gegenstandskonstitution: Was die Studie Streecks als Gegenexpertise auszeichnete, war, dass sie in der politischen Kommunikation als Expertise begriffen wurde, aus der sich ein alternatives Entscheidungsszenario ableiten ließ (beziehungsweise teilweise noch deutlicher: die explizit zu diesem Zweck erstellt wurde). Und in der massenmedialen Berichterstattung wurde sie auch genau so aufgenommen: Schnell kristallisierte sich eine Konfrontation zwischen Expertise (dafür standen das Robert Koch-Institut und vor allem die Figur Christian Drosten) und Gegenexpertise (Streeck) heraus, die mit den politischen Entscheidungsszenarien *Inzidenzsenkung durch scharfe Maßnahmen* und *Mit dem Virus leben und lockern* (was bei Streeck auch mit der Idee der geregelten Durchseuchung verbunden wurde[33]) verknüpft waren.

32 Schuller, Konrad, »So könnte die Rückkehr zu ›verantwortungsvoller Normalität‹ aussehen«, in: *Frankfurter Allgemeine Sonntagszeitung* (11. April 2020), online verfügbar unter: {https://www.faz.net/aktuell/politik/inland/laschet-legt-papier-zum-ende-der-corona-krise-vor-16721604.html}.

33 Dörhöfer, Pamela, »Virologe Hendrik Streeck übt scharfe Kritik an Corona-Politik: ›Echte Strategie‹ fehlt«, in: *Frankfurter Rundschau* (4. November 2020), online verfügbar unter: {https://www.

Die Expertise des jeweils anderen Lagers wurde von den politischen Akteuren (weniger von den jeweils anderen Wissenschaftler:innen, die in dieser Hinsicht relativ zurückhaltend waren) bezichtigt, nicht sauber zu arbeiten oder aber zumindest einen zu engen Fokus zu haben. Höhepunkt dieser Auseinandersetzung war ohne Frage die Kampagne der *Bild*-Zeitung gegen die Arbeit Christian Drostens, dem man vorwarf, er habe in seiner Studie zur Infektiösität von Kindern (was eine zentrale Frage für Schulöffnungen war) unwissenschaftlich gearbeitet.[34]

Der auf der wissenschaftlichen Seite unvermeidliche Dissens zwischen vorläufigen Forschungsergebnissen in einer dynamischen Situation wurde so auf politischer

fr.de/politik/virologe-hendrik-streeck-corona-deutschland-interview-fr-impfstoff-covid19-coronavirus-pandemie-neuinfektionen-90082318.html}.

34 Hanfeld, Michael, »›Bild‹ & Kekulé gegen Drosten: Nachtreten bis zum Umfallen«, in: *Frankfurter Allgemeine Zeitung* (28. Mai 2020), online verfügbar unter: {https://www.faz.net/1.6789146}. Der Schweizer Historiker Caspar Hirschi vertritt die hintersinnige These, dass diese Kampagne dazu beigetragen habe, zu verbergen, dass Christian Drosten in seiner Rolle als Experte gewissermaßen unter der Hand auch aktivistische Inhalte vertrat; vgl. Hirschi, Caspar, »Expertise in der Krise. Zur Totalisierung der Expertenrolle in der Euro-, Klima- und Coronakrise«, in: *Umstrittene Expertise. Zur Wissensproblematik in der Politik*, herausgegeben von Sebastian Büttner und Thomas Laux, Baden-Baden: Nomos 2021, S. 161-186, S. 175. Diese These halte ich für problematisch; vgl. Kumkar, Nils C., »Politisierung von Expertise? In der Pandemie auf jeden Fall!«, in: *Frankfurter Allgemeine Zeitung* (15. Dezember 2021), online verfügbar unter: {https://www.faz.net/aktuell/wissen/geist-soziales/wie-caspar-hirschi-vor-politisierung-virologischer-expertise-warnt-17683142.html}.

Seite aufgeladen und nach dem Code überlegen/unterlegen, also als ein Machtkampf ausgetragen, was dann wieder eine Unsicherheit erzeugte, die im politischen System selbst zum Einsatz in der Auseinandersetzung wurde. So erklärte FDP-Chef Christian Lindner, der am 23. April 2020 in der Bundestagsdebatte verkündet hatte, »die große Einmütigkeit in der Frage des Krisenmanagements« sei aufgrund der Zweifel an der Verhältnismäßigkeit beendet,[35] eine Woche später in einer Talkshow, er wünsche sich, die Epidemiologen möchten doch in »Konklave« gehen und sich auf einen gemeinsamen Kenntnisstand einigen.[36]

Es ist sehr einfach, sich über diesen Satz lustig zu machen – aber in zugespitzter Weise bringt er hervorragend auf den Punkt, was das Dilemma bei der politischen Verarbeitung von Expertise und Gegenexpertise ist: Das prinzipiell reversible, als prozessierender Dissens sich entfaltende Wissen der Wissenschaft ist für die Politik als solches nicht anschlussfähig, weswegen sie von der Expertise eine vereindeutigende Übersetzung verlangt. Diesen Prozess modelliert sie beinahe zwangsläufig nach dem Bild politischer Entscheidungen, was ihn als Wissenschaft wiederum für die Politik

35 Hier zitiert nach: Bogner, Alexander/Wolfgang Menz, »Wissen und Werte im Widerstreit. Zum Verhältnis von Expertise und Politik in der Corona-Krise«, in: *Leviathan* 49/1 (2021), S. 112-132, S. 116, online verfügbar unter: {https://doi.org/10.5771/0340-0425-2021-1-111}.

36 Lübberding, Frank, »TV-Kritik. Maybrit Illner: Der naive Glaube an die Allmacht des Staates«, in: *Frankfurter Allgemeine Zeitung* (1. Mai 2020), online verfügbar unter: {https://www.faz.net/1.6749561}.

verdächtig macht und den Bedarf nach Gegenexpertise weckt, die im Umkehrschluss den Informationswert der Expertise senkt und damit die Ursprungsproblematik wiederherzustellen droht. Denn im politisch strukturierten »Expertisenstreit« wird der wissenschaftlichen Arbeit der Latenzschutz entzogen – die Inkommensurabilität der Wissensformen kehrt, wenn auch in verschobener Form, in der Debatte wieder. Und noch ein weiterer Aspekt dieser Äußerung ist bemerkenswert, weil er bereits andeutet, wie alternative Fakten in diesem Prozess eine Rolle spielen könnten: Was in der Sachdimension ein Problem für die Politik ist – Unsicherheit in Bezug auf das Wissen, an das man entscheidend anschließen kann –, kann in der Sozialdimension durchaus funktional sein. Akteure können sich nämlich auf diese Unsicherheit beziehen, um Entscheidungen zu delegitimieren.

Gegenexpertise als unbestimmte Negation: Die alternativen Fakten der Klimaskepsis

Damit Gegenexpertise so funktioniert, wie das bis hier entwickelt wurde, muss sie eine bestimmte Form annehmen. Als Expertise der Opposition gelten für sie prinzipiell die gleichen Bedingungen wie für die Expertise, auf die sie sich bezieht: Sie muss eine Aussage darüber beinhalten, »was der Fall ist«, so dass politisches Entscheidungshandeln daran anschließen kann. Auf dieser sehr formalen Ebene heißt das, Expertise und Gegenexpertise sind ihrer kommunikativen Form nach austauschbar. Wäre die Opposition die Regierung, könnte die Gegenexpertise die Expertise sein. Die Zwischenergebnisse der Heinsberg-Studie machten eine bestimmte Aussage zur Letalität des Virus (die geringer sei als angenommen) und zur stillen, also asymptomatischen Verbreitung des Virus (die größer sei als angenommen). Sie widersprach der Expertise also nicht nur formal, sondern gegenstandsbezogen. Mit einem hegelschen Begriff, der implizit bereits vorwegnimmt, wovon sie in der Folge abgegrenzt wird, verhält sie sich zur Expertise als *bestimmte Negation*. Auch wenn allgemeine Unsicherheit aus der Gegenüberstellung von Expertise und Gegenexpertise erwachsen mag, hat sie zunächst vor allem die Form der Frage, ob das eine oder das andere der Fall ist – und oft, wenn nicht sogar meistens, bleibt diese Unsicherheit eher eine Art Hintergrundrauschen zu einem auch in seiner unmittelbaren Erscheinung politisch wirkenden Konflikt. Die Auseinandersetzung um die richtige Bewältigung der Coronapandemie mochte zwar auch auf divergierenden wissenschaftlichen Einschätzungen zur Letalität und Infektiösität des Virus beruhen, dass es in letzter Instanz aber um eine politische Entscheidung zwischen Modi der Öffnung und Modi der Schließung und dabei vorrangig um die Gewichtung der Folgeschäden dieser Strategien ging,[37] wur-

37 Es ist dabei auch ein Effekt der politischen Kommunikation, dass die jeweils entgegengesetzte Position in der Regel als eindimensionales Projekt präsentiert wurde – in Wahrheit waren die Vorschläge beider Seiten immer Maßnahmenpakete, die Öffnung und Schließung kombinierten, was hier aber der Einfachheit halber ausgeklammert bleiben kann.

de von beiden Seiten ziemlich durchgängig (mit)kommuniziert.[38]

Für diejenigen Gegenexpertisen, die ich in der Folge genauer betrachten will, gilt jedoch genau das in doppelter Hinsicht nicht: Im Streit um die Bewältigung des menschengemachten Klimawandels ist (oder war) die Frage nach der Entscheidungsgrundlage, also der wissenschaftlichen Evidenz für den menschengemachten Klimawandel, durchaus ein virulentes Thema in der massenmedialen politischen Kommunikation. Und es war eben eine Frage vor allem nach der Entscheidungsgrundlage als solcher – und nicht nach alternativen Entscheidungsgrundlagen. Es handelt sich bei den sogenannten »klimawandelskeptischen« Gegenexpertisen somit also nicht um Gegenexpertisen im oben entwickelten Sinne, auch wenn sie diesen auf den ersten Blick ziemlich ähnlich sehen mögen, sondern um alternative Fakten im Sinne der im vorangegangenen Kapitel entwickelten kommunikativen Form. Diese prägt sich in diesem Fall jedoch in dem anders gelagerten Kontext an der Schnittstelle von Massenmedien, Politik und Wissenschaft aus, den ich eben am Spiel von Expertise und Gegenexpertise skizziert habe.

Um ein besonders markantes Beispiel zu wählen: Der 2008 verstorbene US-Schriftsteller Michael Crichton ist manchen vielleicht als Bestsellerautor ein Begriff –

38 Auch hier gab und gibt es einen Diskursstrang, der sich als alternative Fakten im Sinne dieses Buches beschreiben lässt, allerdings nimmt dieser nur sehr sporadisch Bezug auf die Figur der wissenschaftlichen Expertise und hat eher die Form eines »wilden Diskurses« vor allem in den sozialen Medien (vgl. Kapitel 3).

aus seiner Feder stammt unter anderem *Jurassic Park*. Was die meisten nicht wissen dürften, ist, dass er im September 2005 als Experte zum Klimawandel vor das Senate Committee on Environment and Public Works geladen war, wo er seine Zweifel am wissenschaftlichen Konsens über den menschengemachten Klimawandel artikulierte. Dafür qualifiziert hatte ihn weniger seine wissenschaftliche Ausbildung (er war Arzt) als eben seine schriftstellerische Tätigkeit. Kurz zuvor hatte er *State of Fear* veröffentlicht, einen Thriller, in dessen Verlauf nicht nur eine ökoterroristische Gruppe an einem Massenmord gehindert, sondern en passant auch die angeblichen Lücken im offiziellen wissenschaftlichen Konsens zum menschengemachten Klimawandel aufgedeckt werden.[39] Die umweltpolitischer Neutralität nicht unbedingt verdächtige American Association of Petroleum Geologists verlieh ihm für diesen Roman ihren Journalismuspreis.[40] Dem damaligen Vorsitzenden des Senatskomitees, dem Republikaner Jim Inhofe, gefiel das Buch dem eigenen Bekunden nach so gut, dass er es zur Pflichtlektüre für die Angehörigen des Komitees machte.[41]

Das Beispiel mag etwas marktschreierisch wirken,

39 Crichton, Michael, *State of Fear*, New York: Harper Collins 2005.

40 Dean, Cornelia, »Truth? Fiction? Journalism? Award goes to …«, in: *New York Times* (9. Februar 2006), online verfügbar unter: {https://www.nytimes.com/2006/02/09/us/truth-fiction-journalism-award-goes-to.html}.

41 Janofsky, Michael K., »Michael Crichton, novelist, becomes senate witness«, in: *New York Times* (29. September 2005), online verfügbar unter: {https://www.nytimes.com/2005/09/29/books/michael-crichton-novelist-becomes-senate-witness.html}.

lenkt aber den Blick auf mindestens zwei Merkmale, die für die sogenannte klimaskeptische Gegenexpertise der letzten Dekaden eher typisch denn außergewöhnlich sind. Zunächst auf den Umstand, dass die ja schon im Falle der gewöhnlichen Expertise und Gegenexpertise komplexe Frage der Systemzuordnung[42] scheinbar völlig aus dem Ruder läuft: Ein Mediziner, der (explizit) fiktionale Romane schreibt, erhält für einen davon den Journalismuspreis einer Berufsvereinigung, woraufhin er als Experte in der Politik aufgerufen wird, was in den Massenmedien zwar auf Kritik, vor allem aber auf Aufmerksamkeit trifft. Es wirkt fast, als würde noch nicht einmal versucht zu verbergen, dass in dieser Konstellation die Wissenschaft eigentlich nur als Thema relevant ist, während die politischen Akteure über die Massenmedien miteinander kommunizieren. Dazu kommt zweitens, dass der Fall von einer eigentümlichen diskrepanten kommunikativen Resonanz begleitet wird: Während in der Presse und auch in der politischen Kommunikation des Komitees[43] deutliche Kritik artikuliert

42 Knapp ließe sich diese Zuordnung wie folgt zusammenfassen: Expertise und Gegenexpertise sind die politikseitige Beobachtung einer strukturellen Kopplung zwischen Wissenschaft und Politik, die sich gewissermaßen über »Rückkopplung« im politischen System in Expertise und Gegenexpertise ausdifferenziert. Zur Expertise als struktureller Kopplung vgl. Luhmann, *Die Gesellschaft der Gesellschaft*, a. a. O., S. 785 f.

43 Lautenberg, Frank R., »Majority Statement«, Full Committee Hearing The Role of Science in Environmental Policy-Making (Washington, D. C., 28. September 2005), online verfügbar unter: {https://www.epw.senate.gov/public/index.cfm/2005/9/full-committee-hearingthe-role-of-science-in-environmental-policy-making}.

wurde,[44] wurde Crichtons Statement über die Form der Expert:innenanhörung dennoch als wissenschaftliche Wahrheit in der Öffentlichkeit zumindest insofern zur Kenntnis genommen, als im Resultat eben keine Einigkeit der Expert:innen festgehalten, sondern vielmehr über einen Konflikt im Gremium diskutiert wurde.

Was an diesem Beispiel zur Kenntlichkeit entstellt wird, ist ein grundlegendes Merkmal der klimaskeptischen Gegenexpertise: dass sie nämlich nicht an der strukturellen Kopplung von Wissenschaft und Politik entsteht, sondern vielmehr auf der Innenseite der Politik generiert und massenmedial verstärkt wird und dadurch die an der eigentlichen strukturellen Kopplung wirkende Irritation abschwächt. Das mag wieder sehr technisch klingen, wird aber deutlicher, wenn man sich die Geschichte des politischen Streits um die wissenschaftlichen Expertisen zum menschengemachten Klimawandel noch einmal kurz vergegenwärtigt und vor diesem Hintergrund eine andere klimaskeptische Gegenexpertise, die Berichte des NIPCC, auf ihre kommunikative Form hin betrachtet.[45]

44 Auch die Verleihung des Journalismuspreises führte zu solch scharfer Kritik, dass die AAPG sich schließlich gezwungen sah, ihre Position zum Klimawandel zu revidieren. In einem Statement von 2007 (das allerdings, Stand März 2022, auf der offiziellen Internetseite der Organisation nicht mehr verfügbar ist) erklärt sie, damit die grundlegende Funktionsweise alternativer Fakten bestätigend, dass sie es begrüßen würde, wenn mehr Forschung dazu vorläge; vgl. AAPG, »Proposed Global Climate Change Statement (Position Statement)« (2007), online verfügbar unter: {https://web.archive.org/web/20070612213325/http://www.aapg.org/proposed_climate.cfm}.

45 Die Eckdaten der folgenden kurzen historischen Skizze bis zum

Dass CO_2 als Treibhausgas wirkt, wurde schon Mitte des 19. Jahrhunderts ermittelt – und spätestens Mitte des 20. Jahrhunderts wurde in der Wissenschaft diskutiert, dass der CO_2-Ausstoß der Industrie das Klima der Erde verändern könnte. 1965 beauftragte das President's Science Advisory Committee von Lyndon B. Johnson eine Expertise zu dem Thema. Nachdem in den siebziger Jahren eine Serie von schweren Dürren die politische Öffentlichkeit für Klimafragen sensibilisiert hatte, gab das Department of Energy 1977 eine weitere Expertise in Auftrag, die Forschungsergebnisse zum Zusammenhang von CO_2-Ausstoß und Klimaveränderungen systematisieren sollte und die zu dem eindeutigen Ergebnis kam, dass eine signifikante Erderwärmung zu erwarten sei. Es gab in der Folge zwar Diskussionen um Detailfragen vor allem zur Stärke des Zusammenhangs zwischen dem Wachstum der CO_2-Emissionen und der Temperatursteigerung sowie zu eventuellen *feedback-loops*, die den Temperaturanstieg moderieren könnten. Am wesentlichen Zusammenhang bestand aber eigentlich kein Zweifel mehr, egal wie viele Expertisen in Auftrag gegeben wurden.

In den siebziger und achtziger Jahren war darum die

Beispiel der NIPCC-Reports entnehme ich, da sie meines Wissens unumstritten sind und mein eigentlicher Beitrag in ihrer Reinterpretation besteht, dem entsprechenden Kapitel in Oreskes, Naomi/Erik M. Conway, *Merchants of Doubt. How a Handful of Scientists Obscured the Truth on Issues from Tobacco Smoke to Global Warming*, London: Bloomsbury 2011, S. 133-167 (auf Deutsch erschienen als: Oreskes, Naomi/Erik M. Conway, *Die Machiavellis der Wissenschaft. Das Netzwerk des Leugnens*, Weinheim: Wiley-VCH 2014).

entscheidende Konfrontation nicht die zwischen verschiedenen naturwissenschaftlichen Expertisen zum Klimawandel, sondern zwischen Expertisen aus den Naturwissenschaften und Gegenexpertisen zum Beispiel aus den Wirtschaftswissenschaften, die auf Erstere antworteten – und ihre Antwort war, dass der freie Markt das Problem eigentlich von sich aus lösen könne beziehungsweise dass Eingriffe in den Klimawandel eine zu grundlegende Intervention in den freien Markt und dessen effiziente Problemlösung bedeuten würden. Im 1983 veröffentlichten, vom US-Kongress in Auftrag gegebenen Bericht des Carbon Dioxide Assessment Committees[46] stehen diese beiden Sichtweisen nur oberflächlich synthetisiert nebeneinander: Während die naturwissenschaftlichen Kapitel, die den Großteil des Berichts ausmachen, einhellig herausstellen, dass der durch CO_2-Emissionen befeuerte Klimawandel ein reales Problem ist, vertritt der (später für seine Arbeit zur Spieltheorie mit dem sogenannten Wirtschaftsnobelpreis ausgezeichnete) Ökonom Thomas Schelling in seinem kurzen letzten Kapitel die eben skizzierte Sichtweise, vor allem die steigenden Ölpreise würden den Anstieg der CO_2-Emissionen ohnehin entscheidend dämpfen (und die Auswirkungen des Klimawandels seien aller Voraussicht nach in Bangladesch, das drängendere Probleme habe, viel dramatischer als in den USA).[47]

46 Vgl. National Research Council, *Changing Climate. Report of the Carbon Dioxide Assessment Committee*, Washington, D.C.: The National Academies Press 1983, online verfügbar unter: {https://doi.org/10.17226/18714}.

47 Vgl. Schelling, Thomas, »Climate change: Implications for welfare

Bis zu dieser Stelle lässt sich die Geschichte entlang der zuvor entwickelten Funktion von Expertise und Gegenexpertise verstehen – auch wenn, wie bekannt ist, die ursprüngliche Expertise zunächst zugunsten der politisch sehr viel kommoderen Gegenexpertise in die (oft außerparlamentarische) Opposition gedrängt wurde: Denn egal wie man zum Beispiel Schellings Einlassungen normativ beurteilt, es besteht kein Zweifel daran, dass sie den damaligen Stand der wirtschaftswissenschaftlichen Diskussion aufgriffen und auf das Thema anwendeten – und dazu musste die (natur)wissenschaftliche Expertise zum Klimawandel auch gar nicht in Abrede gestellt werden, es genügte völlig, sie aus ökonomischer Perspektive zu beleuchten.

Diese Situation änderte sich in den späten achtziger und frühen neunziger Jahren grundlegend, als in der Klimaforschung immer deutlicher wurde, dass der Klimawandel bereits begonnen hatte. 1988 berichtete der US-amerikanische Klimaforscher James E. Hansen vor dem Senatskomitee Energy and Natural Resources aus seiner Forschung, dass die Messungen des von ihm geleiteten Goddard Institute for Space Studies ergeben hätten, dass die Temperaturen dieses Jahres die höchsten seit Beginn der Messungen seien – und dass dieser Temperaturanstieg mit 99-prozentiger Sicherheit auf die Zunahme von Treibhausgasen in der Atmosphäre zurückgeführt werden könne. Sensibilisiert durch die Hitzewelle, die die USA in diesem Jahr heimgesucht

and policy«, in: *Changing Climate. Report of the Carbon Dioxide Assessment Committee*, a. a. O., S. 449-482.

hatte, berichtete zum Beispiel die *New York Times* auf der ersten Seite von dieser Anhörung.[48] Wenn der Klimawandel aber schon begonnen hatte, dann war das Kernargument Schellings und anderer, nachdem selbstläufige Preisanpassungen und technischer Fortschritt den Klimawandel entscheidend bremsen würden, zumindest aus der Perspektive des unmittelbaren politischen Handlungsbedarfs sehr viel weniger überzeugend – sie hatten es ja bisher auch nicht getan.[49]

Der Wandel in der Form der wissenschaftlichen Expertise betrifft vor allem die Etablierung des Intergovernmental Panels on Climate Change (IPCC), das im selben Jahr gegründet wurde und seinen ersten Bericht 1990 veröffentlichte. Die Aufgabe dieses internationalen, von der Vollversammlung der Vereinten Nationen beauftragten Expert:innenstabs besteht darin, die For-

48 Shabecoff, Philip, »Global warming has begun, expert tells senate«, in: *New York Times* (24. Juni 1988), online verfügbar unter: {https://www.nytimes.com/1988/06/24/us/global-warming-has-begun-expert-tells-senate.html}.

49 Peter Weingart et al., die den Diskurs zum Klimawandel zwischen Politik, Massenmedien und Wissenschaft untersucht haben, nennen in ihrer Periodisierung die Zeit zwischen 1986 und 1992 dementsprechend aufseiten des politischen Systems »Katastrophismus«, aufseiten des Wissenschaftssystems »Politisierung und wissenschaftliche Schließung«. Die folgenden Jahre – und auch das passt zu dem Problem, dass die Gegenexpertise in der Folge bearbeiten musste – »Überführung des Klimaproblems in einen Gegenstand politischer Regulierung« aufseiten der Politik, »Institutionalisierung« aufseiten der Wissenschaft; vgl. Weingart, Peter/Anita Engels/Petra Pansegrau, *Von der Hypothese zur Katastrophe. Der anthropogene Klimawandel im Diskurs zwischen Wissenschaft, Politik und Massenmedien*, Opladen/Farmington Hills: Barbara Budrich 2008.

schung zum Klimawandel in ihrer Gänze zu sichten, zu bündeln, und (nach Rücksprache mit Delegierten aller Mitgliedsnationen, die bis in die Formulierung einzelner Sätze mitreden) in Berichten der Öffentlichkeit zugänglich zu machen. Aufgrund dieses umfassenden politischen Auftrags ist der IPCC zwar einerseits gegenüber vergangener, eher ad hoc abgefragter Expertise verhältnismäßig schwerfällig und konservativ, andererseits unterbindet er aber auch die Konstitution einer symmetrischen Gegenexpertise. Da die Synthetisierung der Expertisen nicht vor den Augen der massenmedialen Öffentlichkeit erfolgt, sind zum Beispiel Schachzüge wie die gezielte Lancierung bestimmter Gegenexpert:innen (wie Schelling) in Expert:innengremien, mehr aber noch vor allem auf massenmediale Resonanz zielende Manöver wie die Anhörung Crichtons zumindest auf andere (z.B. nationale) politische Arenen verwiesen.

In der Folge wandelte sich die Form der Gegenexpertise zu einer Art asymmetrischen Kriegsführung – beziehungsweise sie wurde, weniger martialisch gesprochen, von einem verwissenschaftlichten Aspekt politischer Konfliktbearbeitung zu einem politischen Konflikt über Wissenschaft: Was bis dahin als perspektivische Ergänzung vorgetragen wurde, die den Gehalt der Ausgangsexpertise mehr oder minder unberührt lassen konnte, musste nun den Gehalt der Ausgangsexpertise hinterfragen. An die Stelle einer anderen Bewertung des Forschungsstandes zum menschengemachten Klimawandel trat die offensive Artikulation von Skepsis: gegenüber dem Stand der Forschung selbst, aber auch (und oft vor allem) gegenüber den Institutionen, die dieses Wissen produzieren. Naomi Oreskes und Erik Conway zeichnen im Kapitel zur Klimawandelskepsis (dem die Eckdaten der bisherigen kleinen historischen Einführung entnommen sind) ihres auch auf Deutsch erschienenen Buches *The Merchants of Doubt* ein lebendiges Bild der vielfältigen Delegitimierungsstrategien, die in diesem Zusammenhang vor allem in den neunziger Jahren zum Einsatz kamen.[50] Auf ein Beispiel, das sie nur am Rande erwähnen (weil es jüngeren Datums ist),[51] möchte ich allerdings, bevor ich die theoretischen Implikationen des bisher Erarbeiteten noch einmal zusammenfasse und von anderen Perspektiven auf alternative Fakten an der Schnittstelle von Politik und Wissenschaft abgrenze, genauer eingehen: die Berichte des Non-Governmental International Panel on Climate Change.

Das NIPCC wurde zu einem Zeitpunkt gegründet, als die Möglichkeitsräume für die Verstärkung wissenschaftlicher »Unschärfe« als Basis für die Artikulation von Gegenexpertise immer kleiner wurden. Einerseits hatte die Erkenntnis, dass der Klimawandel schon begonnen hatte, die Verschiebung des politischen Problems entlang der Zeitachse unplausibel werden lassen; andererseits wurde es durch die autoritative Syntheseleistung des IPCC immer schwieriger, wissenschaftliche Nebenauseinandersetzungen in der politischen Öffentlichkeit als Expertise-Streit zu reinszenieren; und auch auf der Ebene der wissenschaftlichen Auseinan-

50 Oreskes, Naomi/Erik M. Conway, *Merchants of Doubt*, a.a.O.
51 Ebd., S. 190.

dersetzung selbst entfernten die Nebenauseinandersetzungen sich immer weiter von Fragen, die für eine grundlegende Opposition zur politischen Bearbeitung des Problems Klimawandel fruchtbar gemacht werden konnten. Um es metaphorisch zu sagen: Der Stein des Anstoßes (die Irritation aus der Wissenschaft) ließ sich auf der Bühne der politischen Auseinandersetzung immer schlechter umgehen. Naomi Oreskes veröffentlichte 2004 einen viel beachteten Essay in *Science*,[52] in dem sie unterstrich, dass es in der Wissenschaft in der Kernfrage nach dem menschengemachten Klimawandel keinen Dissens mehr gäbe. Auch wenn viel Kritik an der Idee eines wissenschaftlichen Konsenses geäußert wurde (denn Wissenschaft prozessiert nun einmal im Dissens, so dass es vielleicht einen Konsens unter Wissenschaftler:innen gibt, aber eben keinen wissenschaftlichen Konsens), sprach dieser Essay doch aus, worüber in der öffentlichen Wissenschaftskommunikation seitdem substanziell Einigkeit herrscht: dass nämlich das eigentliche Skandalon – dass die Aktivitäten der Menschen das Klima verändern – wissenschaftlich als eindeutig geklärt verstanden werden kann.

Mit Mitteln des erzkonservativen Heartland-Instituts wurde darum unter der Ägide unter anderem des Physikers Fred Singer 2003 eine (virtuelle) Institution gegründet, die ihrer Selbstpräsentation nach einen ungleichen Kampf gegen diese – in ihren Augen künst-

52 Oreskes, Naomi, »The scientific consensus on climate change«, in: *Science* 306 (2004), S. 1686, online verfügbar unter: {https://doi.org/10.1126/science.1103618}.

liche – wissenschaftliche Vereindeutigung führt.[53] Seit 2007 publizierte diese Institution insgesamt sechs Berichte (den jüngsten 2019), die als direkte Antworten auf die entsprechenden Berichte des IPCC präsentiert werden und die, wieder nach eigenen Angaben des NIPCC, massenhaft an Medienvertreter:innen, Politiker:innen und Lehrer:innen verschickt wurden.[54] Mittlerweile liegen einige Untersuchungen zum Beispiel zur emotionalisierenden Rhetorik dieser Dokumente vor.[55] Was meines Wissens nach bisher wenig Aufmerksamkeit erfahren hat – vielleicht weil es, wie es im Englischen so schön heißt, *hidden in plain sight* liegt, also durch Offensichtlichkeit verborgen ist –, ist die kommunikative Form dieser Berichte selbst.

Bereits der Name der Institution flaggt sie als Anti-IPCC aus: im Akronym, in dem das N quasi als Negationszeichen gelesen werden kann, aber auch im vollständig ausgeschriebenen Namen. Die Autor:innen der Vorworte der Berichte betonen auch selbst, dass diese

53 Vgl. Staley, Richard, »Partisanal knowledge: On Hayek and heretics in climate science and discourse«, in: *Weak Knowledge*, herausgegeben von Moritz Epple, Annette Imhausen und Falk Müller, Frankfurt am Main/New York: Campus 2019, S. 351-375.

54 Allein der Bericht *Why Scientists Disagree about Global Warming* von 2015 wurde nach eigenen Angaben 350000-mal verschickt; vgl. NIPCC, »Why scientists disagree about global warming« (2015), online verfügbar unter: {http://climatechangereconsidered.org/why-scientists-disagree-about-global-warming/}.

55 Medimorec, Srdan/Gordon Pennycook, »The language of denial: Text analysis reveals differences in language use between climate change proponents and skeptics«, in: *Climatic Change* 133/4 (2015), S. 597-605, online verfügbar unter: {https://doi.org/10.1007/s10584-015-1475-2}.

Verneinung die zentrale Differenz zwischen ihnen und dem IPCC ausmache: Während Letzteres von Regierungen finanziert werde und deswegen nicht unabhängig sein könne, könnten sie unabhängig sein, weil sie *nicht* von Regierungen finanziert würden.[56] Von den Vertreter:innen des NIPCC selbst wird ein unmittelbarer, widersprechender Bezug zwischen den Berichten des NIPCC und denen des IPCC hergestellt.[57]

Aufschlussreicher noch als diese analogische Nähe zu den Dokumenten des IPCC ist die Art, in der die Berichte des NIPCC inhaltlich auf die des IPCC Bezug nehmen. Ich möchte dies an einem konkreten Beispiel – dem Vorwort und dem »Executive Summary« des ersten Berichts des NIPCC – *Climate Change Reconsidered* – darlegen (Zitate aus diesem Bericht werden in der Folge mit Seitenzahlen gekennzeichnet).[58] Bereits in den ersten Sätzen des Vorworts präsentieren die Autoren in aufschlussreicher Weise ihr Vorhaben:

> Bevor Sie sich einer schweren Operation unterziehen würden, würden Sie da nicht eine zweite Meinung einholen? Wenn eine Nation vor einer schweren Ent-

56 Dass sie natürlich trotzdem nicht *nicht* von Akteuren mit einer eigenen Agenda finanziert werden, das Argument also eine Finte ist, die in einer scheinbar unbestimmten Negation besteht, darauf werde ich später noch einmal zurückkommen.

57 Vgl. NIPCC, »About the NIPCC«, online verfügbar unter: {https://climatechangereconsidered.org/about-the-nipcc/}.

58 Idso, Craig/Fred Singer, »Preface«, in: *Climate Change Reconsidered*, herausgegeben vom Nongovernmental International Panel on Climate Change, Heartland Institute 2009, S. iii-viii; dies., »Executive summary«, in: *Climate Change Reconsidered*, a. a. O., S. 1-8, online verfügbar unter: {https://www.heartland.org/_template-assets/documents/publications/NIPCC%20Final.pdf}.

> scheidung steht, in der die wirtschaftliche Zukunft und vielleicht die Zukunft der Ökologie auf dem Spiel steht, sollte sie es genauso halten. Es ist eine althergebrachte Tradition der Wissenschaft, ein »Team B« zu bilden, das dieselben Daten untersucht, aber zu anderen Schlüssen gelangen mag. Das Nongovernmental International Panel on Climate Change (NIPCC) ist in diesem Sinne gebildet worden, um dieselben Klimadaten, die auch das von den Vereinten Nationen finanzierte Intergovernmental Panel on Climate Change (IPCC) nutzt, zu untersuchen. (iii)

Dieser rhetorisch dichte Absatz erweist sich bei genauerer Betrachtung als Synekdoche für die gesamte kommunikative Form des Berichts: Zunächst wird über die Metapher der schwierigen Operation, vor der man eine zweite ärztliche Meinung einholen sollte, in den ersten zwei Sätzen ein Bild entworfen, das mindestens in drei Hinsichten aufschlussreich ist. (1) Da ist zunächst einmal das zugestandene Problem eines vorgängigen Leidensdrucks – auch den ersten Arzt hätte man ja nicht konsultiert, wenn man nicht ein Problem hätte, das der Behandlung harrt. (2) Durch die Analogisierung der schwierigen Operation mit den politischen Eingriffen, welche die »wirtschaftliche Zukunft« und »vielleicht das Schicksal der Ökologie« aufs Spiel setzen, wird allerdings auch herausgestellt, dass das Ausgangsproblem für die Autor:innen gerade nicht in der Diagnose (oder dem vorgängigen Leidensdruck), sondern in der zu erwartenden Bearbeitung des Problems (der Operation) liegt. (3) Zuletzt wird durch den Verweis auf die »Nation«, die in diesem Bild zur Patientin wird, auch der Ort der präsentierten Gegenexpertise bestimmt – sie ist explizit ein politisches Projekt, das auf die nationale Ebene der politischen Entscheidungsfindung zielt.

Die folgenden Sätze nehmen allerdings einen Systembezugswechsel vor. Für die politische Entscheidungsgrundlagenproblematik im Umgang mit der Wissenschaft wird nun eine wissenschaftliche Problemlösung vorgeschlagen: Die Idee einer blinden Vergleichsstudie, bei der dieselben Daten (oder dieselben Experimente) von zwei unabhängigen Teams ausgewertet (oder ausgeführt) werden, hat ja zwei Implikationen, die sich vom Bild der Konsultation zweier Ärzt:innen im Vorfeld einer Operation unterscheiden. Denn die blinde Vergleichsstudie muss zum einen *blind* sein – was bei einem Bericht, der schon auf die Ergebnisse eines anderen Berichts verweist, schwerlich der Fall sein kann –, und zum anderen setzt dieses Bild eine Instanz voraus, die die Resultate der beiden Teilstudien gegeneinander abwägen kann. Denn das ist der prinzipielle Unterschied zur Konsultation zweier Ärzt:innen, bei der es ja in der Regel um Behandlungsalternativen (in unserem Fall also politische Entscheidungsalternativen) und gerade nicht um Diagnosealternativen geht.

Noch auf derselben Seite des Vorworts wird deutlich, dass der Verweis auf die wissenschaftliche Problemlösung selbst als Metapher nicht trägt:

> Wir haben die Daten, die in den ersten beiden Berichten präsentiert wurden, gesichtet [...] und beurteilen sie als hoch-selektiv und umstritten in Bezug auf Voraussagen zur Klimaentwicklung und darauf, ob ein

signifikanter Beitrag des Menschen auf gegenwärtige und vergangene Entwicklungen des Klimas bestimmt werden kann. (iii)

Wenn man für dieses Vorgehen – die Überprüfung der Aussagekraft der im Bericht des IPCC verwendeten Materialien im Hinblick auf die Schlüsse, die in diesem Bericht gezogen werden – ein vergleichbares wissenschaftliches Vorgehen suchen wollte, dann wäre es am ehesten ein Peer-Review. Denn was untersucht wird, sind *nicht* primär dieselben Daten, sondern die Schlussfolgerungen in Bezug auf diese (und andere[59]) Daten. Bei einem Peer-Review-Verfahren zu einem Fachaufsatz kann nun allerdings vieles herauskommen, aber sicher nicht, dass die Leser:innen einer Fachzeitschrift sich souverän entscheiden können, ob sie den Reviewer:innen oder den Autor:innen des Artikels vertrauen möchten (weil der Artikel eben erscheint oder nicht erscheint, und zwar gegebenenfalls nach dem Meta-Urteil fachlich kundiger Herausgeber:innen). Genau das aber hatte die Analogie vom Arztbesuch nahegelegt.

Dem Publikum wird in diesem Vorwort also ein Bild von Expertise und Gegenexpertise präsentiert, das schon im Hinblick auf gewöhnliche Expertise-Gegenexpertise irreführend wäre, indem es einen Grad von Unabhängigkeit suggeriert, den diese für gewöhnlich allein deshalb nicht haben kann, weil die Gegenexpertise ja *gegen* die Expertise herangezogen wird. Schelling hatte seine ökonomische Gegenexpertise dafür genutzt,

59 Denn der Vorwurf der selektiven Datengrundlage setzt voraus, dass die Autor:innen des NIPCC-Berichts sich auf eine zumindest in Teilen andere Datengrundlage beziehen.

die Ergebnisse der klimawissenschaftlichen Expertisen durch eine Perspektivverschiebung zu neutralisieren, und Streecks Gegenexpertise hatte sich im deutschen Coronakontext ebenfalls dadurch ausgezeichnet, zum Beispiel eine geringere Letalität als die Ausgangsexpertise zu behaupten. Als »Team B« im Sinne einer Blindstudie hätte beides nicht getaugt. Jedoch zeigt sich bei genauerer Betrachtung, dass diese Form der Gegenexpertise nicht nur nicht unabhängig von der Expertise zustande kommt, sondern diese sogar als primären Bezugspunkt hat. Die hier artikulierte Gegenexpertise ist insofern eine *politische* Bearbeitung der durch den IPCC aufgearbeiteten Irritation durch die Wissenschaft, die selbst gar keine strukturelle Kopplung an die Wissenschaft mehr benötigt, weil sie sich einzig an der Bewertung der Expertise aufhängt (die ja eine politische Übersetzung wissenschaftlichen Wissens ist). Es mag wirken, als wäre das eine Überinterpretation eines vielleicht ja auch einfach etwas launigen Vorworts – allerdings ist die Interpretation der Präsentation des eigentlichen Inhalts dieses Berichts in dieser Hinsicht *noch* eindeutiger. In der »Executive Summary« fassen die Autor:innen die wesentlichen Ergebnisse der Kapitel wie folgt zusammen (1 f.):

> Kapitel 1: Die Klimaprojektionen des IPCC sind nicht verlässlich, seine Voraussagen zum Klimawandel folglich nicht als Grundlage für politische Entscheidungen geeignet.
>
> Kapitel 2: Die Sensibilität des Klimas gegenüber einer Zunahme des CO_2-Gehalts der Atmosphäre ist viel geringer, als vom IPCC angenommen.

Kapitel 3: Das Klima hat sich in den vergangenen Dekaden nicht erwärmt, und eventuelle Erderwärmungen des letzten Jahrhunderts sind überwiegend auf natürliche Ursachen zurückzuführen.

Kapitel 4: Gletscherschmelze und Polareisschwund können nicht auf die Erwärmung des letzten Jahrhunderts zurückgeführt werden.

Kapitel 5: Der Klimawandel ist wahrscheinlich vor allem auf veränderte Sonnenaktivität zurückzuführen.

Kapitel 6: Klimaerwärmung würde Extremwetterereignisse ab- und nicht zunehmen lassen.

Kapitel 7: Eine Zunahme von CO_2 in der Atemluft würde dem Pflanzenwachstum und damit insgesamt der Natur nutzen.

Kapitel 8: In einer wärmeren und »CO_2-reicheren« Welt würde die Biodiversität zu- und nicht abnehmen.

Kapitel 9: Auch die menschliche Gesundheit würde von höheren Temperaturen und mehr CO_2 profitieren.

Es soll hier nicht darum gehen, die einzelnen Argumente zu widerlegen.[60] Aber auch wenn man zugesteht, dass

60 Mein Laienwissen in Klimawissenschaften sträubt sich gegen jeden einzelnen Punkt, die im Bericht aufgeführte Forschungsliteratur nachzuvollziehen (oder auch nur eingehend zu sichten), würde meine Fähigkeiten aber bei Weitem übersteigen. Auch um dem Eindruck entgegenzuwirken, ich würde mir so etwas zutrauen, habe ich mich in der Auswertung hier auf die ersten Seiten des Berichts beschränkt. Die Sichtung des restlichen Dokuments bestätigt allerdings, dass die formalen Eigenheiten sich als »Reproduktionsgesetzlichkeit« des Falls durch das gesamte Material ziehen; vgl. zum Begriff der Reproduktionsgesetzlichkeit Przyborski, Aglaja/Monika Wohlrab-Sahr, *Qualitative Sozialforschung. Ein Arbeitsbuch*, München: Oldenbourg 2014, S. 24ff.

jede einzelne der Tatsachenbehauptungen zutreffen könnte, drängt sich dennoch auf der formalen Ebene die Analogie zu Freuds Witz vom zerbrochenen Krug erneut geradezu auf (vgl. S. 54f. oben). Denn als Beitrag zur politischen Kommunikation, als welcher der Bericht ja offensichtlich zu verstehen ist, kann man die Botschaft auf vier Kernthesen verdichten:

- Der Klimawandel kann nicht vorhergesagt werden (zumindest nicht so).
- Der Klimawandel hat bisher nicht/kaum stattgefunden.
- Der Beitrag des Menschen zum Klimawandel ist zu vernachlässigen.
- Der Klimawandel und insbesondere eine höhere CO_2-Konzentration in der Atmosphäre hätten vor allem wünschenswerte Auswirkungen auf Mensch und Umwelt, die negativen Auswirkungen können nicht nachgewiesen werden.

Wie die Autor:innen selbst anmerken (1), wäre das erste Argument, so es zutrifft, hinreichend, um den IPCC-Bericht als Entscheidungsgrundlage für politisches Handeln unbrauchbar zu machen. Die Gesamtheit der Argumente kann deswegen im Grunde nur dann als sinnvoller Beitrag zur Kommunikation gewertet werden, wenn wir davon ausgehen, dass alle Argumente genauso gut auch nicht zutreffen könnten, so dass es möglich wird, die eigentliche argumentative Last hin- und herzuschieben. Der gemeinsame Bezugspunkt aller Argumente ist dann – wie bei Freuds Witz und bei Sean Spicers Pressebriefing – eine Anklage, die abgewehrt, beziehungsweise ein Problem, das geleugnet werden soll: Klimawandel findet statt, ist menschengemacht und schädlich für Mensch und Umwelt. Was verhindert werden soll – und das artikulieren die Autoren des Vorworts am Ende explizit (vii) –, ist die politische Bearbeitung dieses Problems. Es geht mithin nicht um die Bereitstellung einer alternativen Entscheidungsgrundlage (wie es oben als Funktion der Gegenexpertise herausgearbeitet wurde), sondern um das Leugnen einer Entscheidungsgrundlage. Die Abwehr dieser Entscheidungsgrundlage ist der eigentliche kohärenzstiftende Kern der Argumentation. Denn egal, wie man sie dreht und wendet – zusammengenommen ergeben die Argumente keine eigenständige Entscheidungsgrundlage. Beim letzten Argument ließe sich noch spekulieren, ob nicht eine künstliche Erhöhung des CO_2-Ausstoßes eine sinnvolle politische Forderung wäre – eine solche Forderung wird aber weder im Bericht noch an anderer mir bekannter Stelle erhoben.

Ich habe oben bereits erwähnt, dass sich die kommunikative Form der gewöhnlichen Gegenexpertise mit dem hegelschen Terminus der *bestimmten Negation* fassen lässt. In Abgrenzung dazu kann die kommunikative Form der Gegenexpertise als Set alternativer Fakten als *unbestimmte Negation* verstanden werden. Die bestimmte Negation, für Hegel ein zentrales Moment der wissenschaftlichen Methode, ist dabei eine Negation, die »affirmativ gesetzt« ist,[61] also einen positiven »*Inhalt*« hat, selbst einen »neuen Begriff« darstellt.[62]

61 Hegel, Georg Friedrich Wilhelm, *Wissenschaft der Logik. Die objektive Logik*, Frankfurt am Main: Suhrkamp 1986 [1816], S. 121.
62 Hegel, *Wissenschaft der Logik*, a.a.O., S. 49 (H.i.O.). Der Philo-

Dass die Sonne zwar unterzugehen scheint, aber physikalisch *nicht* untergeht, *sondern* vielmehr dem Blick entschwindet, weil sich der Standpunkt des Beobachters auf der Erdoberfläche von der Sonne wegdreht, ist eine bestimmte Negation: Die Erscheinung, die zunächst für die Wahrheit genommen wurde, stellt sich eben als Erscheinung einer anderen Wahrheit heraus, aus deren Verständnis sich die alte Erscheinung und neue Probleme erhellen lassen. Man hat sich geirrt, und nun weiß man es besser (im Sinne von: für die gestellten Probleme erklärungsfähiger und konsistenter begründbar), auch wenn dieses Bessere sich später als ebenfalls korrekturbedürftig herausstellen sollte und der Gang der Erkenntnis durchaus kontingente Gelingensbedingungen haben dürfte. Dass die Sonne auch *nicht* untergehen *könnte*, weil die Sinne grundsätzlich trügerisch seien und darum überhaupt keine letztgültige Aussage über den Zustand der Welt zuließen und weil man eine ganze Serie alternativer Erklärungen für den Eindruck, die Sonne ginge unter, gedankenexpe-

soph Robert Brandom hat Hegels Unterscheidung in unbestimmte, formale und bestimmte Negation, die er als Unterscheidung von logischer Inkonsistenz und materieller Inkompatibilität fasst, pointiert illustriert: »Kein Kreis« ist *die* (nicht: eine) unbestimmte, formale Negation von »Kreis«. »Viereckig« ist *eine* (nicht: die) bestimmte Negation von »kreisförmig«. Dabei müssen bestimmte Negationen nicht auf derselben kategorialen Ebene angesiedelt sein – wie ja auch Gegenexpertisen nicht aus demselben wissenschaftlichen Subsystem stammen müssen –, so ist »Primzahl« auch eine bestimmte (wenn auch vermutlich keine besonders erkenntnisreiche) Negation von »Bär«; vgl. Brandom, Robert B., *Im Geiste des Vertrauens. Eine Lektüre der Phänomenologie des Geistes*, Berlin: Suhrkamp 2021, S. 98-101.

rimentell entwerfen kann – das mag als erkenntnistheoretische Position schwer zu widerlegen sein, ist aber als unbestimmte, formale Negation gerade keine wahrheitsfähige Aussage über die materiale Beschaffenheit der Wirklichkeit, die entscheidendes Handeln anleiten könnte.

Man könnte auch sagen: Die bestimmte Negation führt eine alternative Hypothese in die Kommunikation ein: Es handelt sich bei dem betrachteten Phänomen nicht um X, sondern um Y. Die unbestimmte Negation hingegen kommuniziert lediglich die Nullhypothese(n): Es handelt sich nicht um X, sondern um ¬X. Entscheidend ist dabei die Qualifikation »lediglich«: Gedanklicher Gegenhorizont ist hier das von Hegel vorgeschlagene Modell der Wahrheit als einer Bewegung, die *notwendig* beide Momente umfasst. Die »Erfahrung des Irrtums« als Struktur des »Prozesses der Wahrheit«, wie der Philosoph Robert Brandom es nennt,[63] nimmt als Ausgangspunkt die Entdeckung materialer Unvereinbarkeit – die auf der Seite des Subjekts zunächst nur als »Etwas kann so nicht der Fall sein« erscheint. Hier wird also durchaus eine formale Negation registriert und ggf. auch formuliert. Aber der Prozess muss von dort eben zu der Frage fortschreiten, was stattdessen der Fall ist (denn auf der objektiven Seite ist die Negation immer schon bestimmt; es gibt vielleicht X nicht, aber ¬X kann es als Objekt in der Welt nicht geben, sondern nur Y, Z ...). Wo der Prozess in der Unvereinbarkeit verharrt, handelt es sich eben um

63 Ebd., S. 170.

unproduktiven, diffusen Skeptizismus.[64] Dieses Gegensatzpaar hat den Vorteil, dass es erlaubt, alternative Fakten in der Wissenschaft nicht darüber zu identifizieren, dass man auf ein vermeintlich besseres Faktenwissen abhebt, sondern sie eben, ganz im Sinne des Ansatzes dieses Buches, als kommunikative Form zu fassen – also als eine bestimmte Art, in übergreifende Kommunikationszusammenhänge zu intervenieren.

Ein nicht unerheblicher Teil der rhetorischen Finesse alternativer Fakten besteht nicht nur darin, sich als unvoreingenommen zu präsentieren, wo das Urteil schon feststeht (und das dann dem Gegner zuzuschreiben), sondern eben darin, diesen Unterschied überhaupt zu verwischen: sich als bestimmte Negation zu geben, wo man in der Kommunikation eigentlich eine unbestimmte Negation formuliert, auf die man sich aber im Falle von Widerspruch zurückzieht (wie etwa Kellyanne Conway schon fast empört darauf reagiert, dass Chuck Todd die Einzeläußerungen von Sean Spicer als eigenständige Tatsachenbehauptungen behandelt und nicht etwa als »einfachen« Widerspruch zur Presseberichterstattung).

64 Vgl. Hegel, Georg Wilhelm Friedrich, *Phänomenologie des Geistes*, Hamburg: Felix Meiner 1988 [1807], S. 68-70, S. 154-158; vgl. Rescher, Nicholas, *Scepticism. A Critical Reappraisal*, Oxford: Blackwell 1980.

Die Funktion alternativer Fakten in der Kommunikation über Wissenschaft

In der Einleitung wurde ein erkenntnistheoretisches Dilemma skizziert, das den wissenschaftlichen Umgang mit alternativen Fakten prägt: Aus realistischer Sicht sind sie bloße Lügen, können aber genau deswegen nur identifiziert werden, wenn man unterstellt, man wüsste es selber besser. Aus konstruktivistischer Sicht kann man darauf zwar verzichten und sie als Beiträge zu einer häretischen Wahrheitskonstruktion fassen, erkauft sich diesen Vorteil aber mit dem Problem, nicht mehr sagen zu können, was sie dann eigentlich von anderen Wahrheitskonstruktionen unterscheidet. Sie als unbestimmte Negation zu fassen, kann diesen Widerspruch zumindest für die betrachteten Fälle auflösen: Gerade dadurch, dass empirisch das »Wie« der Kommunikation ins Zentrum gerückt wird, wird nämlich offenbar, dass das »Was«, also die materialen Wahrheitsansprüche in der Kommunikation, asymmetrisch umkämpft sind: Eine Seite in der Kommunikation erhebt im strengeren Sinne gar keine Wahrheitsansprüche, sondern macht vor allem einen Unwahrheitsanspruch gegenüber der Ausgangsäußerung geltend. Darin zeigt sich nun aber, dass »das, was sich Furcht vor dem Irrtume nennt, sich eher als Furcht vor der Wahrheit zu erkennen gibt«:[65] Die Wahrheit macht sich in diesem Sinne in der Kommunikation gerade dort geltend, wo deutlich wird, dass sie geleugnet wird.

65 Hegel, *Phänomenologie des Geistes*, a. a. O., S. 65.

Gerade weil das aber so ist – zugespitzt: weil das sogar uns als Laien der Klimawissenschaft auffällt –, stellt sich mit Nachdruck die Frage, wie diese alternativen Fakten in der Kommunikation dennoch »funktionieren«. Und zwar im doppelten Sinne: Wie kann es sein, dass diese kommunikative Form an der Schnittstelle von Wissenschaft, Politik und Massenmedien Anschlüsse provoziert (also in der Kommunikation einen Unterschied macht), und was für eine Funktion erfüllt diese Form der Intervention dabei? Beide Aspekte wurden oben immer wieder angesprochen – bevor am Ende dieses Kapitels diskutiert wird, welchen Erkenntnisgewinn die hier entwickelte Perspektive gegenüber anderen theoretischen Einordnungen alternativer Fakten in der Wissenschaftskommunikation bedeuten könnte, soll meine Lesart hier jedoch noch einmal systematisierend zusammengefasst werden.

Wie die alternativen Fakten aus dem ersten Kapitel, so entfalten auch die hier betrachteten alternativen Fakten ihre Wirkung in einem kommunikativen Kontext, der von einer Konstellation gegenseitiger Beobachtungen geprägt ist: von Politik, Wissenschaft und Massenmedien. Konkret kommt es dabei vor allem auf drei Blickrichtungen an: Zunächst beobachtet die Politik die Wissenschaft – nimmt also eine Irritation von dort zur Kenntnis und versucht mithilfe der Expertise, diese Irritation als Problem bearbeitbar zu machen. Dieser Prozess wird von der Opposition und – massenmedial vermittelt – vom Publikum beobachtet: Die Politik wird also bei der Beobachtung der Wissenschaft selbst beobachtet und »verdächtigt«, intentional-selektiv zu registrieren, was dort vor sich geht (das war ja das Folgeproblem, das durch Gegenexpertise bearbeitet wird). Und natürlich beobachtet die Politik zu guter Letzt das (massenmedial konstituierte und vermittelte) Publikum und registriert dort sich artikulierende Widersprüche gegenüber der Expertisen-Auswahl als eventuelle Chancenstruktur für oppositionelle Strategien.[66]

Gegenexpertise als Set alternativer Fakten interveniert – zumindest in den betrachteten Fällen – primär in das Beobachtungsverhältnis von Politik und Publikum, nicht in das von Politik und Wissenschaft. Es ist hochgradig unwahrscheinlich, dass Politiker:innen an einer Expert:innenanhörung mit einem Roman-Bestsellerautor teilnehmen und daraufhin ihre Meinung zum Klimawandel ändern (in der Tat zeigen die Wortmeldungen der Vertreter:innen der Demokratischen Partei, die teilweise noch vor Crichtons Anhörung den Saal verließen, dass es ihnen schon im Vorfeld vor allem darum ging, auch nach außen zu vermitteln, dass man seine Expertise nicht ernst nehmen sollte), und auch die Berichte des NIPCC sind nur sehr bedingt dazu geeignet, jemanden in seiner Wahrnehmung der Wissenschaft zu irritieren, der sie mit den Berichten des IPCC vergleichen kann. Die Platzierung der alternativen Fakten in Expert:innenanhörungen oder ihre massenhafte Verbreitung als »Informationsmaterial« für die politische Öffentlichkeit kann vielmehr nur dadurch Effekte zei-

66 Dass auch die Wissenschaft beobachtet, soll hier außen vor bleiben: In gewisser Weise ist das ja das, was in diesem Kapitel passiert – und was deswegen nicht selbst wiederum dabei beobachtet werden kann.

tigen, dass sie Unsicherheit in die gegenseitige Beobachtung von Politik und Publikum einführt. Das Publikum wird mit dem Verdacht konfrontiert, dass die Politik trotz widersprüchlicher Expertisen (auf deren Gehalt es gar nicht ankommt) scheinbar zu eindeutige Signale zu empfangen behauptet – und kann darauf mit genuiner Unsicherheit über die Politik oder, wie im Beispiel der Amtseinführung schon diskutiert, mit kommunikativer Parteinahme reagieren.

Es ist ein meines Wissens nicht diskutierter, aber augenfälliger Umstand, dass in Umfragen zum »Glauben« an den Klimawandel in der US-Bevölkerung ermittelt wurde, dass deutlich mehr Befragte an den Klimawandel glauben, als meinen, dass es dazu einen Konsens in der Wissenschaft gibt.[67] Das scheint zunächst verwirrend, könnte aber ein Hinweis darauf sein, wie und vor allem wo die entsprechenden alternativen Fakten ihre Wirkung entfalten: Sie erzeugen eine diffuse Unsicherheit darüber, ob und inwieweit das, was öffentlich als eindeutiges Signal aus der Wissenschaft kommuniziert wird, wirklich als so eindeutig gefasst werden kann – während der eigentliche Gehalt des Signals durchaus angenommen wird. Der Verdacht, der sich zeigt, wäre dann also einer gegenüber der Expertise als Element des politischen Diskurses – und nicht (oder zumindest sehr viel weniger) gegenüber der Wissenschaft und ih-

67 Z. B. Pew Research Center, »Americans' views on climate change and climate scientists«, in: *Pew Research Center Science & Society* (4. Oktober 2016), online verfügbar unter: {https://www.pewresearch.org/science/2016/10/04/public-views-on-climate-change-and-climate-scientists/}.

ren Signalen selbst. Und der statistisch allgemein als eindeutig anerkannte Zusammenhang zwischen Parteipräferenz und in Umfragen bekundetem »Glauben« an den Klimawandel, der sich in den USA seit Mitte der neunziger Jahre herausgebildet hat, ist ohne ein gewisses Maß an expressivem Antwortverhalten kaum zu erklären.[68]

Wenn in der Beobachtung des Publikums – zum Beispiel durch massenmedial verbreitete Umfragedaten wie diejenigen, auf die ich mich gerade bezogen habe – erst einmal eine solche Verunsicherung registriert wird, reagiert selbstverständlich auch die Politik darauf: Einige Akteure im politischen Feld werden versuchen, ihre relative Position dadurch zu verbessern und zu legitimieren, dass sie sich als Fürsprecher:innen der Verunsicherten oder Nicht-Glaubenden inszenieren, aber auch diejenigen, die versuchen dagegenzuhalten, werden sich genötigt sehen, ihre Position zu rechtfertigen – und gemeinsam wirken sie daran mit, dass dem Prozess der Rezeption wissenschaftlichen Wissens als politischer Entscheidungsgrundlage der Latenzschutz entzogen wird. Denn wie in den Überlegungen zu Expertise und Gegenexpertise schon ausgeführt wurde, kann die Expertise, sobald ihre politische Genese problematisiert wird, diese nicht endgültig entproblematisieren: Jeder Versuch, sich gegen Kritik – und sei sie noch so abwegig – zu immunisieren, wird zumindest kurzfristig

68 Vgl. Mayer, Adam, »Social support for de-carbonizing the energy system: The role of expressive partisanship«, in: *Environmental Science & Policy* 109 (2020), S. 83-94, online verfügbar unter: {https://doi.org/10.1016/j.envsci.2020.03.013}.

den Verdacht eher verstärken. Auch hier ist gar nicht nötig, dass jemand wirklich nicht an den menschengemachten Klimawandel »glaubt« – es reicht völlig, dass in der gegenseitigen kommunikativen Bezugnahme die Möglichkeit des Zweifels validiert wird, um ein Rauschen zu erzeugen, das den Informationswert der Irritation »Klimawandel« in der politischen Kommunikation »abfängt«.

An dieser Stelle mag sich der einen oder dem anderen die Frage nach Ross und Reiter stellen – mit anderen Worten nach der Intention *hinter* einer solchen Strategie. Obwohl es methodisch schwierig ist, Intentionen aus der Kommunikation herauszulesen, meine ich, dass es wenig Gründe gibt, an der verbreiteten Intentionszurechnung innerhalb der Kommunikation grundlegende Zweifel anzumelden. Die Antwort auf diese Frage ist dann zwar unter Umständen deprimierend, aber trivial: Bei einem Problem wie dem Klimawandel, bei dem die Szenarien zur politischen Bearbeitung mehr oder minder einhellig festhalten, dass ein staatlicher Durchgriff (im Sinne einer kollektiv bindenden Entscheidung) auf das Wirtschaftssystem unumgänglich ist, liegt es nahe, dass wirtschaftliche Akteure ein Interesse haben, diesen Eingriff so lange wie möglich so klein wie möglich zu halten, und sich dafür politischer Akteure bedienen, die entweder durch persönliche oder organisationale Korruption oder hehre marktwirtschaftliche Wertorientierungen offen dafür sind, an einer solchen Aufschubstrategie mitzuwirken.

Interessanter für die Frage dieses Buches ist ein anderer Aspekt: Wie unter anderem Bourdieu herausgearbeitet hat, muss eine Äußerung in einem gegebenen Kontext – in unserem Falle also auch die Artikulation von Gegenexpertise – als Kompromissbildung von Ausdrucksinteresse und Zensureffekten verstanden werden.[69] Das heißt an dieser Stelle: Auch wenn wir das Ausdrucksinteresse, »Unterbindung einer staatlichen Intervention in die Wirtschaft«, als gesetzt ansehen, folgt daraus mitnichten, dass die entsprechende Strategie die Form alternativer Fakten annimmt. Denn es gibt ja Beispiele funktionsäquivalenter, weniger »riskanter« Strategien: Die erwähnte Gegenexpertise Schellings, die den Selbststeuerungskräften des Marktes zutraut, das Problem ohne politische Eingriffe zu bearbeiten, aber auch die »organisationale Verschleppung« von Entscheidungsprozessen kommen ja ganz ohne alternative Fakten aus und haben diesen gegenüber den Vorteil, sowohl kommunikativ weniger aufwendig zu sein (weil nicht auf jede neue Erkenntnis aus der Klimawissenschaft mit Negation reagiert werden muss) als auch mittelfristig weniger zur Disqualifikation als unaufrichtige:r Kommunikationspartner:in beizutragen.

Der zeitliche Verlauf, in dem die konventionelle Gegenexpertise zum Klimawandel immer weiter zugunsten der Prominenz alternativer Fakten in der öffentlichen Diskussion abnahm, legt nahe, dass zumindest ein wichtiger Faktor ist, dass eben genau diese alternativen Problembearbeitungen zunehmend unwahrscheinlich beziehungsweise politisch ineffizient werden. Je

69 Vgl. Bourdieu, Pierre, *Was heißt sprechen? Zur Ökonomie des sprachlichen Tausches*, Wien: New Academic Press 2012 [1982], S. 143ff.

klarer sich an der strukturellen Kopplung von Wissenschaftssystem und politischem System das Problem des menschengemachten Klimawandels als eindeutig handlungsrelevant herausstellt und je klarer wird, dass die Möglichkeiten zu seiner Bearbeitung praktisch alle auf einen grundlegenden Eingriff in das Wirtschaftssystem angewiesen sind, desto weniger lässt sich das Problem als solches verdrängen oder kommunikativ aufschieben. Es besteht insofern mehr als nur eine zufällige sprachliche Nähe zwischen den hier betrachteten unbestimmten Negationen und dem, was Freud »Verneinung« nennt. Freud war aufgefallen, dass Patient:innen häufig in der Behandlung explizit artikulierten, was sich auch ihm als Deutung ihrer Berichte aufdrängte, nur eben in verneinter Form, nach dem Muster: »Sie fragen, wer diese Person im Traum sein kann. Die Mutter ist es nicht.«[70] Dazu vermutet er, und das ist an die Überlegungen in diesem Kapitel durchaus plausibel anschlussfähig, dass es sich dabei eben nicht um eine Verdrängung handeln könne. Der Gegenstand sei bereits über die Schwelle des Bewusstseins getreten und könne dort nur temporär entschärft werden, indem man ihn explizit leugne. Im selben Sinne würde ich auch für die Betrachtungen zum Klimawandel in der politischen Kommunikation anmerken, dass die Irritation so eindeutig als Problem gefasst ist, dass man sie nicht ignorieren kann, sondern sie explizit leugnen muss. Man könnte auch sagen: Die alternativen Fakten zeugen nicht von einem Vertrauens-

70 Freud, Sigmund, »Die Verneinung« (1925), in: *Psychologie des Unbewußten*, Bd. III, Sigmund Freud Studienausgabe, Frankfurt am Main: Fischer 1975, S. 371.

verlust in die Wissenschaft, sondern im Gegenteil von einer, allen Kassandrarufen über Echokammern zum Trotz, überraschend soliden Kopplung von Wissenschaft und politischer Kommunikation. Gerade weil man weiß (beziehungsweise in der Kommunikation die Möglichkeit des Wissens voraussetzen muss), dass die Frau im Traum die Mutter ist, muss man dem explizit widersprechen. Gerade weil man weiß, dass der menschengemachte Klimawandel ein Problem ist, das politisch bearbeitet werden muss, muss man ein kommunikatives Rauschen verursachen, das verhindert, dass diese Information einen Unterschied macht. In einem Bericht von einer klimawandelskeptischen Konferenz beschreibt Naomi Klein, dass die Teilnehmer:innen dort explizit das Problem bearbeiten, dass die Realität des menschengemachten Klimawandels, wenn man sie anerkennen würde, eine Radikalität politischen Handelns verlangte, die man um jeden Preis verhindern will.[71] *Das* ist das Bezugsproblem alternativer Fakten zum Klimawandel – und dass es sich in dieser Form stellt, dass es also darum geht, dem zugrunde liegenden wissenschaftlichen Fakt die gesellschaftliche Validierung zu verweigern (wie ja auch schon am ersten Satz des Vorworts des NIPCC-Berichts deutlich geworden ist), legt zugleich Zeugnis davon ab, dass der zugrunde liegende Fakt sich »als solcher« nicht mehr ignorieren lässt.

Die Möglichkeit einer solchen Strategie ist in der Komplexität der gegenseitigen Beobachtung von Wis-

71 Vgl. Klein, Naomi, »Capitalism vs. the climate«, in: *Nation* (9. November 2011), online verfügbar unter: {https://www.thenation.com/article/archive/capitalism-vs-climate/}.

senschaft, Politik und Massenmedien angelegt. Dass sie aber einen solchen, nun ja schon jahrzehntelangen, Erfolg haben konnte, ist auch der spezifischen sozialen Logik des Problems »Klimawandel« geschuldet. Er ist für die betroffenen Systeme wirklich eine »unbequeme Wahrheit«. Es gibt in der klimawandelskeptischen Szene eine Angstmetapher, laut der es sich bei der politischen Gegenseite um »Wassermelonen« handelt: grün (also ökologisch) auf der Außenseite, rot (also revolutionär-umstürzlerisch) auf der Innenseite.[72] Es ist leicht, sich über diese Metapher lustig zu machen, wenn man sie auf die konkreten Gegner:innen bezieht, aber ganz sicher ist sie im Hinblick auf das zugrunde liegende Problem hellsichtiger als die Position vieler, die von sich behaupten, den Klimawandel ernst zu nehmen, die aber meinen, er ließe sich ohne grundlegende Eingriffe in das Wirtschaftssystem bearbeiten. Insofern lässt sich wirklich von einem systemischen Problem der Informationsverarbeitung sprechen: Die alternativen Fakten der Klimawandelskepsis kommen im politischen System an, indem sie in den Dienst der Abwehr einer Entscheidungszumutung genommen werden. Die Unsicherheit, die sie (mit)erzeugen, erlaubt dem gesamten System zu zaudern und die Entscheidung zwischen einer katastrophischen Zuspitzung der ökologischen Krise und einem direkten Durchgriff in das Wirtschafts-

72 Vgl. z. B. Hoffarth, Mark Romeo/Gordon Hodson, »Green on the outside, red on the inside: Perceived environmentalist threat as a factor explaining political polarization of climate change«, in: *Journal of Environmental Psychology* 45 (2016), S. 40-49, online verfügbar unter: {https://doi.org/10.1016/j.jenvp.2015.11.002}.

system für den Moment aufzuschieben. Das Problem des Klimawandels liegt also nicht in seiner ihm als wissenschaftlichem Objekt eigenen sachlichen Komplexität, sondern in der monströsen sozialen Komplexität seiner Bearbeitung.

Konkreter auf das Handeln der Akteure bezogen: Es widerspricht den Interessen einiger Akteure, die Realität des Klimawandels als Entscheidungsgrundlage anzuerkennen, weshalb sie sich an der Produktion und kommunikativen Validierung alternativer Fakten beteiligen. Gerade durch diesen Widerstand erlauben sie aber auch denjenigen, die ihn durchaus anerkennen, eine wahrscheinlich nicht ganz unwillkommene, in Bezug auf das Sachproblem Klimawandel aber völlig inadäquate, Mäßigung, die sie der mangelnden Unterstützung in der Bevölkerung und dem Widerstand des politischen Gegners zurechnen können.[73] Das Ergebnis ist eine paradoxe Konstellation, in der auf der einen Seite unklar ist, ob überhaupt (und, wenn ja, in welchem Ausmaß) wirklich kognitiv Zweifel an der Realität des Klimawandels besteht, während zugleich die an die politische Kommunikation über den Klimawandel anschließenden Handlungen diesen Zweifel als Legitimation mitführen.

Es ist diese tief greifende Inkonsistenz, die Greta Thunberg mit ihrem mittlerweile zum geflügelten Wort avancierten Ausruf »Listen to the science!« skandalisiert hatte – und der seine diskursive Wirkung weniger

73 Für diese akteurstheoretische Aufschlüsselung der systemlogischen Beobachtung danke ich Uwe Schimank, der sie in Bezug auf eine frühe Version dieses Textes angeregt hatte.

aus einer falschen Naivität über die Eindeutigkeit der Wissenschaft bezog, wie manche soziologische Betrachter:innen insinuieren,[74] sondern vielmehr daraus, dass der politischen Kommunikation in diesem Fall wirklich anzumerken ist, dass die Wissenschaft eindeutiger spricht, als das politische System anzuerkennen bereit ist. *Die subversive Wirkung des Slogans besteht darin, dass er den alternativen Fakten die kommunikative Validierung durch Bezugnahme verweigert.* »Tut doch nicht so«, könnte man den Handlungsappell übersetzen, womit der Gegenseite zugemutet wird, was nach dem Bisherigen durchaus schlüssig unterstellt werden kann: nämlich zu wissen, was der Fall ist. Der Satz ist selbstverständlich keine wissenschaftliche Zustandsbeschreibung, sondern eine kommunikative Parteinahme.[75] Aber eben eine, die expliziert, dass die vermeint-

74 Jüngst z.B.: Streeck, Wolfgang, »Alternativen zum Lockdown: Welchen Wissenschaftlern folgen wir in der Pandemie?«, in: *Frankfurter Allgemeine Zeitung* (11. Januar 2021), online verfügbar unter: {https://www.faz.net/1.7138966}.

75 Aber was soll die Äußerung einer Aktivistin zu einer politischen Frage auch sonst sein? Hirschi z.B. merkt zu Fridays for Future in seinem Aufsatz zur »Totalisierung der Expertenrolle« süffisant an: »Der ziellose Aktivismus ist von einem quasi-religiösen Wissenschaftsverständnis beseelt. Will die Menschheit der Selbstausrottung als Strafe für ihre Klimasünden entgehen, muss sie der Wissenschaft folgen. In den Erweckungsparolen ›Unite Behind the Science‹ und ›Follow the Science‹ steckt der Glaube an eine Wissenschaft, in der Epistemisches und Normatives, Sein und Sollen eins wird« (Hirschi, »Expertise in der Krise«, a.a.O., S. 168). Aber liegt der Kategorienfehler hier nicht eher im Auge eines Betrachters, der politische Äußerungen aus einer sozialen Bewegung bewertet, als müssten sie den Ansprüchen der Wissenschaftstheorie genügen?

liche Unsicherheit, die in der politischen Kommunikation immer wieder angeführt wird, politische Stellungnahme verdeckt – und damit dem epistemologischen Zaudern die Grundlage entzieht.

Gelöste Probleme und problematisierte Lösungen: Alternative Fakten und die Epistemisierung des Politischen

Die in diesem Kapitel entwickelte Perspektive auf alternative Fakten an der Schnittstelle von Wissenschaft und Politik ist nicht einfach nur eine Fingerübung: Aus ihr folgt ein anderes Verständnis davon, was alternative Fakten aus soziologischer Perspektive sind, machen und wie man (als Soziolog:in) mit ihnen umgehen kann. Im Fazit werden diese Fragen noch einmal ausführlicher aufgegriffen – aber schon hier möchte ich die Konsequenzen dieses Perspektivwechsels an einem Beispiel deutlicher machen. Alexander Bogner hat mit seinem Buch *Die Epistemisierung des Politischen*[76] jüngst einen viel beachteten Vorschlag unterbreitet, was die Soziologie (und die Gesellschaft) aus der Prominenz alternativer Fakten lernen sollte. Auch weil seine Diagnose der hier entwickelten Perspektive an vielen Stellen sehr nahe kommt, ist es fruchtbar, sie kurz vergleichend Revue passieren zu lassen – weil daran deutlich werden sollte, wie zentral die Frage ist, wie man den kommunikativen Kontext fasst, in dem man die kommunikative Funk-

76 Bogner, *Die Epistemisierung des Politischen*, a. a. O.

tion alternativer Fakten bestimmt, und dass mithin die vielleicht mitunter etwas formalistisch wirkenden Bestimmungen dieses Kapitels zur Funktion von Expertise und Gegenexpertise einen realen Unterschied im Hinblick darauf machen, wie man mit alternativen Fakten umgehen kann und sollte.

Laut Bogner ist der »Aufstand der Ignoranten«,[77] also die große Prominenz alternativer Fakten in der politischen Auseinandersetzung, Ausdruck eines tiefer liegenden Problems. Sie reagieren, so seine Kernthese, auf die allgemeine »Epistemisierung des Politischen«. Die herrschende »Epistemokratie« sei »von dem Glauben daran getragen, dass viele politische Probleme erst [...] lösbar sind, wenn wir sie als Wissensprobleme verstehen«. Das aber rücke »aus dem Blick, was politische Probleme eigentlich ausmacht und gesellschaftliche Konflikte anheizt: divergierende Werte, Interessen und Weltbilder«.[78] Die Antwort der »Ignoranten« ist darum in Bogners Augen eine Art epistemologische Notwehr, ein »ideologisch[er] Feldzug gegen die Kolonialisierung der Gesellschaft durch die Wissenschaft«.[79] Dieser mag zwar in politischer Hinsicht »vor allem lästig« sein, für »die Gesellschaft sind diese wilden Proteste [aber] durchaus nützlich. Immerhin«, so die Schlusspointe seiner Überlegungen, »erinnern sie daran, dass selbst dann, wenn Werte-, Interessens- und Glaubensfragen sich erfolgreich in Wissensfragen übersetzen lassen, die eigentlichen Probleme auch bei richtiger Beant-

77 Ebd., S. 100.
78 Ebd., S. 18.
79 Ebd., S. 101.

wortung dieser Wissensfragen noch ungelöst sein werden.«[80]

Kurzum: Das eigentliche Problem der Politisierung von Wissenschaft ist die Verwissenschaftlichung der Politik.[81] Weil die Politik sich hinter dem Wissen versteckt und die Wissenschaft dieses Spiel mitspielt, bleibt den »einfachen Leuten«[82] gar nichts anderes übrig, als Wissenschaft zu simulieren und so eine Art »gut organisierten Skeptizismus« zu betreiben.[83] Die gesellschaftlich wünschenswerte Antwort besteht dementsprechend für Bogner darin, die Politik zu ent-expertisieren und die Expertise zu ent-politisieren. Es geht dann darum, »eine (Re-)Politisierung politischer Konflikte zu fordern. Das bedeutet natürlich nicht, dass man in politischen Streitfragen auf wissenschaftliche Expertise grundsätzlich verzichten sollte – das wäre Irrsinn. Es geht jedoch um die Einsicht, dass Politik und Wissenschaft voneinander getrennte Sphären sind«.[84]

Die Kernbestimmung alternativer Fakten, die Bogner einführt, ist durchaus anschlussfähig an die Erkenntnisse der vorangegangenen Kapitel: Auch dort wurden sie ja als eine Form der Konfliktverschiebung

80 Ebd., S. 134.

81 Eine Entwicklung, die z. B. Peter Weingart sehr viel komplexer beschrieben hat, als diese Formel nahezulegen scheint; vgl. Weingart, »Scientific expertise and political accountability: Paradoxes of science in politics«, in: *Science and Public Policy* 26/3 (1999), S. 151-161, online verfügbar unter: {https://doi.org/10.3152/147154399781782437}.

82 Bogner, *Die Epistemisierung des Politischen*, a. a. O., S. 111.

83 Ebd., S. 105.

84 Ebd., S. 118.

verstanden, die Epistemisches problematisiert, um einem politischen Konflikt auszuweichen. Die Tücke liegt in der gesellschaftstheoretischen Einbettung dieser Feststellung: Denn wenn die Überlegungen dieses Kapitels zutreffen, dann kann die Sphärentrennung zwischen Politik und Wissenschaft für Expertise nicht sauber gezogen werden (was wohlgemerkt nicht heißt, dass man sie nicht klüger institutionalisieren kann). Unfreiwilliges Beispiel dafür ist der performative Widerspruch von Bogners Intervention selbst.[85] Erhebt er doch, mit der Autorität des Wissenschaftlers, die politische Forderung, Expertise möge sich vor politischer Einflussnahme hüten, beziehungsweise die Politik möge sich nicht hinter Expert:innenwissen verstecken. Das ist inhaltlich paradox, formal aber unvermeidbar: Expertise ist, als strukturelle Kopplung zwischen Politik und Wissenschaft, immer politisch. Entscheidungsgrundlagen bestimmen sich immer auch in Bezug auf Entscheidungsmöglichkeiten. Und solange Politik von der Spannung von Opposition und Regierung bestimmt ist (solange sie, mit anderen Worten, Politik ist), so lange wird Expertise auch politisiert werden, weil sie eben genau aus diesem Grund immer verdächtig ist, mit Blick auf präferierte Entscheidungen ausgewählt worden zu sein. Dieses Dilemma ist unausweichlich, weil Politik die meisten Probleme ohne wissenschaftliche Expertise noch nicht einmal kennen, geschweige denn bearbeiten könnte – und weil allein

85 Den dieses Buch mit einer ganzen Reihe vergleichbarer Interventionen teilt; vgl. z. B. Hirschi, »Expertise in der Krise«, a. a. O.

die Form der Problemstellung dabei unvermeidlich politisch ist.

Zugleich ist dieses Dilemma aber weit weniger verheerend, als man annehmen könnte. Denn aus diesem Problem ergibt sich nicht unbedingt ein »Aufstand der Ignoranten«, sondern als viel schlüssigere und wahrscheinlichere Problembearbeitung zunächst einmal die Etablierung von Gegenexpertise, also die wissenschaftliche Zurüstung des Aufstands, um in der Metaphorik zu bleiben. Die Gegenüberstellung von den »einfachen Leuten« (»ohne entsprechende epistemische Ressourcen«) und der »Macht des Wissens«[86] geht deswegen als Ursachenbestimmung alternativer Fakten fehl: Sie macht die Opposition dümmer, als sie ist. Denn wie in diesem Kapitel deutlich werden sollte und wie sich auch in den nächsten Kapiteln zeigen wird: Diejenigen, die die Wissenschaft schlagen, um die Politik zu treffen, wissen und kommunizieren durchaus, dass sie die Politik meinen. Alternative Fakten sind nicht primär der Effekt einer vermeidbaren Verwissenschaftlichung der Politik, sondern Ausdruck der gesellschaftlichen Unfähigkeit, politische Konflikte als solche zu bearbeiten, und treiben damit selbst die Verwissenschaftlichung voran: Gerade das offensive Leugnen der Entscheidungsgrundlage entzieht nämlich der Genese der Expertise den Latenzschutz und erzwingt damit die ständige Selbstlegitimierung des politischen Bezugs auf Expertise durch die offensive Betonung von deren Wissenschaftlichkeit.

86 Bogner, *Die Epistemisierung des Politischen*, a. a. O., S. 125.

3. Masken und Maulkörbe: Alternative Fakten in den sozialen Medien

> Wer ›soziale‹ Medien in Anführungszeichen setzt,
> war noch nie in einer sozialen Situation.
> *Unbekannter Twitter-User (2020)*[1]

Im Alltagsdiskurs sind alternative Fakten eng mit dem Aufstieg der sozialen Medien verbunden. Man könnte auch sagen, was dem philosophischen Feuilleton der Konstruktivismus, das sind dem kulturpessimistischen Feuilleton die sozialen Medien:[2] »Die sozialen Medien sind Verfallsmedien in dem Maße, in dem sie auf Abbau der Norm der Wahrheit als diskursiver Leitlinie abgestellt sind«, so Markus Gabriel, in dessen Diagno-

1 Leider wurde der entsprechende Tweet gelöscht, so dass ich nicht davon ausgehen kann, dass sein:e Autor:in ihn sich weiterhin zu eigen machen möchte. Um diesen möglichen Wunsch zu respektieren, ohne mir die Lorbeeren dieser wirklich grandiosen Zuspitzung zu eigen zu machen, habe ich mich entschlossen, ihn hier sozusagen inkognito zu zitieren.

2 Vgl. z. B. Rosa, Hartmut, »Demokratischer Begegnungsraum oder lebensweltliche Filterblase? Resonanztheoretische Überlegungen zum Strukturwandel der Öffentlichkeit im 21. Jahrhundert«, in: *Ein neuer Strukturwandel der Öffentlichkeit?*, herausgegeben von Martin Seeliger und Sebastian Sevignani, Baden-Baden: Nomos 2021, S. 252-274; Habermas, Jürgen, »Überlegungen und Hypothesen zu einem erneuten Strukturwandel der politischen Öffentlichkeit«, in: ebd., S. 470-500.

se kulturpessimistische und antikonstruktivistische Haltungen bündig synthetisiert werden.[3] Nach verbreiteter Sicht bilden sich in den sozialen Medien die viel bemühten Echokammern, in denen sich alternative Realitätswahrnehmungen stabilisieren können, hier fällt die klassische Gatekeeper-Funktion der Massenmedien weg, so dass die Individuen eine viel höhere Medienkompetenz aufbringen müssen, um wahre von falschen von irreführenden Nachrichten zu unterscheiden, und hier marodieren Horden (in der Imagination meist ausländischer) Trolle im Schutze undurchsichtiger Algorithmen durch die Timelines.[4]

Nichts davon ist unbedingt falsch. Aber diese vielleicht etwas zu glatte Erzählung zum Aufstieg alternativer Fakten klammert genau den Punkt aus, um den es in diesem Buch geht und der auch für das Verständnis von alternativen Fakten in den sozialen Medien zentral ist: dass auch hier alternative Fakten, um zu wirken, einen Unterschied in der Kommunikation machen müssen. Sie müssen formuliert, geteilt und validiert werden – und zwar von Menschen, die sich an der Kommunikation beteiligen. Würden in den sozialen Medien nur

3 Gabriel, *Fiktionen*, a. a. O., S. 597.

4 Es fällt nicht schwer, in dieser Aufzählung einen weiteren wichtigen Grund für ihre massenmediale Plausibilität auszumachen: Jedes Glied bedient die Selbstlegitimation der Artikulierenden. Die Echokammern sind das Gegenstück zur kritischen Öffentlichkeit, die Public Intellectuals zu bedienen meinen müssen; die Gatekeeper-Funktion wird mitlegitimiert, während der Bedarf nach »Aufklärung« deutlich wird, und auch die nationalistische Abgrenzung vom externalisierten Übel wird mitbedient.

Bots und Trolle miteinander über alternative Fakten sprechen, dann wären sie schlicht kein Problem (außer vielleicht für die Programmierer:innen der Algorithmen, die entscheiden müssten, welche Werbeanzeigen man diesen Usern präsentiert). Und selbst wenn sie in den Köpfen einiger Zuschauer:innen bei diesen Gesprächen eventuell Verwirrung erzeugen sollten, würde auch diese nur Wirkung entfalten, wenn sie ihrerseits wieder kommuniziert wird.

Und außerdem hat sich in den letzten beiden Kapiteln gezeigt, dass alternative Fakten mitnichten nur in den sozialen Medien zirkulieren und ihre Wirkung entfalten: Die Leugnung des Klimawandels, aber auch die irreführenden Behauptungen über die Zuschauer:innenzahl bei Donald Trumps Amtseinführung und die Frage nach dem Geburtsort von Barack Obama haben zwar einen Niederschlag in den Debatten in und über die sozialen Medien gefunden, ihr zentraler kommunikativer Kontext waren aber die ganz klassischen Massenmedien: Hier, am Ort der Synchronisierung verschiedener Realitätskonstruktionen zur gesellschaftlichen Konstruktion von Wirklichkeit, hatten sie das Rauschen erzeugt, das die politische Anschlusskommunikation vom unmittelbaren Druck entlastet hatte, eine problematische Information zur Kenntnis zu nehmen. Und das gilt nicht nur für eine Zeit vor den sozialen Medien. Auch 2019 konnte sich, wer das denn wollte, in einem gedruckten Qualitätsmedium, nämlich der *Welt*, vom Herausgeber in einem Kommentar, der schon beinahe mustergültig die Form der Kommunikation alternativer Fakten aufwies, davon überzeugen lassen, dass der

»Klimahype« auf wissenschaftlich tönernen Füßen stehe.[5]

Es spricht also einiges dafür, dass man die Wirkung von alternativen Fakten als kommunikativer Form nicht einfach aus der technischen Infrastruktur der sozialen Medien heraus erklären kann: zum einen, weil sie auch außerhalb der sozialen Medien auftreten, zum anderen, weil sie auch innerhalb der sozialen Medien ein kommunikatives – und damit aber eben auch immer kontingentes – Geschehen sind, dessen soziale (und eben nicht einfach medientechnische oder psychologische) Logik es zu rekonstruieren gilt. Dass alternative Fakten in den letzten beiden Kapiteln abseits der sozialen Medien rekonstruiert wurden, erlaubt nun, beides besser herauszuarbeiten: welchen Unterschied es macht, ob alternative Fakten in den sozialen Medien artikuliert werden, aber auch welchen Unterschied alternative Fakten in der Kommunikation in den sozialen Medien selbst machen.

Im ersten Teil des Kapitels wird zu diesem Zweck eine theoretische Skizze davon entwickelt, was soziale Medien als kommunikativen Kontext für alternative Fakten eigentlich ausmacht und vor allem in welchem Verhältnis sie dabei zu den bisher hauptsächlich besprochenen Massenmedien stehen. Es wird sich zeigen, dass die diskursmächtige Verunsicherung der Kommunika-

5 Aust, Stefan, »Klimawandel. Warten wir doch, bis der Klimahype abgeklungen ist«, in: *Die Welt* (1. Juni 2019), online verfügbar unter: {https://www.welt.de/debatte/kommentare/plus194542997/Klimawandel-Warten-wir-doch-bis-der-Klimahype-abgeklungen-ist-Stefan-Aust.html}.

tion durch alternative Fakten zumindest in relevanten Teilen gar nicht in den sozialen Medien selbst entsteht, sondern erst in der massenmedialen Beobachtung ebendieser alternativen Fakten registriert wird. Dennoch wäre es falsch zu behaupten, dass die Logik der Kommunikation in den sozialen Medien damit nichts zu tun hätte: Im zweiten Teil des Kapitels wird dazu am Beispiel von Facebook-Konversationen auf den Seiten der AfD in den Jahren 2020/21 herausgearbeitet, wie alternative Fakten vor allem zur Coronapandemie hier ihre Funktion in einer kollaborativ bespielten »Arena für Identitätsbehauptung« erfüllen[6] – und in welchem Verhältnis bei dieser Form der Kommunikation die Phänomene alternativer Fakten und Verschwörungstheorien stehen, die als Begriffe in der öffentlichen Debatte nahezu austauschbar verwendet werden. Denn alternative Fakten in sozialen Medien sind auch aus einem einfachen forschungspragmatischen Grund ein interessantes Beispiel für die Frage dieses Buches: Während in den beiden letzten Kapiteln die Frage nach der Auswirkung alternativer Fakten auf die Bevölkerung entweder nur

6 Die Erkenntnisse dieses Teils des Kapitels gehen im Wesentlichen auf eine Studie zurück, die Hannah Trautmann und ich zwischen November 2020 und Juni 2021, gefördert durch die Otto Brenner Stiftung, durchgeführt haben. Eine ausführlichere Darlegung der methodischen Vorgehensweise und des empirischen Materials dieser Studie findet sich im Projektabschlussbericht: Trautmann, Hannah/Nils C. Kumkar, »Alternative Fakten im Gespräch. AfD-Diskussionen auf Facebook«, Otto Brenner Stiftung 2021, online verfügbar unter: {https://www.otto-brenner-stiftung.de/fileadmin/user_data/stiftung/02_Wissenschaftsportal/03_Publikationen/AP49_Alternative_Fakten.pdf}.

spekulativ oder eben im Rückgriff auf ihre massenmedial vermittelte Wahrnehmung als Publikum möglich war, können wir in den sozialen Medien wirklich beobachten, wie sie alltagsweltlich rezipiert und weiterverbreitet werden.

Hidden in plain sight: Wer beobachtet was in den sozialen Medien?

Soziale Medien im hier interessierenden Sinne sind webbasierte, ortsunabhängig nutzbare Kommunikationsplattformen, die unter anderem analoger Kommunikation nachempfundene Eins-zu-eins-Kommunikationsformate bereitstellen, diese aber – je nach Plattform, Nutzer:inneneinstellungen und Stand der IT-Sicherheit abgestuft – in verschiedenem Maße in Richtung einer quasi-öffentlichen Zugänglichkeit der Kommunikation erweitern.[7] Sie ermöglichen also *digitale Interaktion* – ein eigentümliches Genre der Kommunikation, auf dessen Besonderheiten in der Folge eingegangen werden soll.

Digitale Interaktion bedeutet unter anderem, dass das, was in sozialen Medien kommuniziert wird, in einem bisher kaum gekannten Maße beobachtbar ist. Oft

7 Vgl. Gabriel, *Fiktionen*, a.a.O., S. 593; Schwarz, Ori, *Sociological Theory for Digital Society. The Codes that Bind Us Together*, Cambridge/Medford: Polity Press 2021, (Kapitel 2). Leider wurde ich auf das Buch von Schwarz erst aufmerksam, als dieses Kapitel schon fast fertiggestellt war – aber mir scheint, als würden seine Überlegungen die des Kapitels stützen.

wurde in den vergangenen Jahren festgestellt, dass vielleicht noch nie so viel Wissen über das kommunikative Verhalten so vieler Menschen so konzentriert abrufbar geworden ist, wie es bei den Nutzer:innendaten von Facebook der Fall ist: Laut Angaben der Plattform nutzen weltweit etwa 1,9 Milliarden Menschen Facebook täglich aktiv[8] – und hinterlassen dabei eine Unmenge von Informationen über ihre Geschmackspräferenzen, ihre sozialen Netzwerke und vieles mehr. Wie beispielsweise im Cambridge-Analytica-Skandal steht meist dieser Aspekt der Beobachtbarkeit von Kommunikation in den sozialen Medien im Mittelpunkt des öffentlichen Interesses. Zur Erinnerung: Es ging bei diesem Skandal darum, dass eine britische Marktforschungsagentur durch das Sammeln und Aufarbeiten von Facebook-Daten vermeintlich in der Lage gewesen sei, im Vorfeld der Brexit-Abstimmung und der US-amerikanischen Präsidentschaftswahl gezielte (Des-)Informationskampagnen zu lancieren, bei denen Nutzer:innen je nach ihrer zugeschriebenen Ansprechbarkeit mit verschiedenen Anzeigen konfrontiert wurden, die sie davon abhalten sollten, überhaupt zur Wahl zu gehen, oder sie in der Entscheidung für die vom Auftraggeber präferierte Wahlmöglichkeit zu bestärken.[9]

8 Hart, Robert, »Facebook loses daily active users for the first time – here's where they're going«, in: *Forbes* (3. Februar 2022), online verfügbar unter: {https://www.forbes.com/sites/roberthart/2022/02/03/facebook-loses-daily-active-users-for-the-first-time-heres-where-theyre-going/}.

9 Vgl. Confessore, Nicholas, »Cambridge Analytica and Facebook: The scandal and the fallout so far«, in: *New York Times* (4. April 2018), online verfügbar unter: {https://www.nytimes.com/2018/

Für die folgenden Überlegungen noch entscheidender ist allerdings, dass die Kommunikation in den sozialen Medien auf eine viel basalere Art und Weise beobachtbar ist. Denn auch wenn Plattformen wie Facebook oder Twitter sich erkennbar darum bemühen, die Strukturierung der Kommunikation an die vertraute Logik der Interaktion anzulehnen, gibt es doch mindestens zwei zentrale Unterschiede. Dem klassischen soziologischen Verständnis nach findet Interaktion unter körperlich Anwesenden statt.[10] Das heißt: Die an einer Interaktion Beteiligten nehmen sich gegenseitig zur Kenntnis und beobachten sich gegenseitig – auch beim Beobachten. Wer also eine Interaktion beobachtet, der ist (in der Regel, wenn er oder sie keine versteckte Kamera installiert oder sich unter dem Tisch versteckt) auch Teil der Interaktion, weil seine Anwesenheit und sein Beobachten in der Interaktion einen Unterschied machen. Auch Sich-nicht-Verhalten (wie man es von

04/04/us/politics/cambridge-analytica-scandal-fallout.html}. Eine ausführlichere Diskussion dazu, welches Schlaglicht der Cambridge-Analytica-Skandal auf den Einfluss der Plattformökonomie als Bestandteil eines neuen »Strukturwandels der Öffentlichkeit« wirft, findet sich in: Maschewski, Felix/Anna-Verena Nosthoff, »Der plattformökonomische Infrastrukturwandel der Öffentlichkeit: Facebook und Cambridge Analytica revisited«, in: Seeliger/Sevignani (Hg.), *Ein neuer Strukturwandel der Öffentlichkeit*, a. a. O., S. 320-341.

10 Vgl. Baraldi, Claudio, »Interaktion«, in: *GLU*, a. a. O., S. 82-85; Garfinkel, Harold, »Das Alltagswissen über soziale und innerhalb sozialer Strukturen«, in: *Alltagswissen, Interaktion und gesellschaftliche Wirklichkeit*, herausgegeben von der Arbeitsgruppe Bielefelder Soziologen, Opladen: Westdeutscher Verlag 1981, S. 189-262.

unangenehm-persönlichen Gesprächen in Bahnabteilen kennt) ist eine Form der Teilnahme – die von den anderen als solche registriert und von einem selbst oft mit einigem Aufwand aufrechterhalten werden muss. Daraus folgt auch, dass Interaktionen flüchtig sind. Denn wenn die Beteiligten auseinandergehen, dann endet die Interaktion, und wenn sich ein neugieriger Beobachter einige Zeit später am selben Ort einfindet, dann wird er vielleicht noch materielle Spuren der Zusammenkunft, auf keinen Fall aber die Interaktion vorfinden.

Beides ist aber bei Kommunikation in den sozialen Medien in der Regel nicht der Fall. Wer einen Tweet bei Twitter absetzt oder auf einer Wall bei Facebook einen Kommentar postet, der kann nur beobachten, wer sich auf dieser Plattform dazu verhält – indem er mit einem Like eine emotionale Bewertung hinterlässt, mit einem weiteren Kommentar darauf reagiert oder den Tweet retweetet –, aber nicht, wer die Interaktion beobachtet. Man kann auf Twitter zum Beispiel zwar sehen, wie viele Male ein eigener Tweet gelesen wurde, aber nicht, von wem. Bei Likes, Kommentaren und Retweets wird hingegen das Profil der jeweiligen Nutzer:innen angezeigt. Und diese Konversationen sind in der Regel auch nicht flüchtig. Sie schlafen zwar fast immer relativ schnell wieder ein, weil sich niemand mehr an ihnen beteiligt und sie in den Timelines deswegen immer weiter nach unten rutschen, aber wenn ein Interesse daran bestehen sollte, dann kann man potenziell noch in ferner Zukunft zu der Diskussion zurückkehren, um sie fortzusetzen, noch einmal durchzulesen und sie gegebenenfalls für die weitere Nutzbarmachung zu archivieren, Hohn und Spott darüber auszuschütten oder sie als Quellenbeleg zu zitieren.[11]

Weiter unten wird ausführlicher die Rede davon sein, wie diese eigentümliche Doppelstruktur einer der Form nach an Interaktion unter Anwesenden angelehnten Konversation, die zugleich in unkontrollierbarer und unbeobachtbarer Weise öffentlich und zeitstabil beobachtbar ist, sich auf die Logik der dort stattfindenden Kommunikation selbst auswirkt. Zunächst entscheidender ist, was daraus für die möglichen kommunikativen Anschlüsse außerhalb der sozialen Medien selbst folgt: Sie bilden gewissermaßen eine intermediäre Struktur zwischen Individualkommunikation auf der einen und massenmedialer Kommunikation auf der anderen Seite. Hier zirkulieren Inhalte aus den Massenmedien, zum Beispiel, indem Nachrichtenmeldungen geteilt und kommentiert werden, was ihre Verbreitung unterstützt und in die Individualkommunikation trägt.[12]

Hier beobachten jedoch auch die Massenmedien das, was sie oft genug für einen authentischen Einblick in die Individualkommunikation zu halten scheinen.[13]

11 Ähnliche Überlegungen und vor allem eine Einbettung in einen ausführlicheren Vergleich mit den Annahmen des symbolischen Interaktionismus, finden sich in Ori Schwarz' großartigem Buch *Sociological Theory for Digital Society*, a. a. O., Kapitel 2.

12 Vgl. Schrape, Jan-Felix, »Social Media, Massenmedien und gesellschaftliche Wirklichkeitskonstruktion«, in: *Berliner Journal für Soziologie* 21/3 (2011), S. 407-429, online verfügbar unter: {https://doi.org/10.1007/s11609-011-0160-1}.

13 Vgl. Molyneux, Logan/Shannon C. McGregor, »Legitimating a platform: Evidence of journalists' role in transferring authority

Ein Eindruck, den auch Sozialwissenschaftler:innen teilen – so Jürgen Habermas, der die sozialen Medien als »eine zur Öffentlichkeit aufgeblähte Sphäre einer bis dahin dem brieflichen Privatverkehr vorbehaltenen Kommunikation« versteht.[14] Als »Archiv aller möglichen Sätze«[15] machen die sozialen Medien Perspektivendifferenz als Gleichzeitigkeit des Ungleichzeitigen in bisher kaum gekannter Weise beobachtbar. Es ist ziemlich plausibel anzunehmen, dass zum Beispiel vor hundert Jahren verschiedene Milieus in Deutschland – katholische Winzer:innen in der Moselregion, protestantische preußische Landarbeiter:innen im Oderbruch und atheistische Arbeiter:innen in den Metropolregionen – in voneinander sehr viel gründlicher isolierten »Echokammern« lebten. Sie besuchten unterschiedliche Vereine, lasen unterschiedliche Zeitungen und feierten andere Feste, aber sie nahmen genau das, und das ist der entscheidende Punkt, nur in sehr begrenztem Maße wahr und wurden dabei auch nur in begrenztem Umfang vergleichend beobachtet (unter anderem darauf zielte ja ursprünglich die von Ernst Bloch geprägte Formel der Ungleichzeitigkeit, mit der der Philosoph der

to Twitter«, in: *Information, Communication & Society* 0/0 (2021), S. 1-19, online verfügbar unter: {https://doi.org/10.1080/1369118X.2021.1874037}.

14 Habermas, »Überlegungen und Hypothesen zu einem erneuten Strukturwandel der politischen Öffentlichkeit«, a. a. O., S. 496.

15 Nassehi, Armin, *Muster. Theorie der digitalen Gesellschaft*, München: Beck 2019, S. 289. Nassehi bezieht sich hier auf das Massenmediale im Internet – also nicht auf die sozialen Medien im Besonderen, der Gedanke ist aber meiner Meinung nach auf den Sonderfall soziale Medien problemlos übertragbar.

KPD der späten Weimarer Republik attestierte, gar nicht wahrgenommen zu haben, in welchen Welten ein Großteil der Wahlbevölkerung lebte[16]).

Wenn nun aber die klassischen Massenmedien, die als Konstrukteure und Synchronisateure der gesellschaftlichen Wirklichkeit darauf hinwirken, zumindest eine basal einheitliche Sicht auf die Welt an ein unterstelltermaßen »grenzenloses« Publikum zu vermitteln, die sozialen Medien beobachten, in denen Perspektivdifferenz nicht nur kaum moderiert, sondern im Gegenteil verstärkt wird,[17] dann registrieren sie das zunächst einmal als eine Irritation – die sie an ihr Publikum weitergeben. Mit anderen Worten: In den Massenmedien, die über den Diskurs in den sozialen Medien berichten, kann das Volk sich gewissermaßen selbst aufs Maul schauen, aber eben mit besonderem Augenmerk auf die schrillstmöglichen Äußerungen, weil diese den höchsten Nachrichtenwert haben, wovor das »Volk« als Publikum dann verständlicherweise erschrickt.

Es liegt nahe, dass dies zumindest zu relevanten Teilen erklärt, warum alternative Fakten und soziale Medien in der öffentlichen Debatte so eng zusammengerückt werden: An spektakulären Beispielen für die massenmediale Verbreitung alternativer Fakten ist die Geschichte wahrlich nicht arm, und wenig deutet darauf hin, dass dieses Phänomen in den vergangenen Jahren zugenommen hat. Als Hannah Arendt ihren in der Einleitung zitierten Essay zur Wahrheit in der Poli-

16 Vgl. Bloch, Ernst, *Erbschaft dieser Zeit*, Frankfurt am Main: Suhrkamp 1985 [1935].
17 Nassehi, *Muster*, a.a.O., S. 285.

tik veröffentlichte, hatte sie mit den »Pentagon Papers« einen Beweis für eine systematische und jahrelange Irreführung der Öffentlichkeit durch die Politik vor Augen, die den Vergleich mit aktuellen Propagandalügen kaum zu scheuen braucht.[18] Aber eventuelle alternative Fakten in der alltäglichen Individualkommunikation waren bis vor Kurzem in den seltensten Fällen Beobachtungsgegenstand der Massenmedien, sondern flogen als Stammtischgerede, Gerücht und Kaffeeklatsch unter dem Radar der öffentlichen Aufmerksamkeit, solange sie nicht gezielt politisch-programmatisch gebündelt und verstärkt wurden.

Nun muss der Vollständigkeit halber erwähnt werden, dass der einfache Umkehrschluss deswegen natürlich nicht gilt. Dass alternative Fakten in der Alltagskommunikation außerhalb der sozialen Medien schwerer zu beobachten sind, heißt selbstverständlich nicht, dass sie dort *nicht* seltener vorkommen. Aber die Vermutung, dass es sich bei der kulturpessimistischen Ver-

18 Auch die in der Pop-Philosophie zum stehenden Begriff gewordenen »Unknown unknowns« von Donald Rumsfeld, mit denen der damalige US-Verteidigungsminister erklärt hatte, dass wir mitunter nicht wissen könnten, was wir nicht wüssten, und deshalb von einer umso schlimmeren militärisch-terroristischen Bedrohung durch den Irak ausgehen müssten, sind z. B. ihrer kommunikativen Form nach sehr eindeutig der Rubrik alternative Fakten zuzuordnen; vgl. Morris, Errol, »The certainty of Donald Rumsfeld«, in: *Opinionator* (25. März 2014), online verfügbar unter: {https://opinionator.blogs.nytimes.com/2014/03/25/the-certainty-of-donald-rumsfeld-part-1/}; Žižek, Slavoj, »Rumsfeld and the bees«, in: *The Guardian* (27. Juni 2008), online verfügbar unter: {https://www.theguardian.com/commentisfree/2008/jun/28/wildlife.conservation}.

klammerung von sozialen Medien und alternativen Fakten zumindest in Teilen um eine aktualistische Blickverzerrung handelt, die mangels einholbarer Vergleichshorizonte schwer zu kontrollieren ist, wäre zumindest eine plausible Erklärung für die in der Einleitung schon erwähnte seltsame Diskrepanz, nach der sehr viel mehr Menschen sich abstrakt um das Problem sorgen, zum Beispiel Falschmeldungen im Internet als solche zu erkennen, als meinen, solchen überhaupt schon begegnet zu sein. Was hier gemessen wird, ist unter Umständen schlicht die massenmedial vermittelte Irritation über ein Phänomen, das den Befragten im alltäglichen Leben (on- und offline) gar nicht neu ist und das sie deswegen *dort* auch nicht als Problem registrieren.[19]

Um den ersten Teil der Antwort auf die Frage, was für einen Unterschied es macht, wenn alternative Fakten in sozialen Medien artikuliert werden, auf ein knappes fiktives Beispiel zu bringen: Ob ich auf Facebook unter dem Post einer Freundin zum Thema Infektionsschutz auf dem Campus zum Besten gebe, dass meine Universität wohl von Reptiloiden geleitet wird (Zwinkersmiley) oder ob ich selbiges im Gespräch in kleiner Runde nach einem Kolloquium schmunzelnd äußere, macht *sehr wahrscheinlich* keinen Unterschied, son-

19 In eine ähnliche Richtung deutet die im Verlauf der letzten Jahrzehnte immer als relativ stabil, teilweise sogar als rückläufig ermittelte Zustimmung zu Verschwörungstheorien in der Gesamtbevölkerung (auf die in der Einleitung schon hingewiesen wurde), die ebenfalls in seltsamem Kontrast zum wachsenden Problembewusstsein in der öffentlichen Debatte steht und in Bezug auf die auch häufig ein Zusammenhang mit den sozialen Medien hergestellt wird.

dern würde in beiden Fällen bei einer überschaubaren Zahl von Menschen zu sehr nachvollziehbarem Kopfschütteln führen. Aber die geringe *Restwahrscheinlichkeit*, dass diese Äußerung (vielleicht vermittelt über einen kleinen Sturm der Empörung auf Twitter) ihren Weg als illustrierendes Beispiel in einen massenmedial verbreiteten Artikel unter dem Titel »Lehrende an Bremer Universität verbreiten Verschwörungstheorien« findet, ist dennoch im ersten Fall sehr viel größer, wodurch auch die Wahrscheinlichkeit, dass ich mit dieser (übrigens nie von mir getätigten, weil absolut abwegigen – nur um sicherzugehen!) Äußerung eine allgemeine Sorge um die Wissenschaftlichkeit der Sozialwissenschaften befördere, steigt.

Nun könnte man meinen, dass genau das eigentlich verhindern oder zumindest die Wahrscheinlichkeit signifikant reduzieren sollte, dass Menschen alternative Fakten in den sozialen Medien verbreiten: Denn wenn potenziell jeder mich mit meinen online geäußerten Dummheiten an den Pranger der öffentlichen Empörung stellen kann (und zwar für immer!), dann sollte mich das doch in Bezug auf meine Mitteilungen sehr viel vorsichtiger – und also auch in Bezug auf gemeinhin geteilte Auffassungen der Tatsachen opportunistischer – machen?[20] Dass haltlose Behauptungen in den

20 Dieser Effekt tritt übrigens durchaus auf, ist aber demografisch sehr ungleich verteilt: Die abstrakte Gefahr, wegen Äußerungen in sozialen Medien Anfeindungen ausgesetzt zu sein, mag generell ein Merkmal dieser Kommunikationsplattformen sein, konkret trifft sie aber disproportional diejenigen, die ohnehin schon Schwierigkeiten haben, sich gesellschaftlich Gehör zu verschaffen. So zeigte eine internationale Umfrage von Plan International, dass

sozialen Medien aber weit weniger häufig verbreitet werden als in vergleichbaren Offline-Alltagsdiskursen, das hat meines Wissens noch niemand ernsthaft behauptet (und ich werde hier nicht den Anfang machen).

Ein Grund dafür dürfte (neben verschiedenen psychologischen Faktoren, die hier nicht im Zentrum des Interesses stehen) darin zu suchen sein, wie Diskurse in den sozialen Medien sich aus der Perspektive der Alltags- und Individualkommunikation darstellen. Denn so wie aus der Perspektive der Massenmedien die sozialen Medien wie ein auf die Aufmerksamkeitsstrukturen der Massenmedien zugeschnittener Einblick in die Alltagskommunikation wirken, so wirken sie aus der Perspektive der Alltagskommunikation wie ein an ihre eigenen Strukturen angelehnter Zugriff auf Massenmedialität. Und das hat Auswirkungen darauf, *worum es in der Kommunikation in den sozialen Medien verstärkt geht*.

Sie sind, auf eine knappe Formel gebracht, keine »Marktplätze der Ideen«, wie es die ideologische Selbstbeschreibung dieser Netzwerke gern hätte, sondern vor allem *Arenen der Identitätsbehauptung*. Das heißt, weitgehend unabhängig von etwaigen Intentionen der Nutzer:innen, dass die Kommunikationsstruktur in den sozialen Medien dafür sorgt, dass Äußerungen in

ein Viertel aller Mädchen und jungen Frauen aus Angst vor Fehlinformationen und Anfeindungen davor zurückschreckt, ihre Meinung im Internet mitzuteilen; Plan International, »The truth gap: How misinformation and disinformation online affect the lives, learning and leadership of girls and young women«, 2021, online verfügbar unter: {https://plan-international.org/publications/truth-gap}.

den sozialen Medien primär als Äußerungen über die Äußernden gelesen und sanktioniert werden.[21] Was das in Bezug auf alternative Fakten und ihre kommunikative Funktion in Social-Media-Diskursen konkret bedeutet, wird im nächsten Abschnitt als eine empirische Frage zu untersuchen sein. Zunächst möchte ich aber kurz bei der theoretischen Frage verweilen, was ich damit meine, dass die kommunikative Struktur auf eine Arena der Identitätsbehauptung angelegt ist. Zentral sind dabei vor allem drei Merkmale der Kommunikation in den sozialen Medien: (1) Interaktionsbeiträge in den sozialen Medien sind mit Profilen verknüpft, die Nutzer:innen repräsentieren. (2) Die Wahrscheinlichkeit, Anschlusskommunikation zu erzeugen, steigt mit der Aufmerksamkeit, die die an der Interaktion beteiligten Profile auf sich vereinen können. (3) Fremde werden auf Profile in erster Linie vermittelt über ihre Beiträge zu Interaktionen aufmerksam.

Der erste Punkt ist vielleicht der unmittelbar eingängigste, der aber gerade deswegen in seiner Bedeutung unterschätzt wird: In allen für die massenhafte Verbrei-

21 Diese Form der Kommunikation entspricht, das soll hier nicht unerwähnt bleiben, auch wenn es nicht im Zentrum des Arguments steht, sicher nicht ganz zufällig genau dem wirtschaftlichen Interesse der Plattformanbieter, die ja, um Werbeeinnahmen zu generieren, möglichst viele Informationen über die Identität ihrer Nutzer:innen sammeln wollen; vgl. Staab, Philipp/Thorsten Thiel, »Privatisierung ohne Privatismus. Soziale Medien im digitalen Strukturwandel der Öffentlichkeit«, in Seeliger/Sevignani (Hg.), *Ein neuer Strukturwandel der Öffentlichkeit?*, a. a. O., S. 275-297, online verfügbar unter: {https://doi.org/10.5771/9783748912187-275}; vgl. auch Gabriel, Fiktionen, a. a. O., S. 592-604.

tung alternativer Fakten relevanten sozialen Medienformaten bilden die Knotenpunkte des sozialen Netzwerks sogenannte *Profile*. Der Detailreichtum, mit dem diese Profile ausgebaut werden können oder sogar müssen, genau wie die Frage, wie eng ein solches Profil an eine urkundlich beglaubigte menschliche Person gekoppelt werden muss, variiert beträchtlich, aber immer sind sie zentrales Ordnungselement des Diskurses. Äußerungen in Social-Media-Konversationen – egal ob Tweets auf Twitter, Kommentare auf Facebook oder Videos und Kommentare auf Youtube – sind mit einem Hinweis auf dieses Profil versehen, so dass man mit einem »Klick« auf ebenjenes gelangt, von wo aus man dann klassischerweise Zugriff auf alle »öffentlichen« Informationen des Profils und auf vergangene Äußerungen hat. Je nach Plattform kann man außerdem zu diesem Profil einseitig (auf Twitter zum Beispiel in den Standardeinstellungen als sogenannter »Follower«) oder nur nach beiderseitiger Bestätigung (auf Facebook zum Beispiel als Freund:in) eine Verbindung aufbauen, die das Profil in der Folge mit dem eigenen verknüpft. Für die Frage, inwiefern jemand auf Social Media »stattfindet«, ist die Zahl der Follower oder Freund:innen der wohl zumindest für die Nutzer:innen offensichtlichste Maßstab. Als virtueller Avatar ist dieses Profil dabei aber nicht einfach mit der Nutzer:in identisch, sondern vielmehr auch für die Nutzer:in ein Objekt der äußerlichen Manipulation: Es ist auch da (auf Facebook, z.B.), wenn ich nicht da bin (weil ich schlafe oder ein Buch über alternative Fakten schreibe), und ich kann es auf eine Art von »außen« betrachten, die mir alltäglich bei der Selbstwahrnehmung so kaum offensteht. Es ist ein wenig wie symbolischer Interaktionismus auf Steroiden: Natürlich spielen wir alle immer Theater, wie Goffman ja ganz richtig herausgestellt hat[22] –, aber normalerweise reduzieren allein die zeitliche Flüchtigkeit der Situationen, in denen wir dies tun, wie auch ihre lokal abgrenzbare Wahrnehmbarkeit die Kontingenz der ständigen Rekalibrierung von Fremd- und Eigenwahrnehmung auf ein alltagspraktisch leidlich handhabbares Maß. Die Arbeit am Selbst ist zwar prinzipiell unabschließbar, da das Selbst mir aber nur sehr begrenzt als entfremdetes, dauerhaft objektiviertes Produkt dieser Arbeit entgegentritt (wie es beim Profil der Fall ist),[23] legt sich meist ein beruhigender Latenzschutz über diese Sisyphusarbeit.

Aber das Profil und die Aufmerksamkeit, die es auf sich ziehen kann, sind noch aus anderen Gründen entscheidende strukturierende Prinzipien der Kommunikation. Denn die Strukturierung der Kommunikation über Profile beeinflusst auch die Chancen, mit seinen

22 Vgl. Goffman, Erving, *Wir alle spielen Theater. Die Selbstdarstellung im Alltag*, München: Piper 2019 [1956].

23 Selbstverständlich treten die Äußerungen eines Subjekts diesem immer schon als Objekt gegenüber – das ist ja gerade eine zentrale Pointe sowohl der pragmatistischen Identitätstheorie als auch der hegelschen Dialektik von Selbst und Geist, Herr und Knecht. Aber dass das Selbst als zeitstabil abrufbare Instanz objektiviert ist, das blieb lange Zeit dem erlauchten Kreis der massenmedial Individuierten als zweifelhaftes Privileg vorbehalten; vgl. Mead, George Herbert, »Die soziale Identität« (1913), in: ders., *Gesammelte Aufsätze*, herausgegeben von Hans Joas, Frankfurt am Main: Suhrkamp 1987, S. 241-249; Mead, *Geist, Identität und Gesellschaft*, a. a. O.; Hegel, *Phänomenologie des Geistes*, a. a. O.

Äußerungen in den sozialen Medien überhaupt Aufmerksamkeit zu finden: Was Nutzer:innen angezeigt wird, das bestimmt sich nicht nur darüber, was sie in der Vergangenheit angesehen, kommentiert und mit »Gefällt mir« markiert haben, sondern auch darüber, was ihre Freund:innen, oder diejenigen Profile, denen sie folgen, angesehen, kommentiert und mit »Gefällt mir« markiert haben. Auch wenn eine Nutzerin also keinerlei affektive Bindung zu ihrem Profil hätte und nur Aufmerksamkeit für den Sachgehalt ihrer Äußerungen erheischen will (was eine realitätsferne Abstraktion sein dürfte), kann sie gegenüber ihrem Profil nicht gleichgültig sein: Denn je geringer dessen Prestige gemessen in Followerschaft und Likes ist, desto geringer sind die Chancen, dass überhaupt jemand wahrnimmt, was man geschrieben oder anderweitig gepostet hat. Sobald man also über den Personenkreis hinausreichen möchte, den man direkt adressiert – sobald man soziale Medien anders denn als E-Mail- oder Suchmaschinenersatz nutzen will –, muss man sich um sein Profil sorgen.

Der Twist ist nun, dass genau das – sich um sein Profil sorgen – in Netzwerken wie Facebook oder Twitter in erster Linie bedeutet, zu kommunizieren. Denn der Weg auf ein Profil führt, wo man die Personen nicht direkt sucht oder über Freunde von Freunden darauf gestoßen wird, in der Regel über die Konversationsbeiträge: dadurch, dass man Kommentare oder Posts verfasst, die geteilt und kommentiert werden, was dann in die Timelines und Pinnwände von Nutzer:innen gespült oder in Kommentarspalten dank zahlreicher Likes nach oben verschoben wird. Kurzum: Wer soziale Medien wirklich als soziale Medien nutzen, also den unmittelbaren Adressat:innenkreis der eigenen Äußerungen zumindest in Teilöffentlichkeiten erweitern möchte, der muss an seinem Profil arbeiten – und zwar vor allem durch Kommunikationsbeiträge, die möglichst viel Aufmerksamkeit auf eine Art und Weise garantieren, die in der Zukunft die Wahrnehmungschancen erhöht. Um in der Kommunikation zur Kenntnis genommen zu werden, muss man an seiner Profil-Identität arbeiten, und zwar in der Kommunikation. Man kommt also gar nicht umhin, sich in der Kommunikation fortwährend zu fragen, was die eigenen Beiträge über einen selbst aussagen; auch weil alle anderen sich dementsprechend zu den Äußerungen verhalten. Wie zentral Identitätsbehauptungen[24] für die Kommunikation in den sozialen Medien sind, wird nicht zuletzt daran ersichtlich, wie moralisch die Kommunikation dort häufig ist. Denn moralische Kommunikation ist schließlich dadurch gekennzeichnet, dass sie sich der strikten Themenselektion rollenförmiger Kommunikation entzieht und stattdessen die ganze Person diffus thematisiert. Eine moralische Bewertung meiner Handlungen und Äußerungen ist ja gerade eine, die sie zum Ausweis meines Werts als Person macht.[25]

Spätestens hier zeichnet sich eine der wichtigsten Konsequenzen der bisher zusammengefassten Besonderheiten der Kommunikationsstruktur der sozialen Me-

24 Vgl. zum Begriff der Identitätsbehauptung Schimank, Uwe, *Handeln und Strukturen. Einführung in die akteurtheoretische Soziologie*, Weinheim/Basel: Beltz Juventa 2016 [2000], v. a. S. 147-151.

25 Vgl. Corsi, Giancarlo, »Moral«, in *GLU*, a. a. O., S. 119-121.

dien für die kommunikative Funktion alternativer Fakten ab: Faktizität im Sinne eines Wahrheitsanspruchs ist nur dann ein entscheidendes Element der Kommunikationspraxis, wo diese im Kontext einer Identitätsaushandlung stattfindet, bei der die Faktizität des Behaupteten für die Beurteilung der Identität zentral ist. Eine Zeitung, die immerzu Falschmeldungen produziert, werde ich irgendwann nicht mehr lesen. Aber schon einem Experten für Virologie werde ich unter Umständen weiter auf Twitter folgen, egal wie viele falsche Tatsachenbehauptungen er in die Welt setzt, wenn ich seine Äußerungen für anderweitig relevant halte, zum Beispiel weil ich ihnen einen Einfluss auf die politische Meinungsbildung zuschreibe. Wieder anderen folge ich, weil mich interessiert, wie sie die Welt zu sehen behaupten – ganz losgelöst von der Frage der Faktizität des Behaupteten. Und manche Profile finde ich schlicht unterhaltsam, auch und gerade weil ich alles dort Gepostete als abwegig und unwahrscheinlich wahrnehme. Diese anekdotischen Beispiele illustrieren, was in der Folge problematisiert werden soll: Wie (und ob) an die Artikulation alternativer Fakten in sozialen Medien erwartbar angeschlossen wird, bestimmt entscheidend darüber, wie (und ob) sie artikuliert werden. Denn auch wenn es immer wieder »Missverständnisse« geben dürfte, so wäre Kommunikation in den sozialen Medien dauerhaft kaum möglich, wenn sich keine adaptive Stabilisierung des Kommentar- und Rezeptionsverhaltens einstellen würde. Mit anderen Worten: In den sozialen Medien bilden sich Kommunikationsroutinen, bei denen die Beteiligten ein Gespür dafür entwickeln, mit welcher Form von Beitrag sie welche Form von Reaktion erwarten dürfen. Die Herausforderung besteht also darin zu rekonstruieren, was in Konversationen verhandelt wird, in denen alternative Fakten artikuliert werden, und welchen Unterschied sie dort machen: Welche Reaktionen kann ich mit welchen Arten von Äußerungen erwarten, und welche Rolle spielt Faktizität dabei überhaupt?

Von Durchblickern und Schlafschafen: Alternative Fakten in rechtspopulistischen Social-Media-Diskursen

Um dieser Frage nachzugehen, haben Hannah Trautmann und ich Konversationen auf verschiedenen Facebook-Seiten der Partei Alternative für Deutschland aus den Jahren 2020 und 2021 untersucht und uns ebendiese Frage gestellt: Was für eine kommunikative Funktion erfüllen alternative Fakten eigentlich in diesen Diskussionen? Selbstverständlich sind diese Seiten ein sehr spezifischer Ausschnitt des Kommunikationsgeschehens in den sozialen Medien – aber ein durchaus aufschlussreicher. Denn trotz der beachtlichen Reichweite von Messenger-Diensten wie Telegram,[26] die vor allem in den Diskussionen um alternative Fakten während der

26 Vgl. Mehner, Matthias, »Nutzerzahlen Messenger Apps Deutschland und weltweit«, in: *MessengerPeople* (10. Januar 2021), online verfügbar unter: {https://www.messengerpeople.com/de/weltweite-nutzer-statistik-fuer-whatsapp-wechat-und-andere-messenger/}.

Coronapandemie oft im Zentrum der gesellschaftlichen Aufmerksamkeit standen, ist Facebook immer noch mit Abstand die am breitesten genutzte Social-Media-Plattform,[27] besonders in den gehobeneren Altersklassen, denen eine besonders hohe Vulnerabilität gegenüber alternativen Fakten nachgesagt wird.[28] Als einzige im Bundestag vertretene Partei, die offensiv die Rolle der Fundamentalopposition gegen die Maßnahmen zur Bekämpfung der Coronapandemie annahm und dabei die Grenze zur Verschwörungstheorie immer wieder mehr als nur touchierte (»Hände waschen, nicht Hirne«, war zum Beispiel ein Slogan im Bundestagswahlkampf 2021[29]), hatte die AfD sich überdies spätestens seit 2020 als wortmächtige Fürsprecherin für heterodoxe Sichtweisen auf die Pandemie positioniert. Wir gingen also davon aus (und fanden uns darin in ersten Sichtungen bestätigt), dass diesen Seiten eine wich-

27 Beisch, Natalie/Carmen Schäfer, »Ergebnisse der ARD/ZDF-Onlinestudie: Internetnutzung mit großer Dynamik. Medien, Kommunikation, Social Media«, in: *Media Perspektiven* 9 (2020), online verfügbar unter: {https://www.ard-zdf-onlinestudie.de/files/2020/0920_Beisch_Schaefer.pdf}. Mehr Nutzer:innen hat nur der Messengerdienst Whatsapp, der über seine begrenzte Chatgruppengröße, anders als Telegram, wo Gruppen bis zu 200 000 Mitglieder haben können, nicht in die obige Definition von sozialen Medien im hier interessierenden Sinne fällt, weil der Aspekt der Quasi-Öffentlichkeit der Kommunikation fehlt.

28 Brashier, Nadia M./Daniel L. Schacter, »Aging in an era of fake news«, in: *Current Directions in Psychological Science* 29/3 (2020), S. 316-323, online verfügbar unter: {https://doi.org/10.1177/0963721420915872}.

29 Online verfügbar unter: {https://www.afd.de/wp-content/uploads/sites/111/2021/06/Stra%C3%9Fenplakat_Motiv_11.pdf}.

tige Scharnierfunktion zukommen könnte: Einerseits würden hier alternative Fakten zumindest zu Corona (wie sich zeigte aber auch weit darüber hinaus) offensiv geteilt, wobei der Diskurs allerdings gewissermaßen offen für die Laufkundschaft ist, also eben nicht, wie zum Beispiel auf den klandestinen Image-Boards der Anhänger:innen der QAnon-Verschwörungstheorie, so esoterisch, dass man als Nicht-Eingeweihte:r ratlos davorstehen würde.[30]

In der Auswertung konzentrierten wir uns dabei auf diejenigen Ausschnitte aus den Konversationen, die sich durch ein möglichst dichtes Interaktionsgeschehen auszeichneten – es ging uns also nicht darum, besonders »schrille« Beispiele für Tatsachenbehauptungen zu finden, sondern vielmehr darum, in den Diskussionen, die sich durch möglichst dichte Bezugnahmen, viele Kommentare und Likes auszeichneten, herauszuarbeiten, welche Funktion die Artikulation alternativer Fakten dort hatte. Dabei fiel uns sehr früh auf, dass diese dichten Interaktionen – unabhängig vom konkreten Thema – nach einem relativ einheitlichen Grundmuster abliefen, das wir »Ermittlungsdynamik« genannt haben. Ein Beispiel soll helfen, deutlicher herauszustellen, was damit gemeint ist – und welche Konsequenzen diese spezifische Diskursdynamik für das Verständnis der kommunikativen Funktion alternativer Fakten in diesen Konversationen hat (Textbeispiel 1).

30 Vgl. Kumkar, Nils C., »QAnon ist eine Ausgeburt der extremen Rechten«, in: *Jacobin* (2020), online verfügbar unter: {https://jacobin.de/artikel/verschwoerungstheorie-qanon-querdenker-trump/}.

Textbeispiel 1: Konversation über die Coronamaßnahmen auf den Facebook-Seiten der AfD[31]

AfD: Es ist ungerecht, dass die Restaurants wieder schließen müssen, obwohl sich die Gastwirte sehr um Infektionsschutzvorkehrungen in ihren Läden bemüht haben. Es ist wissenschaftlich nicht belegt, dass in Restaurants eine größere Gefahr besteht, sich mit dem Coronavirus zu infizieren, als im ÖPNV, und dieser darf weiter

31 Trautmann, Hannah/Nils C. Kumkar, »Alternative Fakten im Gespräch«, a.a.O., S. 19; eigene Darstellung. Bei den folgenden Beispielen handelt es sich um kondensierte Paraphrasen öffentlich zugänglicher Konversationen auf den Facebook-Seiten der AfD. Die Paraphrase hat vor allem forschungsethische Gründe: Da die Konversationen öffentlich zugänglich sind, würden es wörtliche Zitate erlauben, das Original in Sekundenbruchteilen mit einer handelsüblichen Suchmaschine zu ermitteln. Wir haben uns dabei bemüht, die Paraphrase an den Sprachduktus der Kommentare anzulehnen, ohne ihn zu karikieren. Die Namen der Kommentator:innen wurden durch Pseudonyme ersetzt. Das Auslassen von Kommentaren soll vor allem die bessere Nachvollziehbarkeit des Kommunikationsverlaufs gewährleisten. Es gehört zu den Besonderheiten der Kommunikation in Facebook-Kommentarspalten, dass gerade in hitzigen Diskussionen oft mehrere Kommentare gleichzeitig oder mit nur minimaler Zeitverzögerung auf denselben Ausgangspost reagieren sowie dass nicht alle Teilnehmer:innen alles zur Kenntnis nehmen, was bis dato in einer Konversation geäußert wurde, so dass die chronologische Reihenfolge der Kommentare oft verunklart, dass mehrere parallele Diskursstränge nebeneinanderher laufen. Die Kürzel am Ende der Passagen verweisen auf die Kennungen, unter denen die Konversationen im Projekt archiviert wurden.

genutzt werden. Das neue Verbot bringt viele Gastwirte in eine Notlage. Darum müssen wir sie unterstützen. Wir fordern, dass die Gastronomie im Dezember wieder öffnen darf, denn das Weihnachtsgeschäft ist für sie besonders wichtig.

Sabrina Sabine: Ich bin frustriert über die Coronapolitik der Bundesregierung. Der Lockdown bringt gar nichts, und der einzige Weg, das Virus zu bekämpfen, ist mit Herdenimmunität. Die wahren Gründe für den Lockdown werden wir nicht erfahren. Aber bald »platzt die Bombe«. Ich habe die Nase voll. Wenn sich nicht bald was ändert, dann werfe ich meine Maske weg.

Kati Kramer: *Sabrina Sabine* Das sehe ich genauso. Ich fühle mich von den Wissenschaftlern hinters Licht geführt, die die Coronazahlen willkürlich heben und senken. Alles nervt, vor allem die blöde Maske.

[2 Kommentare ausgelassen]

Angela Wiegand: *Sabrina Sabine* Ich habe seit März nie eine Maske getragen.

[1 Kommentar ausgelassen]

Karsten Buhler: *Sabrina Sabine* Wenn am Freitag das neue Infektionsschutzgesetz verabschiedet wird, »platzt die Bombe«. Es sieht ganz danach aus, als würden wir geradewegs auf eine Diktatur zusteuern, und das macht mir Angst.

[3 Kommentare ausgelassen]

Claudia Thomas: *Sabrina Sabine* Die Maske solltest Du schon lange weggeschmissen haben. Die Mehrheit der Leute ist leider nicht mutig genug, um sich zu wehren, und schadet sich damit am Ende selber.

[3 Kommentare ausgelassen]

Mirko Vogt: *Sabrina Sabine* Du hast recht, es ist schon auffällig, dass man seit Jahresbeginn von keiner Grippewelle gehört hat.

[2 Kommentare ausgelassen]

Martin Fischer: *Sabrina Sabine* Bei dem Coronavirus handelt es sich nur um einen harmlosen Schnupfen, darum brauchen wir auch keine Herdenimmunität. Leider gibt es zu viele Schlafschafe, die der Regierung glauben und mitmachen. Es ist wohl mal wieder

»19:33 Uhr«. Ihr irrt Euch in der Vorstellung davon, was das Coronavirus eigentlich ist, und lauft alle in die falsche Richtung.

Die entscheidende Weichenstellung findet sich dabei in der ersten Wortmeldung zum Ausgangspost der AfD: Hatte diese zunächst auf der Ebene des expliziten Gehalts nur problematisiert, dass die Maßnahmen gegen die Coronapandemie inkohärent (und normativ unangemessen) seien, greift Sabrina Sabine diese Feststellung in einer spezifischen Form auf. Aus ihrer Sicht handelt es sich nicht einfach um eine Inkohärenz, sondern um ein Rätsel, das auf eine tiefer liegende Ebene verweist. Einerseits sei der Lockdown epidemiologisch sinnlos, weil die einzig effektive Strategie zur Bekämpfung der Pandemie die Durchseuchung der Bevölkerung sei. Andererseits habe der Lockdown dennoch einen Sinn – der offenbar werden wird, wenn demnächst »die Bombe platzt«.

Es sind diese beiden Feststellungen, die in der Folge von den anderen Kommentator:innen aufgegriffen und weiterbearbeitet werden. Einigkeit besteht darin, dass hinter der Coronapolitik eine große Verschwörung steckt: Den Behauptungen, dass die Wissenschaftler:innen die gemeldeten Infektionszahlen manipulieren, dass das geplante Infektionsschutzgesetz den Weg in eine Diktatur ebne, ja sogar, dass Parallelen zur Machtergreifung der Nationalsozialisten bestünden, wird nicht nur nicht widersprochen, sie schließen auch in einer Form aneinander an, die eine gemeinsame Radikalisierung der Feststellungen nahelegt. Disparater sind demgegenüber die Äußerungen zur Natur des Virus selbst: Wo Sabrina Sabine dessen Gefährlichkeit gar nicht explizit beurteilt und nur die Effizienz der Bekämpfung problematisiert,[32] suggeriert zum Beispiel Kati Kramer, dass es in Wirklichkeit eine inszenierte Krise sei, und Mirko Vogt, dass es sich bei der Coronapandemie schlicht um die diesjährige Grippe handele, was aber beide interessanterweise als Zustimmung zu Sabrina Sabines Äußerung formulieren. Die Diskrepanzen in Bezug auf die Tatsachenbehauptungen werden kaum als Widerspruch thematisiert, sondern es wird vielmehr Einigkeit darüber hergestellt, dass es nicht ist, wie es scheint. Die in dieser Hinsicht entscheidende Abgrenzung, durch die sich die Einheit der Kommentator:innen herausstellt, verdichtet Martin Fischer schließlich in der Figur des »Schlafschafs«.

Dieses Muster fanden wir in allen von uns untersuchten Konversationen: Der Ausgangspost der AfD wird von den Kommentator:innen als Aufforderung angenommen, die wahren Gründe hinter einer beobachteten Inkohärenz zu ermitteln, wobei das Ergebnis dieser Ermittlung unweigerlich der Plan der Regierung ist, die

32 Wobei der Umstand, dass sie noch mit dem Wegwerfen der Maske droht, den Schluss nahelegt, dass sie durchaus davon ausgeht, dass das Virus eine relevante Gefährdung der öffentlichen Gesundheit darstellt, dass mit anderen Worten der bekundete Verdacht, zum Narren gehalten zu werden, nicht mit einer praktischen Gewissheit, dass keine gesundheitliche Gefahr besteht, korrespondiert.

Bundesrepublik in eine Diktatur zu verwandeln. Der faktische Gehalt der Behauptungen, mit denen die Einzelnen sich an dieser Ermittlung beteiligen, ist dabei in auffälliger Weise sekundär: Ob Corona existiert, zu infektiös für eine Bekämpfung durch einen Lockdown, eine Grippe, ein harmloser Schnupfen oder, wie an anderer Stelle behauptet, ein Virus aus dem Labor sei, ist nicht der entscheidende Punkt, solange die jeweilige Behauptung von dem abweicht, was allgemein angenommen wird. Das erweist sich nicht zuletzt darin, dass fast nie jemand (zu den wenigen Ausnahmen weiter unten) diese Widersprüche problematisiert oder seine eigenen Tatsachenbehauptungen verteidigt: Selbst wenn man also davon ausgeht, dass die Einzelnen durchaus glauben, was sie in dieser Hinsicht von sich geben, scheint es ihnen für die konkrete kommunikative Praxis nicht wirklich von Belang zu sein. Das Thema der Konversation ist – in dem konkreten Beispiel – nicht das Coronavirus, ja nicht einmal die Maßnahmen zu seiner Bekämpfung, sondern die verborgene Verschwörung, die es dahinter zu entziffern gilt. Was dabei in der Kommunikation wiederum verhandelt wird, ist nicht die Verschwörung selbst (an deren Existenz, bei aller Vagheit im Detail, kein Zweifel zu bestehen scheint), sondern die Identität der an der Kommunikation Beteiligten als »Durchblicker«, die sich von der Gesellschaft der »Schlafschafe« abheben.

Die kommunikative Form der alternativen Fakten ähnelt dabei der in den vergangenen Kapiteln entwickelten unbestimmten Negation: Auch hier geht es nicht darum, ob etwas Bestimmtes der Fall ist (denn sonst müssten die Inkohärenzen zwischen den verschiedenen Tatsachenbehauptungen problematisiert werden), sondern darum, dass etwas Bestimmtes, das als gemeinsamer Bezugspunkt vorausgesetzt werden kann (in diesem Fall: dass Corona ein tödliches Virus ist, das durch gesamtgesellschaftlich verbindliche Maßnahmen des Infektionsschutzes bekämpft werden müsste), nicht der Fall ist. Ihre kommunikative Funktion in der Konversation ist dabei eine doppelte. In der Sachdimension stellen sie eine Art »Füllmasse« dar: eilig herbeigeschaffte Indizien, mit denen man sich an der gemeinsamen »Ermittlung« beteiligen kann.[33] In der Sozialdimension der Konversation dienen sie damit vor allem dazu, sich als besonders radikale:r, schonungslose:r Ermittler:in in Szene zu setzen. Da diese Identität und die der Menge der »Schlafschafe«, die durch die Politik und die »Mainstream-Medien« hinters Licht geführt wurden, Ko-Konstruktionen sind, ist es dabei, aller Selbstinszenierung als unabhängiges und skeptisches Individuum zum Trotz, weniger produktiv, die Verdächtigungen der Mitermittler:innen zu hinterfragen, als sie vielmehr zu überbie-

33 Funktionsäquivalent sind dabei auch Beiträge, die auf der Ebene der Sachbehauptung gar keine alternativen Fakten formulieren, wie z. B. das Betonen durchaus allgemein anerkannter Ungereimtheiten im Infektionsschutz (sowohl der Ausgangspost der AfD als auch die erste Äußerung von Sabrina Sabine lassen sich ja in diesem Sinne lesen), oder anekdotische Beispiele aus dem Alltagserleben. In einem der in der Darstellung ausgelassenen Kommentare berichtet z. B. eine Kommentatorin, ihr Mann müsse jeden Morgen mit seinen Kollegen in einem Van zur Baustelle fahren, dürfe danach aber nicht mit ihnen in die Kneipe. Gerade die Harmlosigkeit dieser Beobachtung scheint sie jedoch in der Eskalationsdynamik dieser Konversationen in eine randständige Rolle zu verbannen.

ten: Man selbst hat die Maske noch nie getragen und weiß nicht nur, dass Corona mit dem Lockdown nicht bekämpft werden kann, sondern sogar, dass es eine Erfindung der Wissenschaftler:innen oder eben nur ein harmloser Schnupfen sei – und kaum jemand gibt sich die Blöße, hinter diese Zuspitzungen zurückzufallen.

Dass kritischer, als solcher explizierter[34] Widerspruch in den Facebook-Konversationen auf den Seiten der AfD so selten zu beobachten ist, erklärt sich nicht zuletzt daraus, was Nutzer:innen realistisch erwarten können, wenn sie einen solchen Widerspruch formulieren: In den von uns interpretierten Konversationen gab es zwei Arten, in denen expliziter Widerspruch kommunikativ prozessiert wurde, und beide standen in Verbindung mit der Form des Widerspruchs: Wo einer Tatsachenbehauptung inhaltlich explizit widersprochen wurde, indem eine anderslautende Behauptung dagegen vorgebracht wurde, folgten darauf nahezu keine inhaltlichen Anschlüsse. Der jeweilige Beitrag wurde in der weiteren Diskussion schlichtweg ignoriert oder durch einen Themenwechsel abmoderiert.

Widerspruch, der sich eher an der Legitimität der Tatsachenbehauptung als Element der Ermittlungsdynamik orientierte, zum Beispiel indem die Qualität einer angeführten Quelle oder ihre Aussagekraft für die Debatte infrage gestellt wurde, erzeugte hingegen durch-

34 Wie bereits erwähnt, widersprechen die Tatsachenbehauptungen sich sehr häufig implizit auf der Sachebene – dabei werden sie allerdings als Zustimmung formuliert, und die Widersprüche haben damit als solche keine Folgen in der Kommunikation, die sie eben als Zustimmung weiterprozessiert.

aus Anschlüsse – allerdings ausgemacht feindliche. Die in Textbeispiel 2 dargestellte Konversation, die sich unter einem Post der AfD fand, in dem eine Zeitungsmeldung zur Bildungspolitik im US-Bundesstaat Oregon aufgegriffen wurde, illustriert diesen Punkt.

Textbeispiel 2: Konversation über Bildungspolitik auf den Facebook-Seiten der AfD[35]

AFD:	Im US-Bundesstaat Oregon soll eine antirassistische Mathematikpraxis eingeführt werden. Als Grund dafür wird genannt, dass der herkömmliche Mathematik-Unterricht eine Kultur der weißen Überlegenheit vermittle. Zukünftig sollen bei Rechenaufgaben verschiedene Lösungen erlaubt werden, um damit den Glauben an vermeintlich neutrale Antworten in der Wissenschaft zu delegitimieren. Hinter dieser Reform steckt der Plan der linken Bildungsabteilung, die schlechten Leistungen von schwarzen und lateinamerikanischen Schülern zu vertuschen. Solche Tendenzen zeichnen sich auch an deutschen Universitäten ab, darum wäre

35 Quelle: Trautmann, Hannah/Nils C. Kumkar, »Alternative Fakten im Gespräch«, a.a.O., S. 31; eigene Darstellung.

vorstellbar, dass wir auch hier schon bald mit solchen Bildungsreformen rechnen müssen.

Jürgen Maier: Auch in Deutschland wird Bildung der Ideologie untergeordnet. Am Beispiel von Fridays for Future konnte man sehen, wie Unterricht gestrichen wird, damit Jugendliche demonstrieren gehen können. Das ist besorgniserregend, weil die Jugend der einzige Rohstoff Deutschlands ist.

Kevin König: Warum gehen Sie davon aus, dass der Vorschlag aus Oregon eine Gefahr für Deutschland darstellt?

[3 Kommentare ausgelassen]

Mark Fait: *Kevin König* auch in Deutschland werden Jugendliche schlecht gebildet und dummgemacht. Aber ist die De-Industrialisierung erst einmal abgeschlossen, braucht es eh keine selbstdenkenden Menschen mehr.

Kevin König: *Mark Fait* Wo ist der Zusammenhang zwischen der Bildungsreform in Oregon und der De-Industrialisierung in Deutschland? Ich denke, als Nächstes müsste man mal eine Quelle zu der Meldung aus den USA finden, um diese überprüfen zu können.

Kurt Bocke: Ich denke, bei der Frage von Kevin König handelt es sich nur um eine Fangfrage.

[1 Kommentar ausgelassen]

Horst Hans: *Kevin König* Das ist kein »Vorschlag«, sondern absoluter Irrsinn.

[1 Kommentar ausgelassen]

Robert Müller: *Kevin König* Und 2×2 ist 10, oder? Wenn es so weitergeht, dann kann in Zukunft niemand mehr rechnen.

[4 Kommentare ausgelassen]

Kevin König: *Horst Hans* Ich schlage vor, die Meldung aus Oregon erst einmal zu überprüfen. Ob man die Reform für Irrsinn hält oder nicht, kann dann jeder selbst entscheiden.

Kevin König: *Robert Müller* Ich habe nur eine Nachfrage gestellt, dafür müssen Sie mich ja nicht gleich beleidigen. Ich wünsche mir eine Diskussion, in der alle etwas draus mitnehmen.

Und außerdem, warum denken Sie, dass ich die Bildungsreform in Oregon gut finde?

[2 Kommentare ausgelassen]

Nina Albert:	*Kevin König* Wer dumme Fragen stellt, kriegt auch dumme Antworten.

Obwohl die (durchaus persistenten) Nachfragen von Kevin König sich erkennbar um einen gemäßigten Ton bemühen, werden sie im Diskurs sehr schnell als Angriff interpretiert, dessen Ziel es sei, die Diskussion entgleiten zu lassen – und dementsprechend sanktioniert, bis Kevin König sich aus dem Diskurs zurückzieht (in dem danach unbeirrt die Frage weiterbearbeitet wird, warum die Regierung ein Interesse habe, die Bevölkerung zu verdummen, was, wenig überraschend, der Errichtung diktatorischer Herrschaft dient).

Wo Fragen nach der Legitimität von Tatsachenbehauptungen (oder ihrem Belegcharakter) gestellt werden, besteht die Antwort der Diskursgemeinschaft darin, die Zugehörigkeit zur Gruppe und damit die Identität der oder des Äußernden zu problematisieren – in der Regel werden sie, wie in dem obigen Beispiel, bezichtigt, nicht an einer Diskussion interessiert zu sein oder eben »dumme Fragen« von sich zu geben. Eine alternative Bearbeitung solcher Äußerungen besteht darin, die/den Äußernde:n offensiv zur konstruktiven Mitarbeit aufzufordern – und die geforderten Belege doch bitte selbst beizubringen. In beiden Fällen besteht der Effekt darin, die Einheit der Ermittlungsgemeinschaft gegen die Kritik durchzusetzen – entweder, indem die/der Kritiker:in entnervt aufgibt, oder, indem sie:er auf den Modus der Diskussion einschwenkt, an dem die anderen interessiert sind. Und in beiden Fällen wird durch den Wechsel auf die Metaebene des Diskurses (Bist du eine:r von uns oder von denen?) der Sachgehalt der Kritik neutralisiert.

Mit anderen Worten: Wer in den Facebook-Konversationen auf der AfD-Seite stattfinden, also Aufmerksamkeit in Form von identitätsbestätigenden kommunikativen Anschlüssen erzielen will, der muss sich an der Ermittlungsgemeinschaft beteiligen, was nicht unbedingt erfordert, selbst alternative Fakten zu artikulieren, aber zumindest ihren Gehalt, so sie von anderen artikuliert werden, nicht zu problematisieren. Wer also die gegenseitige explizite Bezugnahme auf diesen Seiten beobachtet und sich dementsprechend einbringt, der trägt eine Diskursdynamik mit, in der alternative Fakten – im letzten Beispiel über die finsteren Pläne und verborgenen Absichten der Bildungspolitik – sanktionslos geteilt werden können und die, was vielleicht noch wichtiger ist, in ihrer Gesamtgestalt der kommunikativen Form alternativer Fakten als unbestimmter Negation einer als bekannt vorausgesetzten, aber abgelehnten Sicht auf die Dinge entspricht.

Das bedeutet aber auch, dass die kompetente Beteiligung am Diskurs beim Einzelnen sowie dass das Zustandekommen der Diskursdynamik überhaupt beim tonangebenden Gros der Beteiligten ein hinreichend gesichertes Wissen über die Wirklichkeitsannahmen der Mehrheit voraussetzt, gegen die man sich dann in Stellung bringen kann. Paradoxerweise ist also eine Situation hoher Erwartungsunsicherheit gerade kein guter Nährboden für das Zustandekommen einer Ermittlungsdynamik in Bezug auf den fraglichen Umstand. Auch das konnten wir in unserer Untersuchung beobachten: Anfang 2020, vor dem ersten »Lockdown«, als wirklich verbreitete Unsicherheit darüber bestand, wie gefährlich das Coronavirus eigentlich sei und wie sich die Situation in Deutschland entwickeln würde, war auch die artikulierte Haltung der Kommentator:innen in den entsprechenden Facebook-Konversationen auf den Seiten der AfD in Bezug auf die Gefährlichkeit des Virus uneinheitlich – und allgemein nicht stärker von alternativen Fakten geprägt als die allgemeine gesellschaftliche Debatte. Wirklich Fahrt nahmen diese Debatten damals dann auf, wenn sie mit einem Thema verknüpft werden konnten, zu dem eine Fundamentalopposition zwischen AfD und Mehrheitsdiskurs schon als etabliert vorausgesetzt werden konnte: Ironischerweise wurde damals argumentiert, dass die Regierung die Gefährlichkeit des Virus *herunterspiele*, um eine Grenzschließung zu vermeiden und weiterhin an dem sinistren Plan festhalten zu können, möglichst viele Migrant:innen ins Land zu lassen. Die Ermittlungsgemeinschaft konstituierte sich in diesen Konversationen dann nicht durch das Teilen von alternativen Fakten zum Virus, sondern zur Migration – nahm dabei aber die oben bereits beschriebene Form an. Auch hier ging es erkennbar darum, sich als Durchblicker zu inszenieren, indem man Behauptungen aufstellte, die vor allem kumulativ in der Diskussion wirkten, deren gemeinsamer Bezugspunkt darin bestand, dass »uns« von »denen« etwas vorgemacht wird.

Es ist also im Gegensatz zu einer verbreiteten Lesart

des sogenannten Filter-Bubble-Arguments nicht so, dass alternative Fakten besonders dadurch gedeihen, dass sie in abgeschotteten Diskursuniversen artikuliert werden, die kaum in Kontakt mit der Außenwelt kommen. Schon auf der Ebene quantitativer Untersuchungen, die ermitteln, wer wessen Nachrichten und Kommentare liest, sind die Ergebnisse in dieser Hinsicht uneindeutig.[36] Auf der Ebene der qualitativen Interpretation der kommunikativen Formen selbst zeigt sich deutlich, dass die kompetente Artikulation alternativer Fakten im Gegenteil voraussetzt, dass man den – implizit oder explizit mit zu kommentierenden – Mehrheitsdiskurs *kennt*. Auf der inhaltlichen Ebene ist dieser Diskurs zentraler (negativer) Bezugspunkt der Kommunikation und wird damit immer wieder mit aktualisiert. Was in der gegenseitigen Bezugnahme der Kommentierenden validiert wird, ist eben nicht der Sachgehalt der eigenen Behauptungen (wie man mit dem Filter-Bubble-Argument annehmen könnte), sondern vielmehr die Ablehnung eines als bekannt vorausgesetzten Standpunkts der »Schlafschafe«.

36 So zeigen Flaxman et al. in einer quantitativen Studie zum Browsing-Verhalten von 50000 US-Amerikaner:innen, dass zwar die Stärke der Nutzung bestimmter Suchmaschinen und sozialer Netzwerke (wie z. B. Facebook) mit einer stärkeren ideologischen Polarisierung bei den Nutzer:innen korreliert (wenn auch schwächer als gemeinhin angenommen), dass diese Nutzer:innen aber zugleich im Schnitt mehr mit Stellungnahmen und Nachrichten der »Gegenseite« konfrontiert sind; vgl. Flaxman, Seth/Sharad Goel/Justin M. Rao, »Filter bubbles, echo chambers, and online news consumption«, in: *Public Opinion Quarterly* 80/1 (2016), S. 298-320, online verfügbar unter: {https://doi.org/10.1093/poq/nfw006}.

Alle drei bisher betrachteten Artikulationspraxen alternativer Fakten teilen eine gemeinsame kommunikative Form und ein unmittelbares Bezugsproblem. Ihre kommunikative Form ist die unbestimmte Negation. Ihr jeweils kohärenzstiftendes Prinzip ist nicht die eigentliche inhaltliche Behauptung, sondern die Ablehnung einer als gemeinhin geteilt und bekannt vorausgesetzten Tatsachenfeststellung. Wichtig ist, dass die Zuschauer:innenzahl bei der Amtseinführungsfeier Donald Trumps *nicht* klein war und dass dieser Umstand nicht als Zeichen mangelnder Unterstützung seiner Präsidentschaft durch die Bevölkerung gelesen werden kann – egal ob das daraus folgt, dass die Menge in Wirklichkeit groß war, größer war als allgemein angenommen, oder ob es legitime Gründe dafür gab, dass sie so klein war, wie sie war. Wichtig ist, dass der menschengemachte Klimawandel *kein* akutes politisches Handlungsproblem darstellt, wobei zweitrangig ist, ob der Grund dafür darin zu suchen ist, dass er nicht stattfindet (oder nicht gemessen werden kann), dass er keine problematischen Folgen hat oder dass er nicht menschengemacht ist. Wichtig ist, dass die Maßnahmen zur Pandemiebekämpfung völlig *inadäquat* und deshalb Zeichen für einen sinistren Plan der Regierung sind, wobei zweitrangig ist, ob das Virus ansteckender als behauptet, weniger gefährlich als angenommen oder gar nicht existent ist.

Eine unmittelbare kommunikative Funktion auf der Ebene der inhaltlichen Auseinandersetzung ist dabei die Neutralisierung der Tatsachenbehauptung, auf die Bezug genommen wird. Es wird eigentlich keine eigene Tatsachenbehauptung aufgestellt, für deren Gehalt die Verantwortung übernommen würde (in der Kommunikation werden die Behauptungen bei Widerspruch relativiert und ausgetauscht, die argumentative Last wird oft zwischen inhaltlich unvereinbaren Behauptungen hin- und hergeschoben). Explizit wird dabei der Umstand problematisiert, dass die Gegner:innen mit ihrem Beharren auf ihren Tatsachenbehauptungen eine politische Entscheidung träfen, da sie die Unsicherheit, die man selbst mit seiner Kommunikationspraxis verstärkt hat, willkürlich beschränken würden. Was damit mittelbar verhindert wird, ist, dass an eigentlich bekannte Tatsachenfeststellungen entscheidend angeschlossen wird: Immer wieder blitzt im Diskurs die Möglichkeit auf, die jeweilige Tatsachenfeststellung auch einfach zu akzeptieren, solange sie zugleich anderweitig als Handlungsproblem entproblematisiert werden kann.

Um politisch wirklich in diesem Sinne wirken zu können, um also politische Entscheidungen zu unterbinden (oder ihre Vermeidung zu ermöglichen, je nach Blickwinkel), müssen alternative Fakten, wie in den letzten Kapiteln schon angedeutet, in die massenmediale Realitätskonstruktion hineinwirken – wie genau das in diesem Fall passieren konnte, wird Gegenstand des nächsten Kapitels sein. Hier soll zunächst ein erster Blick auf einen Problemkomplex geworfen werden, den ich in der Einleitung bereits angerissen habe und der besonders in diesem Kapitel ins Auge gestochen haben dürfte: die Beziehung zwischen alternativen Fakten und Verschwörungstheorien.

Wie in der Einleitung schon ausgeführt, hängt das Verständnis des Verhältnisses dieser beiden Wissensformen nicht zuletzt an ihrer definitorischen Abgrenzung, die nun, nach den Untersuchungen zu verschiedenen alternativen Fakten, präzisiert werden kann: Alternative Fakten sind eine kommunikative Form, deren Funktion in der Problematisierung einer Tatsachenfeststellung besteht, die folglich nicht als Grundlage einer Entscheidung vorausgesetzt werden kann. Sie sind also, mit etwas Willen zum Wortungetüm, Praxen der partiellen kommunikativen Realitätsdestruktion[37] – partiell in dem Sinne, dass sie, auch wenn sie kumulativ wirken und in ihren Begründungen weit ausgreifen, immer auf eine bestimmte Tatsachenwahrheit bezogen bleiben, die sie verneinen. Verschwörungstheorien hingegen haben die Funktion der intentionalistischen Zurechnung *»der Konstruktion von Wirklichkeit«*:[38] Sie erklären, warum, wenn doch »nichts ist, wie es scheint«,[39] es auf den ersten Blick eben doch so scheint. Weil es nämlich eine Gruppe gibt, die im Verborgenen auf ihre bösartigen Ziele

37 Das sollte nicht mit Dekonstruktion verwechselt werden, die ein (in den untersuchten Auseinandersetzungen allerdings empirisch nicht angetroffenes) funktionales Äquivalent wäre – nämlich ein Nachvollzug der Realitätskonstruktion, der deren Kontingenz offenlegen würde. Die von mir betrachteten Fälle werden diesem Anspruch durch die Bank nicht gerecht, weil sie auch für die Behauptungen über die Parteilichkeit der Gegenseite keine Verantwortung im Sinne einer Tatsachenbehauptung übernehmen. Sie problematisieren ihren Gegenstand schlicht durch Noise.

38 Boltanski, Luc, *Rätsel und Komplotte. Kriminalliteratur, Paranoia, moderne Gesellschaft*, Berlin: Suhrkamp 2013, S. 301 (H.i. O).

39 Butter, *»Nichts ist, wie es scheint«*, a.a.O.

hinarbeitet[40] und die Öffentlichkeit zu diesem Behufe darüber täuscht, wie die Dinge wirklich liegen. Zugespitzt: Die primäre Funktion der Verschwörungstheorie ist also in der Kommunikation nicht, wie oft angenommen, die Erklärung von Ereignissen, sondern die Erklärung, warum die Ereignisse selbst etwas anderes sind, als sie zu sein scheinen. Es geht weniger um die Leugnung von Tatsachenwahrheiten als vielmehr darum, sie durch spekulative Kommunikation[41] in Zeichen zu verwandeln, die für etwas anderes stehen.

Es liegt auf der Hand, dass diese beiden kommunikativen Formen – Verschwörungstheorien und alternative Fakten – sich gegenseitig stabilisieren können. Auch und gerade weil alternative Fakten ja ihre Wirkung vor allem vorgängigen Konfliktstrukturen verdanken (in unseren Fällen: zwischen dem gewählten US-Präsidenten und einem Großteil der Massenmedien, zwischen den Interessen vor allem der Erdölindustrie und der Klimaschutzbewegung, zwischen den Vertreter:innen der rechten Fundamentalopposition und denjenigen, die ein entschlossenes Regierungshandeln zur Pandemiebekämpfung forderten), liegt der Schluss nahe, den Konflikt über kommunikationsrelevante Realitätsausschnitte mit einer intentionalistischen Zurechnung auf die Gegenseite zu verbinden. Empirisch zeigt sich allerdings

40 So die sehr brauchbare Minimaldefinition von Barkun, Michael, *A Culture of Conspiracy. Apocalyptic Visions in Contemporary America*, Berkeley/Los Angeles: University of California Press 2013, S. 3.

41 Vgl. Kuhn, »Spekulative Kommunikation und ihre Stigmatisierung – am Beispiel der Verschwörungstheorien«, a.a.O.

schon bei den hier angeführten Beispielen, dass diese potenzielle wechselseitige Stabilisierung nicht in jedem Fall zustande kommen muss und im öffentlichen Diskurs eine mal schwächere und mal stärkere »Schlagseite« haben kann.[42] Der hier präsentierte, sehr enge Ausschnitt aus dem empirischen Material erlaubt dabei selbstverständlich keine Einschätzungen zur allgemeinen »Korrelation« zwischen verschwörungstheoretischen Vermutungen und alternativen Fakten – aber er kann durchaus theoretisch plausibel machen, welche primären Wirkrichtungen sich in den konkret betrachteten Fällen ausmachen lassen.

Verschwörungstheorien als Stützen alternativer Fakten

Die beiden Fälle aus dem ersten Kapitel – also der alternative Fakt zur Zuschauer:innenmenge bei Trumps Amtseinführung, aber auch die sogenannte Birther-Theorie – zeichnen sich durch ein klar umgrenztes empirisches Problem aus, das im eigentlichen Zentrum der Kommunikation steht: Die Unterstützung für Trump habe sich an der Zuschauer:innenmenge nicht als klein erwiesen und Barack Obama sei kein legitimer US-Prä-

42 Empirisch wird sich sicherlich zu jedem alternativen Fakt eine Verschwörungstheorie finden (wie auch zu jedem Fakt; Superverschwörungstheorien wie QAnon sind in ihrer kreativen Integrationsfähigkeit nahezu unerschöpflich), aber in vielen Fällen hat das, über das sehr begrenzte Diskursuniversum der spezifischen Verschwörungstheoriekommunikation hinaus, kaum Auswirkungen.

sident, da er im Ausland geboren sei. Die offensichtliche (im Sinne von mit artikulierte) Abwegigkeit dieser Behauptungen wird zwar von verschwörungstheoretischen Hilfsannahmen über die Massenmedien abgefedert, diese stehen jedoch nicht eigentlich im Zentrum der Kommunikation und verschwimmen außerdem mit (zumindest im ersten Fall) nicht gänzlich unplausiblen, eher ideologiekritischen Annahmen über die Parteilichkeit der massenmedialen Berichterstattung.

Die Verbindung ist also lose und hat vor allem eine klare Richtung: Die verschwörungstheoretische Kommunikation stützt die alternativen Fakten, indem sie sie ein Stück weit gegen Kritik abschirmt. Der umgekehrte Fall – also dass etwa verschwörungstheoretische Behauptungen über die Massenmedien (die Donald Trump ja immer wieder vorgebracht hatte) durch den Verweis auf diese beiden alternativen Fakten plausibilisiert worden wären (im Sinne von: Dass die Massenmedien Agenten des *deep state* sind, sieht man auch daran, dass sie über die Teilnehmer:innenzahl bei der Amtseinführung gelogen haben) – ist mir bei meinen Recherchen demgegenüber nicht aufgefallen.

Alternative Fakten stützen primär Verschwörungstheorien

Bei den in diesem Kapitel interpretierten Konversationen zur Coronapandemie in den sozialen Medien verhält es sich umgekehrt: Hier ist offensichtlich der eigentlich interessierende Gegenstand die Verschwörung selbst. Die Kommunikation dreht sich zwar thematisch um die Gefährlichkeit des Virus, die häufig in Abrede gestellt wird, aber die Kohärenz der Diskussionen entsteht erst über die geteilte Auffassung, die Maßnahmen zur Bekämpfung der Pandemie seien inadäquat und deshalb ein untrügliches Zeichen für einen finsteren Plan der Regierung. Das Virus selbst ist als Gegenstand dieser Konversationen austauschbar (und es dauerte ja auch eine Weile, bis es in einer schon ritualisierten Diskursdynamik in diesem Sinne thematisiert wurde). Migrationspolitik, Medienpolitik – fast alle Themenkomplexe können auf den Facebook-Seiten der AfD ebendiese Funktion annehmen. Hier ist die Kopplung sehr fest (wir konnten in unserem Projekt keine Konversation finden, in der die Leugnung der Gefährlichkeit des Virus nicht mit verschwörungstheoretischen Behauptungen verbunden gewesen wäre), aber umgekehrt: Die alternativen Fakten stützen die Verschwörungstheorie.

Alternative Fakten und Verschwörungstheorien stützen sich gegenseitig

Die alternativen Fakten zum menschengemachten Klimawandel stellen in dieser Hinsicht eine Art Hybrid dar: Einerseits haben sie ein klar begrenztes Bezugsproblem in Form einer zu bestreitenden Tatsachenwahrheit: dass der menschengemachte Klimawandel stattfindet und akuter politischer Handlungsbedarf besteht. Die Auseinandersetzung über diesen Punkt ist allerdings ein im Vergleich sehr zeitstabiles Phänomen. Während kaum jemand sich heute, sechs Jahre später, noch ernsthaft für die Zuschauer:innenzahlen bei Trumps Amtseinführung interessieren dürfte und der Schluss naheliegt, dass auch das Interesse an der vormaligen Gefährlichkeit des Coronavirus zusammen mit dessen jeweils aktueller Gefährlichkeit zurückgehen beziehungsweise in Spezialist:innendiskurse abwandern dürfte, beschäftigt die Validität der Beobachtung eines bedrohlichen menschengemachten Klimawandels die Debatte nun schon seit mehreren Dekaden. In dem Maße, in dem die auch öffentlich artikulierte und validierte Evidenz des Klimawandels den Status eines Standardwissens annahm und behaupten konnte, wuchs somit der Druck auf die Skeptiker:innen, ihre Abweichung von der Standardmeinung als solche zu rechtfertigen: Dass es sich beim Klimawandel um eine Erfindung Chinas handele, um die Wettbewerbsfähigkeit der US-Industrie zu schmälern, wie Trump in einem Twitter-Post von 2012 behauptet hatte,[43] ist ein besonders augenfälliges Beispiel dafür, wie der alternative Fakt der Klimawandelleugnung mit verschwörungstheoretischen Erzählungen verbunden werden kann, aber selbst in den sich wissenschaftlich gerierenden Berichten des NIPCC finden sich immer wieder Verweise auf verschwörungstheoretische Hilfsannahmen, die schon in der Erläuterung der eigenen Unabhängigkeit gegenüber Regierungsinteressen auf-

43 Vgl. Wong, Edward, »Trump has called climate change a Chinese hoax. Beijing says it is anything but«, in: *New York Times* (18. November 2016), online verfügbar unter: {https://www.nytimes.com/2016/11/19/world/asia/china-trump-climate-change.html}.

scheinen, die die Autoren gegenüber dem IPCC herausstellen. Ihre radikalisierte Form nimmt diese Verschwörungstheorie in der, besonders in den USA populären, souveränistisch-nationalistischen Angsterzählung an, nach der die Entwicklungsziele der Agenda21 (dem 1992 in Rio de Janeiro beschlossenen Aktionsprogramm der Konferenz für Umwelt und Entwicklung der Vereinten Nationen[44]) – und dabei insbesondere die Maßnahmen zur Bekämpfung des Klimawandels – in Wirklichkeit ein Vehikel zur Errichtung eines sozialistischen Weltstaates seien.[45] So offensichtlich abwegig solche Theorien wirken mögen, sie bilden ein ziemlich wahrscheinliches Komplement zu Wissensansprüchen, die sich frontal gegen die auf supranationaler Ebene fest institutionalisierte Autorität der Klimwandelexpertise richten.

Alternativer Fakt und Verschwörungstheorie stützen sich also im Fall der Kommunikation über den Klimawandel wirklich gegenseitig: Zahlreiche rechtsextreme Großverschwörungserzählungen von QAnon über die erwähnten Agenda21- oder Chemtrail-Theorien inte-

44 Das Programm ist online verfügbar unter: {https://www.bmuv.de/fileadmin/Daten_BMU/Download_PDF/Nachhaltige_Entwicklung/agenda21.pdf}.

45 Vgl. Kaufman, Leslie/Kate Zernike, »Activists fight green projects, seeing U.N. plot«, in: *New York Times* (3. Februar 2012), online verfügbar unter: {http://www.nytimes.com/2012/02/04/us/activists-fight-green-projects-seeing-un-plot.html}. In Deutschland hat vor allem das rechtsextremistische *Compact*-Magazin, in dem auch die deutsche Klimawandelleugner:innenszene ausführlich zu Wort kommt, diese Argumentationsfigur des »Uno-Kommunismus« aufgegriffen, vgl. z. B. *Compact* 1/2020.

grieren die Annahme, dass hinter dem wissenschaftlichen Konsens über den Klimawandel eine Verschwörung stecke, während umgekehrt die Kommunikation alternativer Fakten zum Klimawandel in zahlreichen Fällen eindeutig mit Verweisen auf Verschwörungswissen einhergeht. Notwendig ist die Verbindung allerdings bis heute nicht: Stefan Aust konnte noch 2019 in dem bereits angeführten Kommentar in der von ihm herausgegebenen *Welt* den menschengemachten Klimawandel mit unbeirrtem Überlegenheitsgestus leugnen und den verbreiteten gegenteiligen Eindruck vor allem auf die Anfälligkeit der Deutschen für »humanitäre Schaunummern« zurückführen – selbst wenn auch er sich verschwörungstheoretischen Raunens etwa über die Gründe für den medialen Erfolg der Figur Greta Thunberg nicht gänzlich enthalten kann.[46]

Aus der Blickrichtung, aus der dieses Buch alternative Fakten und Verschwörungstheorien betrachtet, lässt sich das gegenseitige Stützverhältnis wie folgt zusammenfassen: Wenn die kommunikative Funktion alternativer Fakten darin besteht, Entscheidungsdruck zu vermindern, indem der Stein des Anstoßes in einem skeptischen Grundrauschen verborgen wird, dann impliziert das zweierlei: erstens, dass die Anerkennung der Tatsachenbehauptung, die als Stein des Anstoßes wirkt, eine Entscheidungszumutung darstellt. Nur deswegen ist die Information ja ein Stein des Anstoßes. Das ist alles andere als trivial, geht doch die verbreitete Auffassung der wissenschaftlichen Perspektive dahin,

46 Aust, »Klimawandel«, a. a. O.

dass man aus einem Sein kein Sollen ableiten dürfe. Aus der Anerkennung einer Tatsachenbehauptung dürfte in diesem Sinne doch keine Aufforderung zur Entscheidung folgen? Man muss allerdings gar nicht in die Tiefen des Werturteils- oder des Positivismusstreits hinabsteigen,[47] um festzustellen, dass das pragmatisch so einfach in der Regel nicht ist, vor allem sobald die anerkannte Tatsachenbehauptung eine »starke Wertung«[48] unserer geteilten moralischen Weltauffassung betrifft (zum Beispiel weil die Unversehrtheit menschlichen Lebens auf dem Spiel steht). Natürlich folgt aus der auch für Dritte beobachtbaren Erkenntnis, dass hinter Ihnen ein aggressiver Bär steht oder dass ein tödliches Virus sich in der Bevölkerung verbreitet, nicht, wie ich mich

47 Vgl. Adorno, Theodor W. (Hg.), *Der Positivismusstreit in der deutschen Soziologie*, Darmstadt: Luchterhand 1987 [1969]; kritisch zum Konzept der Werturteilsfreiheit äußert sich aus anderer Warte, aber im Ergebnis durchaus vergleichbar: Luhmann, Niklas »Die Praxis der Theorie«, in: *Soziologische Aufklärung. Aufsätze zur Theorie sozialer Systeme*, Bd. 1, Opladen: Westdeutscher Verlag 1974.

48 Mit dem Konzept der »starken Wertung« bezeichnet der kanadische Philosoph Charles Taylor diejenigen Wertungen, die sich unvermeidlich mit der moralischen (Selbst-)Bewertung des Wählenden verbinden. Als besonders durchschlagend hebt er dabei diejenigen Einstellungen hervor, die sich auf die »Achtung vor dem Leben, der Integrität und dem Wohlergehen« anderer Menschen beziehen und die, wenn auch kulturell durchaus unterschiedlich spezifiziert, doch im Prinzip universal geteilt zu werden scheinen; vgl. Taylor, Charles, »What is human agency?«, in: *Human Agency and Language*, Cambridge/London: Cambridge University Press 1985, S. 15-44; ders., *Quellen des Selbst. Die Entstehung der neuzeitlichen Identität*, Frankfurt am Main: Suhrkamp 1994, S. 17f.

zu dieser Situation zu verhalten habe. Chancenabwägungen und normative Handlungspräferenzen können dabei immer noch zu unendlich vielen Entscheidungsmöglichkeiten führen. Aber diese Unendlichkeit ist anders zusammengesetzt als die Unendlichkeit meiner Handlungsmöglichkeiten vor der Anerkennung der Tatsachenwahrheit. Zumindest eine Möglichkeit ist ausgeschlossen: Ich kann mich nicht *nicht* zu der durch die Erkenntnis (dass dort ein Bär steht oder sich ein tödliches Virus verbreitet) veränderten Situation verhalten, weil man mir dieses Nicht-Verhalten als Entscheidung zurechnen würde, weil es mithin zu einer Form des Sich-dazu-Verhaltens würde. Wenn ich mich also nicht verhalten will (oder kann, aber nicht will, dass das beobachtet wird), dann muss ich mich irgendwie darum drücken, die Information als solche *anzuerkennen*. Ich muss die Erkenntnis also verweigern.

Das bedeutet: Alternative Fakten sind besonders dann wahrscheinlich, wenn ein Umstand, aus dem eine Entscheidungszumutung hervorgeht, die mich oder sogar den gesamten Kommunikationszusammenhang überfordert, hinreichend bekannt und sicher ist, so dass er sich nicht einfach ignorieren oder mit dem Verweis auf seine Unsicherheit auf Distanz halten lässt. Das war ja unter anderem die Pointe des historischen Abschnitts der Fallstudie zum Klimawandel, aber auch dieses Kapitels: Solange reale, vor allem wissenschaftliche Unsicherheit über den Klimawandel oder die Gefährlichkeit des Coronavirus besteht, sind alternative Fakten im eigentlichen Sinne überflüssig. Erst wenn sich nicht mehr ignorieren lässt, dass Klarheit besteht, muss man diese

Klarheit leugnen, wenn man sie »nicht wahrhaben« (im Sinne von nicht wirken lassen) will.

Alternative Fakten sind deshalb zweitens in ihrem Auftreten immer schon an Konflikte gekoppelt: Es ist gerade die erwartbare Auseinandersetzung um mögliche Entscheidungen im Anschluss an eine zur Kenntnis genommene Tatsachenfeststellung, die die Leugnung dieser Feststellung interessant macht. Weil die Information Entscheidungen zu erfordern scheint, die mich (oder alle) zu überfordern drohen, darf sie nicht validiert werden.

Allerdings, und dabei kommt nun die Verbindung mit Verschwörungstheorien ins Spiel, darf man nicht den Fehler machen, die Leugnung immer als eine aus einer Position der Schwäche heraus entwickelte Abwehrstrategie zu betrachten, also idealistisch davon auszugehen, dass der Umstand, dass aus einer Information eine normativ eindeutige Tendenz in Richtung bestimmter Entscheidungsmöglichkeiten zu folgen scheint, auch bedeutet, dass man sich dieser Entscheidungszumutung in dieser Richtung beugen muss. Es ist eine der Tücken einer funktional differenzierten Gesellschaft, dass sie aus autonomen Teilsystemen mit je eigenen Spielregeln besteht. Und das heißt: Die Wissenschaft produziert zwar, allen Unkenrufen zum Trotz, ihre eigene Wahrheit. Und diese Wahrheit scheint, darauf deuten die bisherigen Ergebnisse der Betrachtung alternativer Fakten ja hin, gesellschaftlich auch breit angenommen und als autoritative Entscheidungsgrundlage akzeptiert zu werden. Die Politik prozessiert diese Entscheidungsgrundlagen aber bereits nach ihrem eigenen Code. In einer funktional differenzierten kapitalistischen Gesellschaft hat dabei das Wirtschaftssystem überdies eine herausgehobene Position »im Gefüge der allseitigen Leistungsinterdependenzen«,[49] weswegen zu erwarten ist, dass diese Entscheidungen nicht nur gemäß der eigenen Logik des politischen Systems, sondern überdies mit ständigem Seitenblick auf die Irritationen aus dem Wirtschaftssystem getroffen werden. Dass also eine wissenschaftliche Wahrheit gesellschaftlich auch als Entscheidungszumutung bekannt ist, bedeutet überhaupt nicht notwendigerweise, dass das Beharren auf dieser Gewissheit mit einer Position der Debattenmacht einhergeht, also darauf zählen kann, dass im politischen System auch kollektiv bindende Entscheidungen im Sinne dieser Gewissheit zustande kommen – das nächste Kapitel wird diesen Punkt in Bezug auf die Pandemiepolitik exemplarisch zu verdeutlichen suchen. Es ist das ewige Leid vor allem kritischer Wissenschaftler:innen, dass das Beharren darauf, dass doch alle wüssten, was zu tun sei, mitnichten dazu führt, dass das auch geschieht (und es ist ein tief im Berufsethos verwurzelter Denkfehler, das immer wieder darauf zurückzuführen, dass es dann wohl doch noch nicht alle verstanden hätten).[50]

49 Schimank, Uwe, »Die Moderne. Eine funktional differenzierte kapitalistische Gesellschaft«, in: *Berliner Journal für Soziologie* 19/3 (2009), S. 327-351, S. 331, online verfügbar unter: {https://doi.org/10.1007/s11609-009-0101-4}.

50 Das ist gewissermaßen die kritische Sonderform des allgemeineren »scholastischen Irrtums«, den Bourdieu insbesondere in seinem Spätwerk ausgiebig und überzeugend kritisiert hat und der vor allem darin besteht, einerseits zu übersehen, wie sehr das vermeint-

Verschwörungstheorien, so meine These, sind immer dann wahrscheinliche Hilfskonstruktionen für die Plausibilisierung alternativer Fakten, wenn diese im jeweiligen Kontext aus einer Position der Unterlegenheit formuliert werden: Wer wirklich gegen den wissenschaftlichen Konsens zum Klimawandel als solchen anargumentieren will, der kommt nicht umhin, Hilfskonstruktionen für sein Zustandekommen zu bemühen – weil der Konsens der Wissenschaft in der Wissenschaft Autorität hat (Reviewer:innen werden entsprechende Journal-Artikel ablehnen, und auch die Politik wird sich, weil sie en gros ein Interesse an der sachlichen Angemessenheit der von ihr beauftragten Expertisen hat, hüten, als Wissenschaft zu fördern, was offensichtlich kein sachadäquates Wissen produziert). Wer aber, wie Aust in dem erwähnten Kommentar zum Klimawandel 2019, in die massenmediale Debatte über eine politische Gemengelage interveniert, in der ohnehin kaum davon auszugehen ist, dass die Anerkennung des Klimawandels Entscheidungen grundlegend und vor allem kurz-

lich voraussetzungslose Theoretisieren der Theoretiker:innen selbst eine habitualisierte Praxis ist, und andererseits zu vergessen, dass die Möglichkeitsbedingung dieser Einstellung gerade ist, vom unmittelbaren, immer situierten Entscheidungsdruck der Praxis, *über* die theoretisiert wird, entbunden zu sein, weswegen sie als Anleitung *für* diese Praxis immer nur sehr eingeschränkt zu gebrauchen ist; vgl. Bourdieu, Pierre, *Meditationen. Zur Kritik der scholastischen Vernunft*, Frankfurt am Main: Suhrkamp 2001. Vgl. zum zweiten Punkt auch: Oevermann, Ulrich, »Eine exemplarische Fallrekonstruktion zum Typus versozialwissenschaftlichter Identitätsformation«, in: *Vom Ende des Individuums zu Individualität ohne Ende*, herausgegeben von Hanns-Georg Brose und Bruno Hildenbrand, Opladen: Leske & Budrich 1988, S. 243-286.

fristig durchgreifend beeinflusst (wir erinnern uns: Ein halbes Jahr vor seinem Artikel hatte, maßgeblich auf Betreiben der Regierung von Nordrhein-Westfalen, die Polizei den Hambacher Forst geräumt, und der zuständige Ministerpräsident hatte wenige Tage vor Erscheinen des Artikels noch sein Unverständnis darüber bekundet, dass »[a]us irgendeinem Grund [...] das Klimathema plötzlich ein weltweites Thema geworden« sei,[51] was ihn in den Augen seiner Partei zumindest nicht als Kanzlerkandidat für die folgende Bundestagswahl disqualifizierte.), dann wird der alternative Fakt aus einer relativen Position der Stärke formuliert: Ironisierend spießt er das Unbehagen über die Diskrepanz von Wissen und Handeln auf und schließt daraus auf die Inadäquatheit des Wissens.

Ähnlich im Falle der Zuschauer:innenmenge: Es handelt sich um ein kurzfristiges Problem (jeder könnte wissen, dass nach einigen Wochen niemand mehr nach diesen Zahlen fragen wird), und das Weiße Haus spricht aus einer Position der relativen Stärke (man hat gerade die Wahl gewonnen und nicht zuletzt damit die politischen Gegner:innen und einen Großteil der Massenmedien als wichtigste Kontrahenten in der Auseinandersetzung um die Zuschauer:innenzahl blamiert). Es reicht also, vorübergehend »das Rauschen aufzudrehen«. Bei den alternativen Fakten zum Coronavirus, die im Zentrum dieses Kapitels standen, ist es schließlich wiederum so, dass sie ja vor allem als legitimierende Hintergrundkonstruktion für eine politische Fundamentalop-

51 Strobl, Richard et al., »›Anne Will‹ zur Europawahl«, a. a. O.

position fungieren – bei der die Position der relativen Unterlegenheit selbst identitätskonstituierend wirkt. Wenn man es nicht mit einem übermächtigen Gegner zu tun hätte, würde die gesamte Kommunikation untereinander den gemeinsamen thematischen Bezug verlieren.

In der massenmedialen Verständigung über alternative Fakten hat, wie im nächsten Kapitel deutlicher werden wird, die Zuordnung verschwörungstheoretischen Wissens ambivalente Effekte. Auf der einen Seite ist verschwörungstheoretische Kommunikation gesellschaftlich stigmatisiert – wer als Verschwörungstheoretiker:in wahrgenommen wird, wird als Teilnehmer:in aus der Debatte weitgehend ausgeschlossen. Allerdings haben die vorangegangenen Fallstudien schon verdeutlicht, dass alternative Fakten in der Kommunikation durchaus auch Folgen zeitigen können, wenn die vermeintlichen Träger der Behauptung in der Kommunikation als Sprecher:innen gar nicht selbst auftreten: Bei der Birther-Theorie zum Beispiel war es ja viel wichtiger, dass »den Leuten« zugeschrieben wurde, sie glaubten, Obama sei nicht in den USA geboren – und Analoges lässt sich auch in den Debatten um »Impfskepsis« und »Coronaleugnung« konstatieren. In diesem Sinne muss auch die Stigmatisierung verschwörungstheoretischer Behauptungen ihrer Debattenwirkung nicht entgegenstehen: Unter Umständen ist es gerade die stigmatisierende Pathologisierung dieser Form der Kommunikation, die dazu beiträgt zu validieren, dass »die das wirklich glauben«: Dass alle Infektionsschutzmaßnahmen vergeblich sind, weil das Coronavirus gar nicht ist, was Expert:innen rund um die Welt behaupten, das ist, prima facie, eine ziemlich unwahrscheinliche Meinung. Aber dass Verschwörungstheoretiker:innen so etwas glauben, erscheint schon sehr viel wahrscheinlicher.[52] Und das heißt: Gerade dass Verschwörungstheoretiker:innen als irrational von der Debatte ausgeschlossen werden, prädestiniert sie dazu, in der Debatte die Rolle der Träger der »Illusionen der anderen« zugeschrieben zu bekommen, um eine schöne Formulierung von Robert Pfaller zu überneh-

52 Auch hier sollte hervorgehoben werden, dass ich mit diesem Hinweis selbstverständlich nicht den breiten und soliden psychologischen Forschungsstand zu verschwörungstheoretischer Mentalität infrage stellen will; vgl. Bruder, Martin et al., »Measuring individual differences in generic beliefs in conspiracy theories across cultures: The Conspiracy Mentality Questionnaire (CMQ)«, in: *Frontiers in Psychology* 4/225 (2013), S. 2-15, online verfügbar unter {https://doi.org/10.3389/fpsyg.2013.00225}; Imhoff, Roland et al., »Verschwörungsmentalität als Weltbild«, in: *Rechtsextremismus der Mitte. Eine sozialpsychologische Gegenwartsdiagnose*, herausgegeben von Oliver Decker, Johannes Kiess und Elmar Brähler, Gießen: Psychosozial Verlag 2013, S. 146-160; Moscovici, Serge, »The conspiracy mentality«, in: *Changing Conceptions of Conspiracy*, herausgegeben von Carl F. Graumann und Serge Moscovici, New York: Springer 1987, S. 151-169, online verfügbar unter: {https://doi.org/10.1007/978-1-4612-4618-3_9}.
Worum es geht, wie im nächsten Kapitel noch deutlicher werden wird, ist vielmehr, dass die kommunikative Plausibilisierung, dass eine große Zahl von Menschen bestimmte alternative Fakten glaubt, für die Wirksamkeit dieser alternativen Fakten in der gesellschaftlichen Debatte zentral ist – und dass für diese Plausibilisierung die Assoziation mit Verschwörungstheorien eine zweischneidige Wirkung hat, weil sie einerseits die Position, von der aus die alternativen Fakten behauptet werden, von der Debatte ausschließt, sie andererseits aber die entsprechenden Äußerungen als Überzeugungen wahrscheinlicher scheinen lässt.

men.[53] Ihnen wird zugetraut zu glauben, was kein »vernünftiger« Mensch glauben will, was aber jemand plausiblerweise glauben muss, damit die Kommunikation als Kommunikation über Entscheidungsgrundlagen (und nicht über Entscheidungen) weitergehen kann.

53 Pfaller, Robert, *Die Illusionen der anderen. Über das Lustprinzip in der Kultur*, Frankfurt am Main: Suhrkamp 2002.

4. Querdenker, quergelesen: Alternative Fakten in den Massenmedien

Berichte erstehen als Gestalten,
Gestalten verenden als Leitartikel.
Karl Kraus, Die letzten Tage der Menschheit *(1919)*

Ohne Massenmedien keine alternativen Fakten. Diese Feststellung mag in ihrer Absolutheit herausfordernd wirken, sollte aber nach den vergangenen Kapiteln sowohl empirisch als auch theoretisch plausibel sein. Empirisch, weil die Massenmedien in der Tat in allen betrachteten Fällen eine zentrale Rolle spielten: In Sean Spicers Pressebriefing waren die Massenmedien Gegenstand der Kritik, aber zugleich der entscheidende kommunikative Kontext (es handelte sich eben um eine Pressekonferenz) und der Ort der Auseinandersetzung um die Behauptung (Kellyanne Conway gab das Interview, in dem der Begriff geprägt wurde, im Fernsehen). Bei der Leugnung des menschengemachten Klimawandels ging es zwar vorgeblich zunächst um die Beobachtung der Wissenschaft durch Politik und Publikum, aber auch in diesem Fall stellten sich als entscheidender Beobachtungskontext eben vordringlich die Massenmedien heraus – denn nur hier konnte die Leugnung, die innerwissenschaftlich weitgehend diskreditiert war, den Eindruck erwecken, einen sinnvollen wissenschaftlichen Dissens abzubilden, und nur hier konnte sich ein dadurch irritiertes Publikum Gehör verschaffen. Und auch bei der

Auseinandersetzung um die Coronapandemie in den sozialen Medien waren die Massenmedien Gegenstand der Kritik und zugleich der zentrale Ort, an dem die alternativen Fakten über die Coronapandemie überhaupt als solche registriert wurden.

Theoretisch ist diese Diagnose ebenfalls schlüssig: Politischer Konflikt ist zwar eine notwendige Bedingung für die Wirkung alternativer Fakten, deren zentrale Funktion ja gerade darin besteht, Entscheidungszumutungen abzuwehren – und das System, dessen Funktion die Herbeiführung verbindlicher Entscheidungen ist, ist nun mal die Politik. Doch dass diese Funktion gerade durch alternative Fakten erfüllt wird (und nicht, wie es ja funktionsäquivalent durchaus vorkommt, durch das auf den ersten Blick simplere Ignorieren unliebsamer Informationen), das hat mit der Funktionsweise der Massenmedien zu tun. Denn nur, weil es eine gesellschaftliche Wirklichkeitskonstruktion gibt, die die an der Kommunikation Beteiligten nötigt, unter der Annahme zu operieren, die anderen Beteiligten wüssten, dass man selber weiß, was der Fall ist, müssen Wege gefunden werden, unliebsame Informationen zur Kenntnis zu nehmen, ohne sie zu validieren. Und nur dort, wo gesellschaftliche Wirklichkeitskonstruktion verschiedene Perspektiven synchronisierend aufeinander bezieht, werden alternative Fakten überhaupt als solche sichtbar. Ein einfaches Gedankenexperiment zu Sean Spicers Pressebriefing mag diese Überlegung greifbarer machen: Hätte die Presse nicht über die Amtseinführungsfeier berichtet, könnte also nicht vorausgesetzt werden, dass das Publikum weiß, dass das Weiße Haus weiß, dass die

Amtseinführungsfeier eher klein war, hätte es schlicht keine Notwendigkeit gegeben, diesen Umstand zu leugnen: Man hätte ihn einfach ignorieren können, oder man hätte in den entsprechenden Interaktionen das Gegenteil behauptet. Da der Umstand aber nun mal in der Welt (also in den Massenmedien) war, musste man ihm dort entgegentreten – und nur weil in den Massenmedien nun zwei Behauptungen gegeneinanderstanden, von denen die zweite sich explizit auf die erste bezog, wurde dieses Entgegentreten überhaupt als alternativer Fakt registriert.

Würden die viel beschworenen Echokammern wirklich funktionieren, wie verschiedentlich suggeriert, nämlich indem sie die gegenseitige Beobachtung verschiedener Milieus und politischer Lager unterbrächen, dann gäbe es keine alternativen Fakten in dem Sinne, in dem sie in den vorangegangenen Kapiteln rekonstruiert wurden: Weder wäre dann ersichtlich, warum in den Konversationen zum Beispiel auch auf Facebook so beharrlich Bezug auf eine Mehrheitsmeinung der »Schlafschafe« genommen wird, warum der eigentliche Gegenstand der Debatte also gerade nicht die Arbeit an einer geteilten Auffassung von den »Dingen, wie sie sind«, sondern eben die Delegitimierung der »Mainstream-Sicht« auf die Dinge, wie sie sind, ist; noch würde der Umstand, dass in diesen »Blasen« Abwegiges besprochen wird, irgendjemand verunsichern. Innerhalb dieser Kreise nicht, weil man ja nicht wüsste, dass das Behauptete gesellschaftlich als abwegig gilt; außerhalb dieser Kreise nicht, weil man es schlicht nicht mitbekäme.

Aus der Perspektive der Artikulation und der Registrierung alternativer Fakten haben die vergangenen Kapitel diese Bedeutung der Massenmedien zwar nicht erschöpfend, aber für die Zwecke dieses Buches doch hinreichend beleuchtet. Und dennoch bleibt die Frage: Warum wirken alternative Fakten so hervorragend in den Massemedien? Denn es ist ja paradox: Zwar ernannte die Gesellschaft für deutsche Sprache »alternative Fakten« 2017 zum Unwort des Jahres, da dieser Begriff »der verschleiernde und irreführende Ausdruck für den Versuch [sei], Falschbehauptungen als legitimes Mittel der öffentlichen Auseinandersetzung salonfähig zu machen«,[1] aber trotz umfassender Recherchen in der Presse kam mir kein einziger Fall unter, in dem der Begriff in diesem Sinne wirklich verwendet wurde (mit Ausnahme eben des Interviews mit Kellyanne Conway, in dem er geprägt wurde), in dem also jemand affirmativ auf etwas als alternativen Fakt Bezug nahm, um es »salonfähig zu machen«. Vielmehr taucht »alternative Fakten« in allen Kommentaren, Meldungen und Debatten nur als kritischer Begriff auf, als Bezeichnung von etwas, dem Medienmacher:innen, Politiker:innen und Wissenschaftler:innen entschlossen entgegentreten müssten – aber aus irgendeinem Grund tat das der Wirkung der alternativen Fakten scheinbar keinen Abbruch. Wie kommt es also, dass die Massenmedien, wenn doch beinahe alle Medienschaffenden sich dem Kampf gegen al-

1 N. N., »Conways Wortschöpfung: Unwort des Jahres 2017 ist ›alternative Fakten‹«, in: *Frankfurter Allgemeine Zeitung* (16. Januar 2018), online verfügbar unter: {https://www.faz.net/aktuell/gesellschaft/menschen/unwort-des-jahres-2017-ist-alternative-fakten-15401389.html}.

ternative Fakten verschrieben haben, dennoch einen geeigneten Resonanzboden für die kommunikative Wirkung alternativer Fakten abgeben?

Dieser Frage geht dieses Kapitel an einem spezifischen Beispiel nach: der unwahrscheinlichen Karriere der Querdenker[2] (als vermeintlichem Träger:innenmilieu alternativer Fakten zur Coronapandemie[3]) in der Presseberichterstattung der Jahre 2020/21. Warum konnten die Querdenker als Figur in der öffentlichen Debatte so wichtig werden, warum konnten sie als diese Figur die Debatte auch prägen, während sie selbst gar nicht als Sprecher:innen beteiligt waren, und was passierte mit der Debatte in der Folge? Es geht also nicht um eine Soziologie der sozialen Bewegung der Coronaleugner:innen[4] und auch nicht (wie im vergangenen Kapitel)

2 »Querdenker« werden hier wie im Folgenden nicht als Querdenker:innen gegendert, weil damit nicht auf die konkrete Gruppe der Coronaleugner:innen Bezug genommen wird, sondern auf die semantische Figur im öffentlichen Diskurs – und die wurde meines Wissens so gut wie nie gegendert.

3 »Vermeintlich« soll hier lediglich bedeuten: in der in der Folge betrachteten massenmedialen Debatte. Es wäre eine empirisch zu überprüfende Frage, welche relative Bedeutung den eigentlichen Querdenker:innen in dieser Hinsicht überhaupt zukam – verglichen etwa mit der Rhetorik des Verdachts, mit der die rechtslibertäre Boulevardpresse des Springer-Verlags von Beginn der Pandemie an suggerierte, es gäbe einen unlauteren Willen hinter den Freiheitseinschränkungen; mit der Freiheitsrhetorik eines Wolfgang Kubicki; mit der halbironischen Halbdistanz, die im Rahmen der Aktion #allesdichtmachen als Kritik vorgebracht wurde, usw.

4 Vgl. zu diesem Thema unter anderem: Nachtwey, Oliver/Robert Schäfer/Nadine Frei, »Politische Soziologie der Corona-Proteste«, in: *SocArXiv* (16. Dezember 2020), online verfügbar unter: {https://doi.org/10.31235/osf.io/zyp3f}; Reichardt, Sven (Hg.), *Die Misstrauensgemeinschaft der »Querdenker«. Die Corona-Proteste aus*

um deren eigene Kommunikation, sondern um Erkundungen zur Offenheit der massenmedialen Debatte dafür, diese Bewegung zum Thema zu machen, und zur Offenheit der Politik, auf diese Thematisierung affirmativ zu reagieren, während sie sich zugleich von der Bewegung abgrenzte.

Der freie Stuhl: Eine Debatte sucht ihren Dissens

In den Wochen, in denen sich die Pandemie von einer exotisierenden Randmeldung zu einer diffusen Bedrohung und schließlich zum beherrschenden Thema der Medienberichterstattung mauserte, also zwischen Februar und dem frühen April 2020, waren Falschmeldungen zu Corona zwar bereits Thema besorgter Debatten, allerdings in einer Weise, die zumindest in Deutschland nur wenig mit dem gemeinsam hatte, was in den vergangenen Kapiteln als kommunikative Form alternativer Fakten rekonstruiert wurde. Bei der »Infodemie«, vor der die WHO warnte, handelte es sich viel eher um eine unklare Gemengelage aus Quacksalbertum, ungesicherten Informationen und Gerüchten: Quacksalbertum war zum Beispiel der berüchtigte Eigentherapievorschlag, durch das Gurgeln mit Bleichmitteln Viren im Rachenraum abzutöten, der zumindest in den USA wohl wirklich eine Reihe von Vergiftungen zur Folge hatte.[5] Eine ungesicherte Information war die

kultur- und sozialwissenschaftlicher Perspektive, Frankfurt am Main: Campus 2021.

5 Vgl. N.N., »Mehr Giftnotrufe nach Trumps Äußerungen zu Ein-

in den Messenger-Diensten verbreitete Sprachnachricht der »Mama von Poldi«, die unter Berufung auf eine Freundin von der »Uni Wien« davor warnte, Ibuprofen einzunehmen, da dieses Medikament die Vermehrung des Virus begünstige – was beinahe sofort in verschiedenen Medien als »Fake News« zurückgewiesen wurde,[6] auch wenn die WHO und verschiedene Politiker:innen

nahme von Desinfektionsmitteln«, in: *Der Standard* (26. April 2020), online verfügbar unter: {https://www.derstandard.de/story/2000117121045/mehr-giftnotrufe-nach-trumps-aeusserungen-zu-interessanter-corona-behandlung}. Dass noch im Herbst 2021, in der mittlerweile vierten Welle der Pandemie, in verschiedenen österreichischen Kreisen ein Entwurmungsmittel ausverkauft war, weil es als Mittel gegen Coronainfektionen propagiert worden war, legt Zeugnis davon ab, wie unverwüstlich diese Form von Gerüchten ist; vgl. N. N., »Entwurmungsmittel in Österreich ausverkauft – weil FPÖ-Chef es bei Corona empfiehlt«, in: *Der Spiegel* (16. November 2021), online verfügbar unter: {https://www.spiegel.de/wirtschaft/unternehmen/ivomectin-entwurmungsmittel-in-oesterreich-ausverkauft-weil-fpoe-chef-es-bei-corona-empfiehlt-a-42689153-8d8b-4e52-bab1-e86a293fd1b8}. Historisch ist dieses Phänomen freilich alles andere als neu: »Snake oil salesman«, also Schlangenölverkäufer, ist im US-amerikanischen Englisch auch deshalb ein stehender Begriff für »Scharlatan«.

6 Vgl. Frank, Joachim/Jonah Lemm/Christian Parth, »Fake News über Corona: Wenn ›Poldis Mutter‹ Lügen verbreitet«, in: *Kölner Stadt-Anzeiger* (19. März 2020), online verfügbar unter: {https://www.ksta.de/politik/fake-news-ueber-corona-wenn--poldis-mutter--luegen-verbreitet-36440800}; Beuth, Patrick, »Coronavirus und Medienkompetenz: Der Endgegner ist ›Elisabeth, die Mama von Poldi‹«, in: *Der Spiegel* (16. März 2020), online verfügbar unter: {https://www.spiegel.de/netzwelt/web/coronavirus-und-medienkompetenz-der-endgegner-ist-elisabeth-die-mama-von-poldi-a-5d8c52ed-0957-4e2c-919c-5a800602388a}. Es wäre eine interessante Frage, wie viel von dem auf diese Nachricht hin einsetzenden »Run« auf Paracetamol als Behandlungsalternative zu Ibuprofen eigentlich der Sprachnachricht selbst und wie viel der mah-

dann selbst zeitweise davor warnten, Ibuprofen einzunehmen, weil auch medizinische Expert:innen einen Zusammenhang zwischen der blutgerinnungshemmenden Wirkung des Medikaments und schweren Krankheitsverläufen nicht gänzlich ausschließen wollten.[7] Und ein – klassisch »pandemisches« – Gerücht waren die verschiedenen Brunnenvergifter-Mythen, nachdem zum Beispiel »die Chinesen« das Virus entwickelt hätten oder Bill Gates es irgendwie mithilfe von 5G-Sendemasten im Körper aktivieren würde. Weniger vernehmbar, und vor allem nicht eindeutig als politisches Statement besetzt, waren in dieser frühen Phase die Behauptungen, die im letzten Kapitel besprochen wurden: dass das Virus gar nicht existiere oder in Wirklichkeit nur ein Schnupfen sei.[8]

Warum das so war, lässt sich anhand der oben entwi-

nenden Presseberichterstattung über diese Nachricht zuzurechnen ist.

7 Bohne, Martin/Magdalena Latz, »Coronavirus: Wirbel um Ibuprofen«, in: *BR24* (17. März 2020), online verfügbar unter: {https://www.br.de/nachrichten/wissen/coronavirus-wirbel-um-ibuprofen,RtD5gvp}.

8 Sicher, einige bekundeten, das Virus sei für die meisten ungefährlich, aber zu dieser Frage gab es ja auch wirklich keine gesicherten und breit kommunizierten wissenschaftlichen Erkenntnisse – die britische und niederländische Strategie der ersten Pandemiewochen, vulnerable Gruppen zu isolieren und die Bevölkerung ansonsten weitgehend unkontrolliert »durchseuchen« zu lassen, mündete zwar im Desaster, konnte sich aber durchaus auf wissenschaftliche Argumente stützen. Vor allem in den USA sah die Situation da bereits ganz anders aus, aber das hatte vor allem etwas damit zu tun, dass Donald Trump sich im letzten Jahr seiner Präsidentschaft befand und damit eine allgemeine Konfliktstruktur für *alle* gesellschaftspolitischen Fragen angelegt war.

ckelten Überlegungen plausibel erklären. Damit alternative Fakten eine schlüssige Problembearbeitung sind, müssen unter anderem zwei Bedingungen erfüllt sein: Es muss zum einen eine nicht ignorierbare Information geben, die in der massenmedialen Kommunikation als hinreichend gesichert gilt, damit man sich nicht mit dem Verweis auf eine unsichere Entscheidungsgrundlage vor der Kenntnisnahme dieser Information »drücken« kann; und zum anderen eine vorgängige Konfliktstruktur, die durch die Zur-Kenntnisnahme dieser Information relevant irritiert würde. Beides wurde im betrachteten Zeitraum angelegt – aber weder das eine noch das andere hatte sich zu diesem Zeitpunkt schon klar genug herausgebildet. Die Informationen waren schlicht so unsicher, dass abweichende Einschätzungen (so sie nicht unmittelbar handlungsleitend waren, wie zum Beispiel eben das Gurgeln mit Bleichmitteln) im allgemeinen Rauschen untergingen, und vielleicht auch gerade weil sichtlich *niemand* einen strikten Lockdown wollte (oder sich auch nur vorstellen konnte), wäre es einigermaßen abwegig gewesen, jemandem vorzuwerfen, er habe deswegen Informationen in diese Richtung vereindeutigt.

Gerade diese unübersichtliche Einfachheit, in der niemand Genaues wusste, aber genau darüber auch kein wirklicher Streit entbrannte, scheint die Massenmedien herausgefordert zu haben: Anders ist kaum zu erklären, wie schnell sich zu Beginn des ersten Lockdowns ein eigentümliches Kommentar-Genre etablieren konnte, dessen Autor:innen man als »Anwälte des freien Stuhls« bezeichnen könnte. Von (Jakob) Augstein bis (Juli) Zeh wurde die Sorge laut, dass allgemein zu wenig über alternative Strategien der Pandemiebekämpfung gesprochen werde und dass die Gesellschaft drohe, in einen »Rausch des Notstandes«[9] zu verfallen und dem »Denunziantentum« zu frönen.[10] Es geht hier nicht darum zu beurteilen, wie angemessen oder zulässig solche Kommentare in dieser Situation waren – auch für politische Kritik kann man unter Umständen ein Präventionsparadox geltend machen, also keinesfalls aus dem Umstand, dass die Pandemiepolitik nicht in eine Diktatur umgeschlagen ist, schließen, dass solche Warnungen unberechtigt waren. Interessant für die Überlegungen dieses Kapitels ist ein anderer Umstand: dass diese Kommentare fast durchweg die Notwendigkeit einer Opposition beschworen, deren Abwesenheit sie zugleich konstatierten. Sie beriefen sich auf die Notwendigkeit eines Interessenausgleichs und einer Abwägung verschiedener Grundrechte, aber taten sich sichtlich schwer damit, eine Trägergruppe für die Interessen zu finden, gegen die jeweils abgewogen werden sollte. »Groupthink« diagnostizierte Augstein der bundesdeutschen Bevölkerung deswegen in einem beeindruckend zirkulären Argument, nach dem der Umstand, dass niemand Protest anmeldete, dieser also auch nicht unterdrückt werden

9 Augstein, Jakob, »Rausch des Notstands«, in: *Der Freitag* (9. April 2020), online verfügbar unter: {https://www.freitag.de/autoren/jaugstein/rausch-des-notstands}.

10 Heidtmann, Jan, »Juli Zeh: ›Die Bestrafungstaktik ist bedenklich‹«, in: *Süddeutsche Zeitung* (5. April 2020), online verfügbar unter: {https://www.sueddeutsche.de/kultur/juli-zeh-corona-interview-1.4867094}.

musste, selbst das Problem sei.[11] Statt Vertreter:innen einer existierenden Opposition saßen also diejenigen in den Talkshows, die von der Notwendigkeit einer Opposition sprachen.

Diese Interessenvertretung des »freien Stuhls« ist ein theoretisch durchaus erwartbares Symptom: Wie die Nachrichtenwerttheorie in zahlreichen Untersuchungen gezeigt hat, sind drei entscheidende »Selektoren« – also Kriterien, an denen sich bemisst, ob etwas massenmedial als Nachricht verarbeitet werden kann – Konflikt, Moralisierbarkeit und die Zurechenbarkeit auf Handelnde.[12] Eine Maßnahme, die einmal verkündet wird, ist zum Zeitpunkt ihrer Verkündung als Neuigkeit eine Nachricht, wird aber schnell uninteressant, wenn sie nicht im Anschluss umstritten ist. Und die Umstrittenheit wird uninteressant, wenn sie nicht in irgendeiner Form erzählbar, und das heißt eben vor allem: moralisierbar, ist. Eine allgemein als vernünftig akzeptierte Maßnahme wird also, egal wie einschneidend sie ist, ihren Nachrichtenwert recht schnell verlieren (deswegen reden wir ja nicht mehr über die Gurtpflicht beim Autofahren, obwohl Millionen Menschen in ihrer basalen körperlichen Selbstbestimmung täglich von ihr betroffen sind). Um Erwartungsoffenheit für die Zukunft zu bewahren, also Interesse am aktuellen Stand der Aushandlung von Maßnahmen zu generieren, musste die massenmediale Berichterstattung also in gewisser Weise »den Konflikt suchen«. Dass schon damals, aber

11 Vgl. Augstein, »Rausch des Notstands«, a. a. O.

12 Vgl. Luhmann, *Die Realität der Massenmedien*, a. a. O., v. a. S. 59-65.

auch während der kommenden Monate der Pandemie in der Selbstbeobachtung der Massenmedien – also vor allem in den Kommentaren und im politischen Feuilleton – immer wieder der Verdacht artikuliert wurde, man habe in der Pandemie vielleicht zu unkritisch berichtet, ist in diesem Sinne nicht nur ein (empirisch durchaus fragwürdiges) Resultat des Realitätsabgleichs, sondern zumindest auch ein Reflex auf das Unbehagen, bestimmten Berichterstattungsroutinen nur bedingt folgen zu können – denn Kritik wird ja in den Massenmedien in der Regel in der Form der vermittelten Fürsprache vorgebracht, also durch den Verweis auf Gruppen, die leiden, aber vermeintlich »keine Stimme haben«, oder eben durch Verweis auf die Stellungnahmen einer politischen Opposition.

Dabei ist es nicht so, dass die Medien keinen Konflikt abgebildet hätten. Einen Interessenwiderspruch bearbeiteten die Medien durchaus auch schon in den ersten Wochen der Pandemie – nur bezog sich dieser weniger auf die viel beschworenen Freiheitsrechte. Wie eine Studie von Mainzer und Münchener Medienforschern zeigt, auf die ich in der Folge noch mehrfach zurückkommen werde, weil sie die bisher vielleicht umfassendste Untersuchung der massenmedialen Corona-Berichterstattung ist, wurde in den Leitmedien vor allem im ersten halben Jahr der Pandemie fast genauso viel über die wirtschaftlichen Folgen ihrer Bekämpfung wie über die gesundheitlichen Folgen berichtet.[13] Und spätestens mit

13 Vgl. Maurer, Marcus/Carsten Reinemann/Simon Kruschinski, »Einseitig, unkritisch, regierungsnah? Eine empirische Studie zur Qualität der journalistischen Berichterstattung über die Corona-Pan-

den ersten Lockerungen der ursprünglichen Kontaktbeschränkungen wurde deutlich, dass die Politik die kurzfristigen Interessen zentraler Wirtschaftssektoren als Schmerzgrenzen der Pandemiebekämpfung im Blick hatte. Christian Drosten, der weithin als Experte gilt, der die Schließung von Schulen und Kindertagesstätten empfohlen habe, erinnerte sich im Herbst 2021, dass er diese im Frühjahr 2020 explizit *nicht* empfohlen hatte – und dass auch im Herbst 2020 eine Homeoffice-Pflicht eine funktionsäquivalente Alternative dargestellt hätte, die aber politisch nicht gewollt worden sei.[14] In diesen Entscheidungen kündigte sich eine erhöhte Sensitivität gegenüber den Profitinteressen der Wirtschaft an, die sich alsbald als Forderung nach einer vor allem auf wirtschaftliche Erholung zielenden Lockerungspolitik artikulierten, die sich als Opposition insbesondere in der FDP, aber auch in Teilen der CDU organisierte[15] (ein wohl unfreiwillig amüsantes Dokument dieser Haltung war die Äußerung Armin Laschets, damals noch Ministerpräsident von NRW, der seine Lockerungsbestrebungen unter anderem damit begründete, das Bundesland

demie« (2021), online verfügbar unter: {https://rudolf-augstein-stiftung.de/wp-content/uploads/2021/11/Studie-einseitig-unkritisch-regierungsnah-reinemann-rudolf-augstein-stiftung.pdf}.

14 Vgl. Di Lorenzo, Giovanni/Andreas Sentker, »Christian Drosten: ›Ich hoffe, dass man nicht wieder Schulen schließt‹«, in: *Die Zeit* (10. November 2021), online verfügbar unter: {https://www.zeit.de/2021/46/christian-drosten-coronavirus-virologie-pandemie-wissenschaft-impfung/komplettansicht}.

15 Auch in der AfD selbstverständlich. Da diese Partei aber nirgends auch nur in die Nähe der praktischen Gestaltung politischer Maßnahmen kam, bestand ihre Bedeutung eher in der diskursiven politischen Markierung der Proteste durch ihre Teilnahme.

sei »auch das Land der Küchenbauer«, weshalb Möbelhäuser öffnen müssten[16]).

Allerdings konnte dieser Interessenwiderspruch und seine politische Bearbeitung den Konfliktbedarf der massenmedialen Berichterstattung nur bedingt bedienen: Denn die Vertreter:innen dieser politischen Opposition gegen die Maßnahmen zur Pandemiebekämpfung waren kaum bereit, ökonomische Interessen als Grundlage ihrer Haltung zu explizieren (sie darin zu »entlarven«, was ja durchaus Moralisierungspotenzial geboten hätte, hätte wiederum den Eigenverdacht der Massenmedien, sie betrieben Hofberichterstattung, erst recht bestärkt). Und in der Bevölkerung fand sich für die legitimierende Bestätigung der Lockerungspolitik einfach keine relevante Zahl an Unterstützer:innen.[17] Das heißt: Die Politik der Pandemiebekämpfung war durchaus in einen Konflikt eingebettet, der auch auf Resonanzbereitschaft im politischen System setzen konnte. Aller-

16 N. N., »Laschet verteidigt unter anderem Öffnung von Möbelhäusern«, in: *n-tv.de* (20. April 2020), online verfügbar unter: {https://www.n-tv.de/ticker/Laschet-verteidigt-unter-anderem-Offnung-von-Moebelhaeusern-article21725751.html}.

17 Nicht nur gab es im gesamten Verlauf der Pandemie nie eine Mehrheit in der Bevölkerung, die die jeweiligen Maßnahmen zur Pandemiebekämpfung »übertrieben« fand. Die meiste Zeit schätzte die Mehrheit die Maßnahmen vielmehr als angemessen ein – und wenn die Stimmung kippte, dann zugunsten derjenigen, die bekundeten, die Maßnahmen »müssten härter ausfallen«. Diese Gruppe war – von zwei kurzen Ausnahmen abgesehen – überdies für den hier betrachteten Zeitraum bis November 2021 durchgängig größer als die derjenigen, die die Maßnahmen übertrieben fanden; vgl. Maurer/Reinemann/Kruschinski, »Einseitig, unkritisch, regierungsnah?«, a. a. O., S. 12.

dings hatte dieser Konflikt aus massenmedialer und politischer Sicht einen entscheidenden Schönheitsfehler: Die Gegenseite, die ein Interesse an der schnellen Rücknahme der Maßnahmen hatte, war nur sehr begrenzt in der Lage, ihr Anliegen moralisch zu legitimieren. Die Kritik, die an der Lockerungspolitik und zum Beispiel an der politischen (Ver-)Nutzung der Heinsberg-Studie (vgl. S. 127ff. oben) in der Presse artikuliert wurde, deutet auf dieses Problem genauso hin wie, ex negativo, die Kampagnenpolitik des Springer-Verlags, der ziemlich offensichtlich versuchte, eine Marktlücke zu besetzen.

Der Auftritt der Querdenker: *Not the (anti)hero we need, but the (anti)hero we deserve*

Mit etwas Willen zur Phrase könnte man also sagen: Wenn es keine Querdenker-Bewegung gegeben hätte, dann hätte die massenmediale Berichterstattung über die politische Bearbeitung der Coronapandemie sie erfinden müssen. Denn diese Proteste vereinten nicht nur alle Eigenschaften, die sie für die massenmediale Berichterstattung interessant machten, sie stießen dabei auch in genau die umrissene »Konfliktlücke«, die auf Resonanz im politischen System hoffen konnte – und zwar gerade auch durch die kommunikative Funktion alternativer Fakten. Dass, wie Maurer et al. in ihrer quantitativen Inhaltsanalyse der Pandemie-Berichterstattung ermittelten, Coronaskeptiker:innen und Querdenker in 1,6 Prozent der betrachteten Artikel und Meldungen als Akteure erwähnt wurden, mag zunächst wenig klingen. Dabei ist allerdings zu beachten, dass Erkrankte und Angehörige von Erkrankten *noch seltener* vorkamen (1,2 Prozent) und dass die Querdenker/Skeptiker:innen häufiger erwähnt wurden als Grüne und Linkspartei (jeweils ca. 0,5 Prozent) zusammen.[18] Bezieht man außerdem in die Überlegungen ein, dass die Erwähnungen von AfD-Vertreter:innen im Kontext der Pandemie-Berichterstattung (ca. 0,5 Prozent) politisch als Verweis auf dasselbe »Lager« gewertet werden können, dass viele der Berichte über »das Meinungsklima«[19] in der Bevölkerung indirekte Verweise auf die Querdenker enthalten haben dürften und dass die Erwähnungshäufigkeit von Skeptiker:innen und Querdenkern im Untersuchungszeitraum (Januar 2020-April 2021) durchaus stark schwankte und besonders zu den Zeitpunkten ein Hoch erreichte, zu denen massenmedial und politisch über die Fortsetzung oder Verschärfung der Pandemie-Bekämpfungsmaßnahmen diskutiert wurde, relativiert sich dieser Befund zusätzlich.[20]

Man kann also durchaus festhalten, dass die Querdenker (im erweiterten Sinne all derer, die allgemein gegen die Maßnahmen zur Bekämpfung der Pandemie mobilmachten) ein erstaunlich prominentes Thema in der Presseberichterstattung waren. Und nicht zuletzt in der Art und Weise, in der die Politik auf diese Proteste

18 Ebd., S. 27ff.

19 Ebd., S. 36.

20 Die nicht im eigentlichen Bericht enthaltenen Daten zum Zeitverlauf stellte mir Simon Kruschinski freundlicherweise zur Verfügung: So gab es von Januar bis April 2020 in der Zählung gar keine Erwähnung dieser Gruppe, die Höhepunkte der Berichterstattung waren Mai, August sowie November 2020 und April 2021.

reagierte, zeigt sich, dass sie nicht nur ein quantitativ gewichtiges, sondern auch qualitativ wichtiges Element der gesellschaftlichen Selbstverständigung über die Pandemie und ihre Bekämpfung waren. Wie konnte es dazu kommen? Theoretisch ist dafür zunächst bedeutsam, warum sie ein so dankbarer Gegenstand der Berichterstattung waren.

Die *Protest-Events* waren *ereignishaft* und *opak* zugleich. Immer wieder konnten überraschend hohe Teilnehmer:innenzahlen von Demonstrationen gemeldet werden, und über den Sommer 2020 hinweg bis in den Herbst hinein hatte die Mobilisierung eine Dynamik, die eine fortdauernde Aufmerksamkeit zu erfordern schien. Dabei kam der Mobilisierung der Proteste entgegen, dass ihr Thema – die Maßnahmen zur Bekämpfung der Pandemie – selbst durchgängiges Thema der Berichterstattung war. Damit waren die Demonstrationen aber auch immer wieder thematisch relevant: Wenn es in der Berichterstattung darum ging, ob und wie Maßnahmen politisch ausgehandelt wurden und wie umstritten sie in der Bevölkerung waren, lag es nahe, auf die Kundgebungen zu verweisen – auch jenseits eventueller größerer Protest-Events.

Aber auch darüber hinaus waren die Proteste interessant für die Berichterstattung – und das hatte eben mit ihrer Opazität zu tun, damit, dass sie sich gegen ein einfaches Verständnis zu sperren schienen. Schon bei den ersten »Hygienedemonstrationen« in Berlin war den Pressebeobachter:innen aufgefallen, dass die Zusammensetzung nicht so recht in gängige Deutungsschablonen über Protestmilieus passte: »In Berlin-Mitte sammeln sich am Samstag Verschwörungstheoretiker, linke und rechte Aktivisten. Die Polizei schreitet ein. Welche Rolle spielt die Volksbühne?«, hieß es zum Beispiel im Teaser des *Tagesspiegel*-Artikels zu einer Demonstration Mitte April 2020.[21] Diese aus Sicht der medialen Beobachter:innen unklare politische Verortung konnte einerseits selbst als Neuigkeit vermeldet werden, war andererseits aber – wie auch die undurchsichtigen Organisationsstrukturen und die Verwobenheit mit verschwörungstheoretischen Online-Milieus – Vorlage für eine andauernde Deutungsarbeit, in der sich besonders das politische Feuilleton mit der Frage befasste, wen oder was man hier eigentlich genau beobachtete. Von einer »diffuse[n] Unruhe«, die das Land erfasst habe, sprach die *Süddeutsche Zeitung* einen Monat später in ihrer Überschrift zu einem Artikel zu den Corona-Demonstrationen,[22] und diese Form der Unsicherheitsmeldung wurde bis heute immer wieder re-aktualisiert. Kaum ein Artikel zu diesem Thema, der ohne die szenische Beschreibung des Nebeneinanders von Hippies, Nazis, Bürgerlichen und Esoteriker:innen auskommt und dabei darauf verweist, wie ungewöhnlich diese Mischung sei. Auch wissenschaftliche Ergebnisse zur so-

21 Betschka, Julius/Christoph Kluge, »Das steckt hinter der Querfrontdemonstration in Berlin«, in: *Tagesspiegel* (18. April 2020), online verfügbar unter: {https://www.tagesspiegel.de/berlin/kritik-an-corona-massnahmen-das-steckt-hinter-der-querfrontdemonstration-in-berlin/25752958.html}.

22 Vgl. Bielicki, Jan/Stefan Braun/Jan Heidtmann, »Diffuse Unruhe erfasst das Land«, in: *Süddeutsche Zeitung* (16. Mai 2020), online verfügbar unter: {https://www.sueddeutsche.de/politik/coronavirus-covid-19-protest-demonstration-1.4909241}.

ziodemografischen und politischen Zusammensetzung der Proteste wurden in diesem Sinne vor allem wieder als Rätsel aufgegriffen und bearbeitet. So beschrieb ein Essay im *Philosophie Magazin* im September 2021, der Ergebnisse der zu diesem Zeitpunkt schon seit einem Jahr verfügbaren Befragungen von Oliver Nachtwey, Robert Schäfer und Nadine Frei referierte,[23] die Querdenker als »eine gleichermaßen kuriose wie gefährliche Bewegung, die auf den ersten Blick so gar nicht zusammenpassen mag«.[24]

Zudem waren die Proteste *moralisch* und *moralisierbar*: Moralisch waren sie, weil sie nicht – oder zumindest kaum – mit Interessen argumentierten, sondern die Pandemiepolitik als grundlegend »unmenschlich« brandmarkten. Emblematisch verdichtete sich diese Moralisierung in der omnipräsenten Anschuldigung, »den Kindern« werde Leid angetan, wie zum Beispiel in dem immer wiederkehrenden Gerücht, kleine Kinder seien unter Atemschutzmasken erstickt. Und dieser Skandal wurde als absichtsvolles Handeln auch klar einzelnen Akteuren zugerechnet: Die Porträts von Angela Merkel, Jens Spahn und Christian Drosten in Häftlingskleidung waren ikonischer Ausdruck davon. Die Querdenker verkündeten, in genau dem Notstandsstaat zu leben, den Jakob Augstein und Juli Zeh nur zu fürchten

23 Nachtwey/Schäfer/Frei, »Politische Soziologie der Corona-Proteste«, a. a. O.

24 Werthmann, Julia, »Querdenker: Die reaktionäre Multitude?«, in: *Philosophie Magazin* (3. September 2021), online verfügbar unter: {https://www.philomag.de/artikel/querdenker-die-reaktionaere-multitude}.

bekundet hatten,[25] sie erklärten, nicht aus schnödem Eigeninteresse, sondern aus Sorge um das große Ganze gegen diesen aktiv zu werden, und sie rechneten die Verantwortung für das Übel, gegen das sie antraten, persönlich zu. Zugleich waren die Proteste auch hervorragend moralisierbar, was sie auch für die politisch weniger aufgeschlossene Presseberichterstattung interessant machte: Ihre wiederholte (aus dem bekundeten politischen Anliegen durchaus schlüssige) Weigerung, den Hygieneauflagen Folge zu leisten, wie auch die unverhohlene Aggression gegen die Regierung und die anwesende Presse wurden zum Gegenstand öffentlicher Empörung, die selbst wieder Nachrichtenwert hatte.[26]

25 Wie verbreitet dieses Unbehagen über die vermeintliche Hofberichterstattung der Medien war, zeigt sich nicht nur in den zitierten, eher linksliberal-besorgten Artikeln, sondern auch in der Selbstverständlichkeit, in der z. B. der Vorstandsvorsitzende des Springer-Verlags in einer öffentlich gewordenen privaten Konversation *Bild*-Chef Julian Reichelt als einzigen Journalisten lobte, der noch gegen den »neuen DDR-Obrigkeitsstaat« aufbegehre; vgl. Kegel, Sandra, »Döpfner-Affäre: Privates und Gedrucktes«, in: *Frankfurter Allgemeine Zeitung* (3. November 2021), online verfügbar unter: {https://www.faz.net/aktuell/feuilleton/ddr-obrigkeitsstaat-private-sms-von-springer-chef-mathias-doepfner-17616723.html}. Es scheint aus der Sicht von Diskursunternehmer:innen allgemein schwierig, die Abwesenheit von Konflikt nicht als unterdrückte Meinungsfreiheit zu verstehen, oder nicht zumindest als Chance, sich als unterdrückte Meinung zu gerieren.

26 »Wir, die für Medien tätigen Journalistinnen und Journalisten, konnten gar nicht wegschauen«, wie Dirk Peitz in seinem Artikel zum »Sturm auf den Reichstag« durch Rechtsextreme im Rahmen der Querdenkerdemonstration in Berlin im August 2020 bedauernd beteuerte; Peitz, Dirk »›Sturm‹ auf Reichstagsgebäude: Sie brauchten nur dieses eine Foto«, in: *Die Zeit* (31. August 2020), online verfügbar unter: {https://www.zeit.de/kultur/2020-

In diesem Sinne waren sie vermutlich der beste Näherungswert für die Opposition, die seit den frühen Wochen des ersten Lockdowns vermisst worden war: Sie waren wirklich »aus Prinzip« gegen die Maßnahmen zur Bekämpfung der Pandemie und machten ein Widerstandsrecht gegen die staatlichen Zwangsmaßnahmen geltend (zu Beginn zumindest auch unter routiniertem Verweis auf das Grundgesetz), wodurch sie gleichermaßen als legitimierendes Publikum und als drohende Gefahr instrumentalisiert werden konnten, und sie waren »unverständlich« genug, um als Thema der gesellschaftlichen Verständigung über die Proteste dauerhaft präsent zu bleiben.

Dabei spielten alternative Fakten eine zentrale Rolle nicht nur in der Binnenkommunikation, sondern auch in der Kommunikation über die Querdenker. Nach innen stützten die alternativen Fakten, wie im vorherigen Kapitel bereits herausgearbeitet, die verschwörungstheoretische Kommunikation, die ja wiederum als moralische Rationalisierung der Geste der Fundamentalopposition diente: Die alternativen Fakten (wie die Idee, das Virus sei in Wirklichkeit nur ein Schnupfen) waren das Baumaterial, aus dem die Theoriegebäude gezimmert wurden (wie die Erzählung vom Ausnahmezustand, über den die Regierung eine grausame Diktatur errichten wolle), die dann legitimierten, warum man als erwachte Minderheit sogar die Pflicht habe, Wi-

08/sturm-reichstagsgebaeude-querdenken-demonstration-rechts extremisten-berlin/komplettansicht}.

derstand zu leisten. Sie ermöglichten also die moralische Legitimation der eigenen Position: Denn ohne die Behauptung, das Virus sei unschädlich oder gar inexistent beziehungsweise die Maßnahmen hätten viel grausamere Auswirkungen als gemeinhin bekannt, und all das folge überdies einem sinistren Plan, hätte man die eigene Fundamentalopposition nur schwer als Notwehr gegen einen totalitären Staat präsentieren können. Wer sich einfach nur darauf berufen hätte, dass er/sie die Gefahr für die eigene Gesundheit als eher gering einschätze (was ja zumindest zu Beginn der Pandemie als geteiltes Wissen der unter 70-Jährigen verbreitet war) und deshalb keine Lust habe, sich im alltäglichen Leben einzuschränken, oder wer seine/ihre wirtschaftlichen Einbußen durch die Lockdowns direkt mit den Totenzahlen zu verrechnen versucht hätte – der/die hätte zwar vom Boden der geteilten Tatsachen aus operiert, aber in der moralischen Beurteilung seiner Position nicht besonders gut dagestanden, vermutlich nicht einmal vor sich selbst.

Für dieses Kapitel entscheidender ist aber die Funktion alternativer Fakten in der Kommunikation *über* die Querdenker. Denn die – in fast jedem mir bekannten Artikel zu den Querdenkern in irgendeiner Form erfolgte – Erwähnung alternativer Fakten verstärkte die bereits aufgezählten Effekte. Oft genug waren die alternativen Fakten selbst der Skandal, sie steigerten aber, vor allem in moralischer Hinsicht, zugleich die Opazität der Proteste, die so zum Gegenstand anhaltender Deutungsarbeit werden konnte. Das mag unmittelbar einleuchten, ist aber nicht ganz trivial: Es lohnt sich daher, bei diesem Punkt zu verweilen und ihn etwas gründlicher zu entfalten.

Was also ist mit »Opazität« eigentlich gemeint, und warum ist das für die massenmediale und politische Rezeption relevant? Ein zentrales Motiv der Narrative, über die Teilnehmer:innen der Querdenkerbewegung ihr Handeln rationalisierten, haben Carolin Amlinger und Christine Hentschel in ihren jeweiligen Untersuchungen besonders herausgestellt: das »große Erwachen«.[27] In der Selbstpräsentation der Querdenker trennt ein irreversibler Schnitt ihr früheres, geblendetes Denken von der neuen, überlegenen Einsicht. Das entspricht in der Selbstrationalisierung von der Funktion her genau der Rolle, die wir in der Binnenkommunikation für die harte Trennung von »Durchblickern« und »Schlafschafen« konstatiert haben (siehe oben S. 206). Das große Erwachen als postulierter, qualitativer Unterschied immunisiert gegen Kritik und blockiert Verständigung, erlaubt aber Beobachtung. Man sieht alles, was die anderen sehen, aber man sieht es – aus Prinzip! – anders. Nicht in dem trivialen Sinne einer anderen Perspektive (das lässt sich schlechterdings ohnehin nicht vermeiden), sondern im emphatischen Sinne einer Deutung, die ihre Berechtigung gerade aus ihrer Andersartigkeit zieht. Querdenker (darin auch begrifflich den alternati-

27 Spiegel, Simon et al., »Verschwörungstheorien als narratives Phänomen«, in: *Zeitschrift für Fantastikforschung* 8/1 (21. Dezember 2020), online verfügbar unter: {https://doi.org/10.16995/zff.3415}; Hentschel, Christine, »›Das große Erwachen‹: Affekt und Narrativ in der Bewegung gegen die Corona-Maßnahmen«, in: *Leviathan* 49/1 (2021), S. 62-85, online verfügbar unter: {https://doi.org/10.5771/0340-0425-2021-1-62}.

ven Fakten nicht unähnlich) validieren sich gegenseitig als »die, die es *anders* sehen«. Ihr Anders-Sehen (oder eben das »Quer-Denken«) schöpft seine Begründung aus sich selbst und schafft erst die geteilte Identität des »epistemischen Widerstands«.[28] Die eigenen Erklärungen sind nicht unbedingt besser, der Pool der hinzugezogenen Tatsachen nicht unbedingt größer oder auch nur anders – aber die Schlüsse sind überlegen, weil sie von jemand »Erwachtem« gezogen werden, was sich darin dokumentiert, dass sie von den Schlüssen abweichen, die die »Schlafschafe« ziehen. Und der Begründungspflicht ist man damit ebenfalls entzogen, denn was auch immer die »Schlafschafe« zu verstehen meinen, die höhere Einsicht ist ihnen ohnehin verstellt.

Für die Überlegungen hier ist allerdings interessanter, was auf der anderen Seite durch diese Haltung ausgelöst wurde, also bei denen, die die Querdenker von außen beobachteten. Denn in dem Maße, in dem sich die Querdenker der diskursiven Verständigung entzogen, entzogen sie sich auch dem Verständnis *durch* die Außenstehenden – und das verstärkte zunächst einmal den Effekt der »Rätselhaftigkeit«, der oben ja schon für die demografische Zusammensetzung der Proteste geltend gemacht wurde. Egal ob die Berichte und Analysen sich um Verständnis qua Einfühlung bemühten, ob sie eher distanziert-amüsiert die grellsten Blüten des Unsinns herausstellten, die sich auf den Demonstrationen und in den Chatgruppen der Querdenker fanden,

28 Amlinger, zitiert in Spiegel et al., »Verschwörungstheorien als narratives Phänomen«, a. a. O.

oder ob sie es darauf anlegten, die Gefährlichkeit des Verschwörungsdenkens zu betonen – die diskursive Intransparenz, die Unverständlichkeit des Querdenkens, erwies sich als äußerst produktive Irritation für die massenmediale Kommunikation, die aus dem Rätselraten gar nicht mehr herauskam. Nachdem zu Beginn vor allem allgemeinere sozialpsychologische Annahmen diskutiert wurden, nannten wissenschaftliche Kommentator:innen schließlich zum Beispiel die Stärke »elitenkritischer, naturromantischer und auch trotziger Grundüberzeugung« der Deutschen,[29] die Existenz anthroposophischer und esoterischer Milieus[30] oder die verbreitete Mythengläubigkeit der Bevölkerung von Bergregionen[31] als Erklärungsansätze für die Affinität für alternative Fakten sowie die regionale Ungleichverteilung der Proteste – und das sind nur einige Beispiele, die allein im November 2021 von renommierten Sozialwissenschaftler:innen in Leitmedien in Österreich und Deutschland formuliert wurden.

29 Nassehi, Armin, »Coronakrise: Haben wir nichts gelernt?«, in: *Die Zeit* (15. November 2021), online verfügbar unter: {https://www.zeit.de/kultur/2021-11/corona-krise-winter-coronapolitik-wissenschaft-2g-regel/komplettansicht}.

30 Balmetzhofer, Matthias, »Warum ist die Impfquote in deutschsprachigen Ländern niedriger als in Westeuropa?«, in: *Der Standard* (12. November 2021), online verfügbar unter: {https://www.derstandard.de/story/2000131103974/warum-ist-die-impfquote-in-deutschsprachigen-laendern-niedriger-als-in}.

31 Gierke, Sebastian, »Corona-Impfung: Warum der Alpenraum ein Impfproblem hat«, in: *Süddeutsche Zeitung* (19. November 2021), online verfügbar unter: {https://www.sueddeutsche.de/politik/coronavirus-impfung-alpenraum-impfverweigerer-esoterik-1.5467716}.

Genauso wichtig war wohl aber ein anderer Effekt: Die politische Kommunikation über die Querdenker wurde durch die alternativen Fakten auch moralisch irritiert. Denn während die Beurteilung der Handlungen der Querdenker in der politischen Kommunikation fast einhellig verurteilend war (bis auf die Bewertung durch die AfD, die aber durch ihre Fundamentalopposition zur Pandemiepolitik ohnehin zusehends von der Bewegung ununterscheidbar wurde), stellte die Unverständlichkeit der angeführten Gründe für diese Handlung ihre moralische Bewertung vor produktive Schwierigkeiten: Die von fast allen an der Kommunikation Beteiligten geteilte Annahme, die alternativen Fakten und Verschwörungstheorien würden von den Querdenkern »geglaubt«, machten ihre Handlungen zwar aus der Außenperspektive nicht weniger unverantwortlich, verhinderte aber eine einfache moralische Verurteilung auf der Basis der zugerechneten Motive dieses Handelns: Denn wenn jemand wirklich glaubt, dass eine erfundene Pandemie zum Vorwand genommen wird, um eine brutale Diktatur zu errichten, dann ist das Besuchen einer Großdemonstration ohne Beachtung der geltenden Hygienebestimmungen ja keine prima facie unmoralische Entscheidung. Man könnte auch sagen: Durch das offensive Sichberufen auf alternative Fakten unterliefen die Querdenker die Konfliktstruktur, in der sie selbst Partei waren. Während sie gegen die Maßnahmen zur Pandemiebekämpfungspolitik auf die Straße gingen, richtete sich ihre Kommunikation schwerpunktmäßig auch gegen die Entscheidungsgrundlage, auf deren Basis diese Maßnahmen überhaupt getroffen wurden. Die Unsicherheit, die das in der massenmedialen Kommunikation über die Querdenker erzeugte, dokumentiert sich auch in der immer wiederkehrenden, auf treffende Weise verfehlten, Bezeichnung ihrer Demonstrationen als »Anti-Corona-Proteste«.[32]

Alternative Fakten verstärkten somit den Nachrichtenwert der Querdenkerproteste entlang aller erwähnten Selektoren, und sie erhöhten darüber hinaus die Möglichkeiten für politische Anschlusskommunikation, indem sie durch die Erzeugung diskursiver Intransparenz, also die erwähnte Unterbrechung der Verständigung durch das Festhalten an einer unüberwindbaren epistemischen Kluft zwischen Querdenkern und »Schlafschafen« (aus der Binnenperspektive) beziehungsweise zwischen denen, die eine wissenschaftliche Entscheidungsgrundlage nicht anerkennen können, und denen, die sich auf eine berufen (aus der Außenperspektive), eine moralische Ambivalenz in die Beurteilung der Proteste einführten. Denn zum einen wurden die Proteste so noch bedrohlicher. Wie zum Beispiel im Rahmen der spieltheoretischen »Madman-Theory« diskutiert wird, erhöht es in Konflikten die Verhandlungsmacht einer Partei, wenn die andere Seite sich nicht mehr in der Lage sieht, ihre Kalküle nachzuvollziehen, und ihr irrationale Schlüsse zutraut.[33] Zum anderen aber machte es sie

32 Z. B. N. N., »Geisel stellt mehr Gewalt gegen Polizisten auf Anti-Corona-Protesten fest«, in: *rbb24* (11. August 2021), online verfügbar unter: {https://www.rbb24.de/politik/thema/corona/beitraege/2021/08/berlin-geisel-un-sonderberichterstatter-demo-querdenker-gewalt-polizisten.html}.

33 Der Begriff der »Madman-Theory« geht wohl auf Präsident Nixon zurück, der damit seine Verhandlungsstrategie im Vietnam-

moralisch weniger eindeutig: Denn wenn die Querdenker wirklich glauben, was sie zu glauben vorgeben, dann sind ihre Handlungen eben auch nicht mehr im subjektiv-nachvollziehenden Sinn verwerflich, was aber trotzdem nicht auf der Ebene der diskursiven Verständigung bearbeitbar ist, denn auf genau dieser Ebene sind sie ja nicht zu erreichen.

Die kommunikative Funktion des Bezugs auf die Querdenker: Legitimation und Nicht-Verständigung

Wie bearbeitet man so eine vertrackte Lage politisch? Nun, spätestens im Sommer 2020 hatte sich bei Politiker:innen vor allem der CDU (die über die Dauer des hier betrachteten Teils der Pandemie, sowohl in der allgemeinen Presseberichterstattung[34] als auch im besonders diskursmächtigen Genre der Talkshows,[35] mit Abstand

krieg beschrieb. Das Motiv, wonach im Konfliktfall gerade die Seite bessere Verhandlungsergebnisse erzielen kann, die durch (ob reale oder vorgetäuschte) Irrationalität dem Gegner die Möglichkeit nimmt, die Glaubwürdigkeit von Drohungen einzuschätzen, wird bereits in Thomas Schellings (ja, derselbe Schelling, den Sie als Gegenexperten in Kapitel 2 schon kennenlernen durften) Buch *Strategy of Conflict* aus dem Jahr 1960 behandelt; vgl. Schelling, Thomas C., *The Strategy of Conflict*, Cambridge: Harvard University Press 1980 [1960], S. 16-22.

34 Vgl. Maurer/Reinemann/Kruschinski, »Einseitig, unkritisch, regierungsnah?«, a. a. O., S. 27ff.

35 Faas, Thorsten/Mona Krewel, »Corona-Sprechstunde mit Maybrit Illner, Anne Will & Frank Plasberg: Parteilich & oberflächlich oder ausgewogen & informativ? Erste Ergebnisse einer Analyse der Qualität der Diskussionen über die Covid-19-Pandemie in ausgewählten deutschen Polit-Talkshows« (2021), S. 5f., online ver-

die am stärksten vertretene Partei war), aber auch weit darüber hinaus ein Deutungsschema durchgesetzt: In irgendeiner Form differenzierte man innerhalb der opaken Masse der Protestierenden zwischen »Verführern«, »Verführten« und solchen mit »berechtigten Interessen«.[36] Das heißt, man trug von außen eine Unterteilung an die Proteste heran, nach der es böswillige Akteure gab, denen man die volle moralische Verurteilung zuordnen konnte, aber eben auch solche, die aus hehren Motiven, aber mit falschem Glauben an den Protesten

fügbar unter: {https://rudolf-augstein-stiftung.de/wp-content/uploads/2021/11/studie-corona-sprechstunde-faas-rudolf-augstein-stiftung.pdf}. Wobei die SPD, wenn man Karl Lauterbach nicht primär als Experten, sondern vor allem als SPD-Vertreter zählt, aufschließen kann, was die Einladungshäufigkeit angeht, wie die Autor:innen der Studie betonen.

36 In einem Artikel auf *Business Insider* präsentierten Politiker:innen von CDU und CSU, aber auch von SPD und Linkspartei, die ihre Wahlkreise in Schwerpunktgebieten der Bewegung hatten, alle eine Variation dieses Themas; vgl. Lehner, Joana, »›Im persönlichen Gespräch kann ich vermitteln, dass Bill Gates mich nicht sponsert‹: So reagieren Politiker auf Anschuldigungen von Corona-Leugnern«, in: *Business Insider* (21. Dezember 2020), online verfügbar unter: {https://www.businessinsider.de/politik/deutschland/im-persoenlichen-gespraech-kann-ich-vermitteln-dass-gates-mich-nicht-sponsert-so-reagieren-politiker-auf-anschuldigungen-von-corona-leugnern/}. Aber auch in den Pressekommentaren wurde diese Unterscheidung immer wieder in irgendeiner Form aktualisiert. So lautete der Teaser eines Kommentars in der *Zeit* im September 2020: »Gefährlich am Corona-Protest sind nicht die Nazis, sondern eine selbst ernannte bürgerliche Avantgarde, die sich für erleuchtet hält. Mit den Vernünftigen kann man reden.« Stark, Holger, »Die neue Wohnzimmer-Radikalität«, in: *Die Zeit* (1. September 2020), online verfügbar unter: {https://www.zeit.de/politik/deutschland/2020-09/corona-proteste-demonstrationen-massnahmen-verschwoerungstheorien-coronavirus/komplettansicht}.

teilnahmen und bei denen man gegebenenfalls eher danach unterscheiden müsste, wen man kommunikativ noch aufklärend erreichen könne und wen nicht. Und schlussendlich wurde eben angenommen, dass es gewissermaßen »unter« dem artikulierten irrationalen Unbehagen auch Sorgen gibt, die für die Politik bearbeitbar wären, wenn man sie denn kennen würde (wobei der Einfachheit halber meist angenommen wurde, es ginge eben um Lockerungen der Pandemiepolitik).

Eine empirische Grundlage hatte diese Unterscheidung meines Wissens nach nie. Sie wurde zumindest nicht systematisch zu den ja ebenfalls intensiv diskutierten, angeblich so heterogenen politischen Lagern in Beziehung gesetzt. Sie bezog ihre Überzeugungskraft vermutlich also in erster Linie daraus, dass sie es erlaubte, die widersprüchlichen politischen Erfordernisse gleichzeitig einzulösen: das Zugeständnis, dass man kommunikativ kaum jemanden in dieser Bewegung erreichen konnte, das Tabu, eine größere Bewegung in Bausch und Bogen zu verurteilen (gerade wenn man mit dem Verdacht ringt, unzulässig »durchzuregieren«), und die Notwendigkeit, eventuelle Möglichkeitsfenster für oppositionelle Politik so klein wie möglich zu halten.

Es ist deshalb sicherlich kein Zufall, dass die Rhetorik im politischen Umgang mit den Querdenkern so sehr an die Formulierungen erinnerte, mit der (oft genug dieselben) politischen Akteure auch schon auf die Pegida-Bewegung reagiert hatten. Die resultierende Mischung aus Distanzierungsgesten, signalisiertem Verständnis und politischem Zugeständnis nun wiederum selbst einfach moralisch zu verurteilen, greift sicherlich zu kurz – zumindest was kurzfristige politische Reaktionsspielräume angeht, scheint diese Strategie einfach zu naheliegend und deswegen für eine »Politik im Krisenmodus« fast zwingend. Aber gerade das Beispiel Pegida, auf das einige sich ja bei der Begründung ihrer Strategie auch beriefen, führt zugleich die Begrenztheit der mittel- und langfristigen Erfolge vor Augen, die mit einem solchen Vorgehen erzielt werden können. Denn Verführte und Verführer:innen lassen sich so einfach nicht trennen, und jedes Zugeständnis droht Inkonsistenzen zu erzeugen, die einem dann wieder triumphierend als Zeichen der eigenen Heuchelei vorgeworfen werden können. Politisch mag es ein hehres Anliegen sein, die »Spaltung der Gesellschaft« durch Entgegenkommen zu verhindern. Wenn sich jedoch eine Seite selbst von der Verständigung abgespalten hat, indem sie sich weigert, sich auf die Prämissen der anderen Seite einzulassen, bedeutet dies aber auch, dass man dieser Seite nun kommunikativ hinterherläuft.

Selbstverständlich lässt sich der relative Beitrag alternativer Fakten zur – parallel zum Aufstieg der Querdenker – immer inkonsistenter wirkenden Pandemiepolitik der Regierungen in Bund und Ländern (zumindest dies lässt sich als Korrelation beobachten) nicht einfach berechnen – zumal auch die umgekehrte Kausalität, wie bereits angedeutet, eine Rolle spielen dürfte: Wie im vorherigen Kapitel gezeigt, dockt die diskursive Logik der »Ermittlungsdynamik« ja an real beobachtbaren Inkonsistenzen an. Aber auch wenn die relative Bedeutung nicht präzise ermittelt werden kann, dürfte nach dem bisher Gesagten einleuchten, dass wenigstens die

Selbstlegitimation dieser Inkonsistenzen, die sich ja vor allem darüber rechtfertigten, man wolle »die Menschen mitnehmen« und eine »Spaltung der Gesellschaft« verhindern, ohne Verweis auf die Opposition der Querdenker und die von ihnen artikulierten alternativen Fakten kaum aufgegangen wäre.

Von dieser Beobachtung aus lässt sich nun die kommunikative Funktion der alternativen Fakten zur Coronapandemie in der massenmedialen Kommunikation besser aufschlüsseln. War es in der internen Social-Media-Kommunikation vor allem um das Abstützen einer fundamentaloppositionellen Identitätsbehauptung als »Durchblicker« gegangen, bestand ihre Funktion in der massenmedialen politischen Kommunikation vor allem darin, einen Konflikt zu verschieben und ihn dadurch politisch bearbeitbar zu machen. Die systemlogisch angelegte Diskrepanz zwischen kurzfristiger ökonomischer Rationalität und epidemiologisch gebotenen Maßnahmen wurde massenmedial anschlussfähig, indem sie in einen moralisch-politischen Konflikt umgedeutet wurde, bei dem beide Seiten sich auf ein legitimierendes Publikum stützen konnten. Die Rezeptionsweise alternativer Fakten in den Massenmedien erlaubte es dabei, beiden Seiten moralische Argumente zuzuerkennen, gerade indem sie die Übersetzung zwischen Publikum und Politik auf der einen Seite unterbrach: Den Querdenkern gestand man zu, verwirrt zu sein, den ihnen entgegenkommenden Politiker:innen, eine Spaltung der Gesellschaft verhindern zu wollen. Damit waren also die ersten nicht (nur) böse, die zweiten nicht (nur) zynisch. Aus soziologischer Sicht muss man zunächst einmal festhalten, dass das in der Sozialdimension im politischen System hervorragend funktioniert hat. Während in der Sachdimension – also in Bezug auf die in der Kommunikation bearbeiteten Themen – die Lage immer schlimmer wurde, weil die gesundheitlichen und sozialen Konsequenzen der Pandemie und ihrer Bekämpfung mit jeder Welle schwerwiegender wurden, entstand über die gesamte Zeit keine relevante, grundlegende politische Opposition auf der Seite der Leistungsrollenträger in der Politik, die ein auf Coronaleugnung fußendes alternatives Programm zur Krisenbewältigung vorgelegt hätte.[37] Allerdings produzierte diese – in dieser Hinsicht sehr effiziente – Problembearbeitung Folgeprobleme: Sie verhinderte die Entwicklung alternativer Entscheidungsszenarien für die Pandemiebekämpfung, die sich entlang anderer politischer Interessen ausdifferenzieren hätten können. Es wurde also – abgesehen von libertärer Programmverweigerung – kein alternatives Programm zur Krisenbewältigung in der Parteienkonkurrenz verankert, und auch dazu leistete die Rezeption alternativer Fakten durch die massenmedial konstituierte politische Öffentlichkeit einen Beitrag. Denn indem man als zentrales Problem der Pandemiebekämpfung die Abwägung zwischen den moralischen Forderungen derer, die sich eine im epidemiologischen

37 Nicht einmal die AfD, die sich so früh auf die Seite der Querdenker geschlagen hatte, konnte aus dem so organisierten Konflikt wirklich Profit schlagen. Das mag auch als Näherungswert dafür herhalten, dass es mit dem politischen Phantasma einer Lockerungsöffentlichkeit, die im Diskurs nicht genügend repräsentiert worden sei, mithin einem relevanten Repräsentationsdefizit für Querdenker, nicht allzuweit her gewesen sein kann.

Sinne möglichst effektive Pandemiebekämpfung wünschten, und derer, die unter Bezugnahme auf alternative Fakten die Realität der Situation selbst infrage stellten, bearbeitete, mithin also die epistemische Unsicherheit und die Legitimität von Eingriffen in die Freiheitsrechte ins Zentrum der Debatte rückte, stellte sich die politische Entscheidungsfindung gegenüber ihrer wissenschaftlichen Entscheidungsgrundlage gewissermaßen »künstlich dumm«.

Erwähnt wurde ja bereits die niemals wirklich konflikthaft ausgetragene Wahl zwischen den funktionalen Äquivalenten Homeoffice-Pflicht und Schul- sowie Kitaschließung, aber die Liste der immer nur angedeuteten Konflikte, die niemals thematisch die Debatte bestimmten, ließe sich fortsetzen: die Frage von Luftfiltern in Schulen und Kindertagesstätten im Kontext der Öffnung der Bildungseinrichtungen, die Frage nach der sozialen Lastenverteilung der durch die Maßnahmen verursachten wirtschaftlichen Kosten, die Frage nach den Arbeitsbedingungen in der Pflege und überhaupt den Kapazitäten des Gesundheitssystems, die Frage, ob nicht kurze, entschlossene Lockdowns bei der zweiten, dritten und vierten Welle sehr viel weniger einschränkend gewirkt hätten als die abwartend-abwägende Position, aus der heraus man mit Verweis auf die fehlende Handlungslegitimität immer erst tätig wurde, wenn es eigentlich schon zu spät war …

Es ist nicht so, dass über diese Fragen nicht berichtet und gestritten worden wäre (sonst wären sie uns ja nicht bekannt), aber sie wurden durch die Prominenz des politischen Konflikts mit denjenigen, die die eigentliche Entscheidungsgrundlage infrage stellten, in den Hintergrund gedrängt und – im Sinne einer thematischen Relevanz für die Auseinandersetzung um konkrete Entscheidungen – entpolitisiert. Damit leisteten alternative Fakten (beziehungsweise genauer: die Kommunikation über alternative Fakten) einen Beitrag zu einer eigentümlichen Entkopplung: Während laut Umfragen die Gruppe derer, die eine – abstrakt gefasste – Verschärfung der Pandemie-Schutzmaßnahmen wünschten, bis auf zwei winzige Ausnahmen am Ende der ersten und zweiten Welle im ersten Jahr der Pandemie durchgängig größer war als die Gruppe derer, die Lockerungen wünschten,[38] wurde die Debatte ebenso fast durchgängig von der Auseinandersetzung mit der zweiten Gruppe dominiert. Die Politik brachte also das Kunststück zustande, gegen den gemessenen Willen der Mehrheit der Bevölkerung eine mindestens in Teilen offensichtlich sachinadäquate politische Bearbeitung des Problems »Pandemie« durchzuführen und das Ganze dadurch moralisch zu legitimieren, dass sie auf den massenmedial abgebildeten Dissens über die Pandemiepolitik ver-

38 Vgl. Maurer/Reinemann/Kruschinski, »Einseitig, unkritisch, regierungsnah?«, a. a. O. Die Studie bezieht sich dabei auf die fortlaufend erhobenen Daten des COSMO Covid-19 Snapshot Monitorings. Auch wenn inzwischen (Stand Februar 2022) der Anteil derer, die die Maßnahmen übertrieben finden, größer ist als der jener, die sich eine Verschärfung der Maßnahmen wünschen, sind die »Maßnahmenkritiker:innen« dennoch fast immer weniger als ein Drittel der Gesamtmenge der Befragten; vgl. Cosmo Covid-19 Snapshot Monitoring, »Akzeptanz aktueller Maßnahmen«, online verfügbar unter: {https://projekte.uni-erfurt.de/cosmo2020/web/topic/politik/20-akzeptanz/#anteil-der-ma%C3%9Fnahmen-ablehnenden-im-zeitverlauf}.

wies, in dem die alternativen Fakten und ihr vermeintliches, immer diffus gehaltenes Trägermilieu als Drohkulisse und legitimierendes Publikum eingeführt wurden.

Die dadurch im politischen System marginalisierten Konflikte machten sich in mindestens zwei seltsamen Phänomenen bemerkbar, die einen schon früh hätten stutzig werden lassen können, wenn sie denn intensiver diskutiert worden wären: Während das gemessene Vertrauen in die Wissenschaft (im Schnitt hoch) und die Medien (im Schnitt niedrig) im ersten Jahr der Coronapandemie in der Bevölkerung weitgehend stabil blieb, sank das Vertrauen in die Bundes- und Landespolitik erkennbar (von im Schnitt eher hoch zu im Schnitt eher niedrig bis mittel) und konnte sich ausgerechnet dann temporär erholen, wenn besonders einschneidende Pandemie-Bekämpfungsmaßnahmen verkündet wurden.[39] Immer dann also, wenn die Politik verlauten ließ, dass sie sich darum bemühe, alle mitzunehmen, verlor sie an Zustimmung, und immer dann, wenn sie mit Verweis auf die Wissenschaft erklärte, leider keine andere Wahl zu haben, als bestimmte Maßnahmen zu verhängen, gewann sie an Zustimmung, tendenziell verlor sie aber durchgängig an Vertrauen.[40] Natürlich fließen in solche Dynamiken zahlreiche Faktoren ein, die hier nicht erör-

39 Ebd.

40 Und auch die Medien genossen, obwohl die Schwankungen hier schwächer sind, im Verlauf der Pandemie nie wieder so großes Vertrauen wie auf dem Höhepunkt der ersten Welle, genau dem Zeitpunkt also, für den sie sich im Nachhinein dann selbst besonders der »Hofberichterstattung« verdächtigten.

tert wurden, aber es ist doch nicht ohne Ironie, dass der Politik Entscheidungsstrategien, die sie selbst mit Verweis auf die öffentliche Meinung legitimierte, von ebendieser Öffentlichkeit scheinbar als Inkompetenz und mangelnde Integrität zugerechnet wurden.[41]

Damit lässt sich auch für die Frage dieses Kapitels – die massenmediale Kommunikation über alternative Fakten – verallgemeinern, was sich in den vergangenen drei Kapiteln bereits abzeichnete: Die kommunikative Funktion alternativer Fakten ist die soziale Verleugnung einer vorgängig eigentlich geklärten Tatsache durch kommunikative Verunsicherung. Sie verhindern, dass durch Entscheidungshandeln an eine Situation angeschlossen wird, indem sie der Kommunikation die Möglichkeit geben, diese Situation als ungeklärte zu behandeln – und spätestens wenn es unter den an der Aushandlung von Entscheidungen Beteiligten ein Interesse daran gibt, die Entscheidung aufzuschieben, wird diese Möglichkeit auch wahrgenommen.

Entgegen der verbreiteten Auffassung, nach der alternative Fakten primär deswegen ein Problem seien, weil sie geglaubt werden, ist ihre Wirkung darauf also gar nicht unbedingt angewiesen: Sie erfüllen ihre Funktion auch dann, wenn lediglich unterstellt werden kann, dass sie jemand glaubt, weil damit alle relevanten sozialen Systeme genug Irritation registrieren, um sich in der Anschlusskommunikation auf Wissensunsicherheit einzustellen. Die Massenmedien registrieren und verein-

41 Cosmo Covid-19 Snapshot Monitoring, »Akzeptanz aktueller Maßnahmen«, a. a. O.

deutigen die Unsicherheit: Sie melden, dass es Menschen gebe, die nicht glauben, dass Corona wirklich ein derart gefährliches Virus ist (oder überhaupt existiert oder so ansteckend ist), berichten von »Anti-Corona-Demonstrationen« und von »Coronaleugnern«, die sich auf alternative Fakten bezögen sowie anderen Expert:innen Glauben schenkten und *deswegen* gegen die Politik auf die Straße gingen. Im politischen System positionieren sich Akteure aufseiten der »unterdrückten Minderheit«, die sie an sich zu binden suchen, und bauen damit Druck auf andere Akteure auf, sich dazu zu verhalten. Das Publikum der Politik kann sich selbst nur durch die Massenmedien erkennen und nimmt sich damit selbst als verunsichert wahr – eventuell wird auch hier (wie im Beispiel der Amtseinführungsfeier) schon ein selbstverstärkender Effekt in Gang gesetzt, weil man beginnt, sich gegenüber Meinungsabfragen »parteiisch« zu verhalten. Diejenigen, die stärkere oder vor allem andere Maßnahmen des Infektionsschutzes wünschen, positionieren sich »loyal« zu den bestehenden Maßnahmen, während diejenigen, die nur ein gewisses Unbehagen empfinden oder ein nicht moralisch satisfaktionsfähiges Interesse an Öffnungen haben, teilweise gegen Maßnahmen Stellung beziehen, die sie am Ende gesundheitspolitisch vielleicht sogar für vernünftig halten. Die Regierungspolitik (und mit ihr ein Großteil der parlamentarischen Opposition) sucht, diesen Konflikt zu moderieren und Lösungen mit den an sie herangetragenen wirtschaftlichen Interessen in Einklang zu bringen, wodurch eine inkonsistente Strategie entsteht, deren mangelnde Effektivität für Unzufriedenheit in der Bevölkerung sorgt, die aber zunächst durch die Linse der drohenden »Spaltung« zwischen Coronaleugner:innen und Mehrheitsbevölkerung interpretiert wird. Die alternativen Fakten erlauben so, dass sich auch und gerade nicht allgemein diskutierte Interessenwidersprüche politisch mitbearbeiten lassen, verhindern aber, dass sie als Konfliktstruktur transparent werden. Das ist politisch vorübergehend durchaus funktional – aber spätestens wenn die Infektionslage und die eigentlich sinnvollen Maßnahmen zu ihrer Bekämpfung quer zum leitenden Deutungsschema Schließen-Öffnen verlaufen, verhindert diese Konstellation die Bearbeitung der Situation.

Fazit: Alternative Fakten und die Wahrheit der Gesellschaft

> [V]on nichts werden wir verschont,
> nicht einmal davon, informiert zu sein.
> *Unsichtbares Komitee,* Jetzt *(2017)*

Eine Zeile aus Elvis Presleys »Suspicious Minds« – »We can't go on together with suspicious minds« (Mit Misstrauen kommen wir zusammen nicht weiter) – habe ich als Motto der Einleitung vorangestellt. Das hat in Bezug auf dieses Buch einen ironischen Doppelsinn. Zum einen soll es auf den in der Einleitung umrissenen Forschungsstand zur Wirkung alternativer Fakten verweisen: Dieser hat sich bisher, so meine Ausgangsvermutung, zu sehr auf die »Minds«, also auf die Glaubensinhalte, die Überzeugungen der Menschen konzentriert, die alternative Fakten vertreten. So kommen wir theoretisch nicht weiter. Stattdessen muss man, wenn man die Wirkung alternativer Fakten besser verstehen will, einen Perspektivwechsel vornehmen. Nicht das Verhältnis alternativer Fakten zur empirischen Wirklichkeit und zu den Überzeugungen der sie Äußernden ist aus dieser Sicht entscheidend, sondern ihre Funktion im jeweiligen kommunikativen Kontext. Nicht, was man über sich und die Welt sagt, wenn man alternative Fakten äußert, sondern was man mit und in der Kommunikation macht, wenn man sie äußert, war der Fokus dieser, auf ihre kommunikative Form zentrierten Untersuchung.

Die Streifzüge durch die Welt der alternativen Fakten – aus dem Pressesaal des Weißen Hauses durch die Berichte der Leugner:innen des Klimawandels bis in die vermeintlich finsteren Ecken der Social-Media-Kommunikation zur Coronapandemie – haben bestätigt, dass dieser Blickwinkel in der Tat Neues sichtbar macht. Und das ist der zweite Sinn, in dem das Motto auf das Buch verweisen soll: Es zeigt sich nämlich, dass das gegenseitige Belauern, die gegenseitigen Verdächtigungen – zu lügen oder den Verstand verloren zu haben –, die den Diskurs über alternative Fakten begleiten, gerade die zentrale Funktion alternativer Fakten ausmachen: Alternative Fakten blenden nicht primär dadurch, dass sie bestimmte Menschen von falschen Tatsachen überzeugen, sondern dadurch, dass sie kommunizieren, jemand glaube *nicht* an eine bestimmte Tatsache, und damit in der Kommunikation eine Themenverlagerung nach sich ziehen, die politische Entscheidungen und Konflikte hinauszuzögern hilft. Auch praktisch kommen wir mit *suspicious minds* also nicht weiter. Was also stattdessen tun? Und welchen Beitrag kann die Soziologie dazu leisten? Mit diesen Fragen lässt Elvis Presley uns – wenig überraschend – allein. Allerdings meine ich, dass die Überlegungen dieses Buches uns einer Antwort näherbringen können. Wie, das ist Gegenstand dieses letzten Kapitels.

Dazu sollen in der Folge die Ergebnisse der Fallstudien noch einmal systematisierend zusammengefasst und in den Kontext der in der Einleitung aufgeworfenen Fragen gestellt werden. Alle betrachteten Fälle zeichnen sich durch eine sehr ähnliche kommunikative Form aus, als die alternative Fakten im Allgemeinen bestimmt werden können, nämlich als formale und damit unbestimmte Negation. Ihre Funktion ist über die verschiedenen betrachteten kommunikativen Kontexte hinweg ebenfalls vergleichbar – immer tragen sie zu einem kommunikativen Zaudern bei, indem statt über das Problem (welche Konsequenzen aus einem Minderheitenvotum – oder einer besonders breiten Unterstützung – für den jeweiligen Präsidenten, aus dem menschengemachten Klimawandel, oder der Verbreitung eines neuartigen Virus gezogen werden sollten) über die soziale Validierung der zugrunde liegenden Erkenntnis gestritten wird. Diese Funktion alternativer Fakten ist gegenüber dem in der Einleitung skizzierten, erkenntnistheoretischen Streit zwischen realistischen und sozialkonstruktivistischen Perspektiven auf das Phänomen interessanterweise neutral. Zugespitzt: Ob man sie nun als Negation der *Wahrheit* der Gesellschaft (realistische Perspektive) oder der Wahrheit der *Gesellschaft* (konstruktivistische Perspektive) begreift, macht praktisch überhaupt keinen Unterschied. Entscheidend ist, dass sich darin, wie alternative Fakten reüssieren können, qua Negation paradoxerweise zeigt, dass es durchaus eine *Wahrheit der Gesellschaft* gibt.

Diese erkenntnistheoretische Entwarnung zieht allerdings eine Folgefrage nach sich: Wenn es denn so ist, dass alternative Fakten die Wahrheit der Gesellschaft gar nicht fundamental herausfordern (sondern nur ihre Übersetzung in Entscheidung und Handeln bremsen), warum haben sie dann in den vergangenen Jahren die gesellschaftliche Selbstverständigung über Wahrheitsfragen so grundlegend irritiert? Meine These ist, dass dabei drei Entwicklungen ineinandergreifen: (1) Die Wahrheit der Gesellschaft ist in den vergangenen Jahrzehnten beobachtbarer geworden, was alternative Fakten zu einer wahrscheinlichen Form der Problembearbeitung gemacht hat. (2) Alternative Fakten selbst sind aber im Zuge dieser Entwicklung ebenfalls beobachtbarer geworden, weswegen sie irritierender wirken. Vielleicht am wichtigsten aber ist, dass (3) die Zahl der »apokalyptischen Probleme«, also von Problemen, deren Bearbeitung wie auch deren Konsequenzen bei Nichtbearbeitung den Horizont des gesellschaftlich Vorstellbaren überschreiten, zugenommen hat.

Gerade der letzte Punkt ist von Bedeutung für die Beantwortung der eingangs schon aufgeworfenen, letzten und vielleicht wichtigsten Frage: Was tun? Wie also kann die in diesem Buch entwickelte, soziologische Perspektive dazu beitragen, das Problem alternativer Fakten in den Griff zu bekommen? Sie kann, so das Schlussplädoyer dieses Fazits, nicht mehr und nicht weniger leisten als eine Aufklärung über die Grenzen der Aufklärung. Das mag paradox klingen, ist aber *theoretisch* ein einfacher Gedanke: Wenn alternative Fakten vor allem kommunikative Ausweichmanöver sind, die gesellschaftliche Konflikte in epistemologischen Endlosdebatten verlängern und sie darin gleichzeitig verbergen, dann kann und sollte die soziologische Betrachtung sie nicht primär als Hindernis bei der Verständigung begreifen, sondern als Symptome von Konflikten, die eine Verständigung auch jenseits von Wissensfragen unwahrscheinlich machen. Es gilt also, die verbreitete Sichtweise umzukehren: Es kann nicht darum gehen, zunächst die wissenschaftliche (oder alltagsempirische) Grundlage dessen zu klären, worüber gestritten wird, um dann in den Konflikt zu gehen – sondern der Gegenstand des Konflikts wird sich umso klarer konturieren, je offener der Konflikt praktisch ausgetragen wird.

Der gemeinsame Nenner: Formale Negation

Alle untersuchten alternativen Fakten weisen eine gemeinsame Struktur auf: Als kommunikativer Schachzug haben sie durchweg die Form einer formalen, unbestimmten Negation. Das heißt: Bei näherem Hinsehen handelte es sich gar nicht um die Äußerung von Fakten im Sinne einer Tatsachenbehauptung.[1] Denn in allen Fällen war die primäre Aussage im Kontext nicht, wie es der Begriff des alternativen Fakts ja eigentlich suggeriert, »Nicht x ist der Fall, sondern y«, sondern vielmehr »Zu sagen, dass x der Fall ist, ist unzulässig, denn es ist (vielleicht) *anders*«, wobei »anders« wirklich in

1 Wenn wir von der etwas bemühten Formalisierung absehen, dass auch eine Behauptung über den Wahrheitswert von bestimmten Tatsachenbehauptungen, wie sie in diesem Rahmen durchaus mitkommuniziert werden, natürlich ihrerseits als Tatsachenbehauptung angesehen werden kann – wenn man es also genauer ausdrücken will, müsste man sagen: Sie wirken nicht als Tatsachenbehauptung in Bezug auf das Thema der jeweiligen Äußerung. »Corona ist eine Grippe« wirkt dann nicht als Tatsachenbehauptung in Bezug darauf, dass das Coronavirus wirklich ein Influenza-Virus ist, sondern eben als die Aussage »Corona ist nicht die schlimme Krankheit, als die sie uns verkauft wird«.

diesem abstrakten Sinne als Verweis auf die leere, letztendlich unbestimmte Alterität verstanden werden sollte. Die Menschenmenge bei der Amtseinführung sei, so die Aussage, künstlich zu einer kleinen Veranstaltung vereindeutigt worden, in der sich die mangelnde Unterstützung des Präsidenten zeige, wo sie doch kleiner schien, als sie war; kleiner war, als sie hätte sein können; größer war, als zu erwarten gewesen wäre. Und überdies sei sie die größte Amtseinführungsfeier der Geschichte gewesen. Die Diagnose eines schädlichen, menschengemachten Klimawandels sei eine politisch motivierte Vereinfachung, die ignoriere, dass der Klimawandel gar nicht stattfinde, nicht menschengemacht und überdies nicht schädlich sei. Die Pandemie-Bekämpfungsmaßnahmen verwiesen auf einen sinistren politischen Plan, wenn man sich erst einmal klarmache, dass sie wegen der hohen Infektiosität ohnehin ins Leere liefen, Corona in Wirklichkeit eine harmlose Grippe sei und sich die Verantwortlichen das Virus nur ausgedacht hätten.

In dieser Entstellung zur Kenntlichkeit wirken diese Behauptungsketten zunächst einmal komisch – und es ist so naheliegend, ihr Zustandekommen mit Denkfehlern oder unredlicher Argumentationsweise zu erklären, dass es nicht verwundert, wie schnell der Diskurs über alternative Fakten in psychologische Pathologisierung mündet oder in Empörung gerät. So darf man nicht reden, und wenn man so etwas glaubt, dann braucht man offensichtlich Hilfe. Das mag mit Blick auf eine Reihe ihrer Vertreter:innen sogar stimmen, aber aus der Perspektive dieses Buches muss man zunächst festhalten, dass so nun einmal geredet wird und dass es keine Instanz gibt, die das verbieten könnte,[2] so dass man wohl oder übel mit den Konsequenzen rechnen muss.

Worum es aus dieser Warte eigentlich geht, ist deshalb nicht vordringlich, was zu solch seltsamen Äußerungen führt oder was aus ihnen folgen müsste, sondern was beobachtbar mit der Kommunikation geschieht, in der sie geäußert werden, vor allem also, wie an sie angeschlossen wird. Und die so bestimmte *Funktion* alternativer Fakten stellte sich über alle betrachteten Fälle hinweg ebenfalls als ähnlich heraus: Immer resultierten die alternativen Fakten in einer Verlagerung des Themas der Kommunikation – von einem politischen Konflikt über die Deutung eines Sachverhalts hin zu der Frage, wie und ob der Sachverhalt so in einem Konflikt über-

2 Die Gesetze der Logik sind, selbst wenn sie denn ein für alle Mal festgelegt wären, einfach keine Gesetze im Sinne des Strafgesetzbuches – sie gelten nicht, indem sie sanktioniert werden, sondern nur, indem sie gelten. Wir können sie also als implizite Grundlage der Praxis der Verständigung explizit machen, kommen damit aber nur weiter, wenn wir die konkrete Praxis überhaupt richtig als Verständigung aufgefasst haben. Man kann sie nämlich als Gesprächsgrundlage nur von einem Gegenüber einfordern, das selbst an einer Verständigung interessiert ist (oder Gründe hat, die Fassade der Verständigung aufrechterhalten zu wollen) – was durchaus streitend, also in Form von *arguing* erfolgen kann. Im Kräftemessen von antagonistischen Aushandlungen, *bargaining*, wie es im alltagspolitischen Konflikt die Regel sein dürfte, funktioniert der Appell an diese Regeln für gewöhnlich schlecht beziehungsweise wird eher als Identitätsbehauptung denn als Verfahrensvorschlag gelesen (vgl. für das Wechselspiel von *arguing* und *bargaining* in politischen Verhandlungen Elster, Jon, »Arguing and bargaining in two constituent assemblies«, in: *University of Pennsylvania Journal of Constitutional Law* 2 [2000], S. 345-421).

haupt vorausgesetzt werden kann. Wie diese Verlagerung sich konkret vollzog, das war durchaus von Fall zu Fall unterschiedlich: Im Fall der Zuschauer:innenmenge bei der Amtseinführung war es ein Frontalangriff auf die Berichterstattung der Presse, der mit extensiven Spekulationen über die hinter diesem Angriff stehenden Motive oder den Geisteszustand des Präsidenten beantwortet wurde – was hinreichte, um den eigentlichen Stein des Anstoßes (die sich eben auch in den Zuschauer:innenzahlen dokumentierende numerische Unterlegenheit der Unterstützer:innen des Präsidenten) in der Berichterstattung für den Moment zurücktreten zu lassen, so dass die Frage, ob die Empörung über den Wahlsieg Donald Trumps nicht auch dazu führen sollte, das institutionelle Arrangement, das diesen Sieg nicht nur möglich, sondern in gewisser Weise wahrscheinlich machte, zu reformieren, in der öffentlichen Debatte in den Hintergrund trat. Im Falle der Leugnung des menschengemachten Klimawandels war es eine geschickte Mischung aus Expert:innenkritik und außerwissenschaftlicher Inszenierung wissenschaftlichen Dissenses, die dazu beitrug, dass der eigentliche Konflikt über die politische Bearbeitung des Klimawandels immer wieder hinter vermeintlich notwendige Überzeugungsarbeit zurücktrat. Und im Fall der alternativen Fakten zur Coronapandemie war es vor allem der Verweis auf eine uneinsichtige (verführte oder pathologisierte) Bevölkerungsgruppe, der zum Einsatz in einem politischen Aushandlungsprozess wurde, der sich selbst nur begrenzt als Konflikt begreifen konnte. In einigen Fällen mag man plausiblerweise annehmen, dass dieser Effekt von den Vertreter:innen alternativer Fakten bewusst im Sinne eines Um-zu-Motivs[3] intendiert war, in anderen scheint dies unwahrscheinlicher: In allen aber wäre es eine wenig vielversprechende Strategie gewesen, wenn der betreffende kommunikative Kontext nicht anschlussoffen für diese Form der Intervention wäre.

Immer waren die Erfolgsbedingungen dieser Art von »Schachzug« und sein Ergebnis vergleichbar: Die Kommunikation hatte stets schon zuvor eine Konfliktstruktur, wobei das als Gegenstand des Streits wirkende Thema zwar als bekannt vorausgesetzt werden konnte, aber größtenteils latent gehalten wurde. Die Presseberichterstattung über die Amtseinführung *war* in weiten Teilen feindselig, die Berichte über die geringen Teilnehmer:innenzahlen implizierten eine geringe Unterstützung und verwiesen damit auch auf die numerische Minderheit der Anhänger:innen des Präsidenten. Gerade weil dies aber nicht zum expliziten, vordringlichen Thema gemacht wurde, konnte die simple Leugnung der geringen Teilnehmer:innenzahl solche Verwirrung erzeugen. Die Querdenker erlaubten es der politischen Debatte, die konflikthafte Abwägung von Gesundheitsrisiken und wirtschaftlichen Interessen normativ umzudeuten (in Sorge um den gesellschaftlichen Zusammenhalt) und thematisch zu verlagern, was auch deshalb so gut gelang, weil die Abwägung verschiedener Interessen in der Pandemiebekämpfung kaum explizit ausgetragen wurde.

3 Zum Begriff des Um-zu-Motivs vgl. Schütz, Alfred: *Der sinnhafte Aufbau der sozialen Welt. Eine Einleitung in die verstehende Soziologie*, Frankfurt am Main: Suhrkamp 1981, S. 123.

Epistemologische Entwarnung und zeitdiagnostische Überlegungen

Die philosophische Debatte um sozialkonstruktivistische und realistische Perspektiven auf alternative Fakten sowie die Frage, ob wir gegenwärtig mit einer »Wahrheitskrise« zu kämpfen hätten, ist viel zu komplex, um sie in irgendeiner Form abschließend klären zu wollen – und es wäre naiv zu glauben, dass eine solche erkenntnistheoretische Frage sich überhaupt empirisch lösen ließe. Dennoch glaube ich, dass die Ergebnisse der Untersuchungen dieses Buches einen Beitrag leisten können, indem sie zumindest einige der alarmistischen Untertöne relativieren helfen, die diese Debatte begleiten.

Die Erkenntnis, dass alternative Fakten als kommunikative Form als formale Negation auf die Erkenntnis bezogen bleiben, die sie verleugnen, bedeutet zuallererst eine erkenntnistheoretische Entlastung der paradoxen Figur »alternativer Fakten« dadurch, dass der widersprüchliche Charakter ihres Gegenstands anerkannt wird: Der Skandal dieser Formulierung hatte ja aus realistischer Perspektive darin bestanden, dass vermeintlich insinuiert würde, dass zwei sich ausschließende Aussagen über Sachverhalte gleichzeitig gültig sein könnten. Dass alternative Fakten schlicht und einfach Lügen seien, wie die Kommentator:innen in der Presse argwöhnten, ist die alltagsweltliche Übersetzung dieser Interpretation. Weil Fakten qua Definition wahrheitsgemäße Aussagen über »die Dinge, wie sie sind«, seien, könne es keine alternativen Fakten geben, weil das bedeuten würde, dass Dinge zugleich so und anders sind. Alternative Fakten sind aus dieser Warte Lügen (oder Irrtümer), weil sie als Aussagen nicht mit der Welt, wie sie ist, *korrespondieren*. Aus konstruktivistischer Sicht sind Fakten selbst ein problematisches Konzept, da es suggeriert, es handele sich um etwas, das mit der Welt korrespondieren würde, anstatt anzuerkennen, dass Fakten in komplexen sozialen Aushandlungsprozessen hergestellt werden und ihren Wahrheitseffekt dadurch erzielen, dass sie überzeugen, weil sie mit der jeweiligen Wahrheitskonstruktion *kohärent* sind. Man könnte also sagen: Für den Realismus besteht das Problem in der Behauptung, es könnte *alternative* Fakten geben, aus der konstruktivistischen Perspektive hingegen liegt der Stein des Anstoßes eher in der Behauptung, dass es sich um *Fakten* handele[4] – gerade in der Gegenüberstellung von Fakten und alternativen Fakten würde sich doch der Konstruktionscharakter beider offenbaren.

Nun sperrt sich die beobachtete kommunikative Form alternativer Fakten aber gegen beide Problematisierungen durch Indifferenz gegen die angelegten Maßstäbe:[5]

4 So formuliert es die deutsche Philosophin Juliane Rebentisch in ihrer Auseinandersetzung mit Hannah Arendt in Bezug auf alternative Fakten, bei der sie in Abgrenzung von Arendt auch auf den Konstruktionscharakter selbst naturwissenschaftlicher Fakten abhebt, womit sie sich *gegen* Arendt der in der Einleitung skizzierten konstruktivistischen Lesart alternativer Fakten anschließt; vgl. Rebentisch, Juliane, *Der Streit um Pluralität. Auseinandersetzungen mit Hannah Arendt*, Berlin: Suhrkamp 2022, S. 19f., FN 12.

5 Nicola Gess spricht in Bezug auf die Überzeugungskraft von Halbwahrheiten davon, dass diese »die Brücke zwischen einem Korrespondenz- und einem Kohärenzmodell von Wahrheit schlagen« (Gess, *Halbwahrheiten*, a. a. O., S. 32) – in Bezug auf ihre

Dadurch, dass alternative Fakten gar keine Wahrheitsaussage in dem Sinne formulieren, dass sie eine definitive, diskursiv einholbare Aussage über »die Dinge, wie sie sind«, treffen, erscheinen sie praktisch viel flüssiger und uneindeutiger als »Lügen«, für die man den »Lügner« empirisch dingfest machen könnte, indem man seine Aussage falsifiziert. Sie führen in Bezug auf das Thema der Kommunikation (die Größe der Amtseinführungsfeier, den menschengemachten Klimawandel, Corona) gar nicht feststehende – und also in Folgekommunikation zu verantwortende – Behauptungen ins Feld, sondern fluten den Diskurs vielmehr mit Halbwahrheiten, Vermutungen, Verdächtigungen und Indizien, die gegen den massenmedial vermittelten Stand des Wissens in Stellung gebracht werden. Sobald alternative Fakten als Beitrag zur Verständigung über die Wirklichkeit artikuliert werden, wirken sie also nicht primär als Wahrheitsbehauptungen (obwohl Einzelne sie durchaus so meinen mögen), sondern als *Un*wahrheitsbehauptungen. Dadurch entziehen sie sich der Überprüfung sowohl auf Kohärenz mit einem System von Aussagen (sie sind geradezu offensiv inkonsistent) als auch auf Korrespondenz mit einer beobachtbaren Wirklichkeit (sie lassen sich auf keine definierten Tatsachenfeststellungen festlegen).

Vielleicht ist es diese doppelte Diffusität, die es beiden Seiten im erkenntnistheoretischen Streit nahelegt,

(mögliche) Kritik muss man allerdings anmerken: Alternative Fakten erreichen weder das eine noch das andere Ufer, sondern mögen nur vom jeweils einen Ufer aus so wirken, als würden sie am anderen Ufer liegen.

sie dem Zuständigkeitsbereich der jeweils anderen Seite zuzuschlagen – in Wirklichkeit kann man sie beide aus der Verantwortung entlassen. Die Gleichzeitigkeit eines offensiven, emphatischen Wahrheitsbegriffs, mit dem alternative Fakten operieren, um den Gegner der Unwahrheit zu überführen, mit einem relativistischen Wahrheitsbegriff, der in Anschlag gebracht wird, um die eigenen Behauptungen im Zweifelsfall als bloße Meinungen der intersubjektiven Klärung zu entziehen, lässt sich aus keiner der beiden erkenntnistheoretischen Perspektiven auflösen und aus beiden hervorragend kritisieren – auch wenn die so Kritisierten davon vermutlich praktisch wenig beeindruckt wären, weil es ihnen oft schlicht nicht um Erkenntnis gehen dürfte.

Und noch in einer zweiten Hinsicht kann im Hinblick auf die untersuchten Fälle vorsichtige theoretische Entwarnung gegeben werden: Dadurch, dass alternative Fakten als formale Negation die eigentlich angegriffene Wahrheitsbehauptung immer mitkommunizieren und niemals dauerhaft verdrängen können (weil sie sich eben nicht auf eine eigenständige Wahrheitsbehauptung festlegen), legen sie implizit Zeugnis ab von einer überraschend stabilen und wirksamen »Wahrheit der Gesellschaft«.

Diese Formulierung dürfte klärungsbedürftig sein: Geht damit nicht die den Geltungscharakter von Äußerungen ausklammernde Vorgehensweise des gesamten Buches über Bord, das sich gegenüber der Frage von Realismus und Konstruktivismus neutral verhalten wollte? Sind wir damit nicht wieder zurück bei der zu Beginn abgeschatteten, einfachen realistischen Frage, ob alternative Fakten, nun ja, »stimmen«? Es ist an dieser Stelle wichtig, die Ordnungen der Beobachtung auseinanderzuhalten: Bei der Beobachtung zweiter Ordnung, der sich dieses Buch verschrieben hat – also der Beobachtung der Kommunikation zwischen Beobachter:innen –, kann und sollte die Frage nach der empirischen Geltung weiterhin ausgeklammert bleiben. Es ist aber gerade Ergebnis dieser Beobachtung, dass in dieser Kommunikation selbst nicht nur darum gerungen wird, was gelten kann, sondern dass in ihrem Vollzug ein »best account«[6] eine strukturierende Wirkung entfaltet, dem kein wirkliches Pendant entgegengesetzt wird: Es ist doch ein bemerkenswerter Umstand, wie weit der aktuelle Kenntnisstand vor allem der Konsequenzen wissenschaftlicher Erkenntnis für lebenspraktische und

6 Den Begriff »best account« entleihe ich hier Überlegungen des kanadischen Philosophen Charles Taylor zur Ethik, der ihn als diejenige begrifflich zusammengesetzte »Darstellung« definiert, »die uns für uns selbst am besten begreiflich macht, sofern und solange keine Ersatzbegriffe an ihre Stelle gesetzt werden, die mehr Hellsicht ermöglichen. Das Resultat dieser Suche nach Hellsicht liefert die beste Analyse, zu der wir jeweils im Stande sind, und keine allgemeineren erkenntnistheoretischen oder metaphysischen Gedanken über Wissenschaft und Natur können es rechtfertigen, wenn dies nicht berücksichtigt wird.« (Taylor, *Quellen des Selbst*, a.a.O., S. 115) Dabei wird der Begriff in der zitierten Fassung mal als »beste Analyse« oder als »beste Erklärung« übersetzt – allerdings weist Hartmut Rosa völlig zu Recht darauf hin, dass dies den Sinngehalt der englischen Formulierung verfehlt; vgl. Rosa, Hartmut, »Best Account. Skizze einer systematischen Theorie der modernen Gesellschaft«, in: Andreas Reckwitz/Hartmut Rosa, *Spätmoderne in der Krise. Was leistete die Gesellschaftstheorie?*, Berlin: Suhrkamp 2021, S. 151-251, S. 166, FN 22.

politische Bearbeitung in Bezug auf die in alternativen Fakten an- und aufgegriffenen Problemkomplexe verbreitet ist. Und das bis in die Kapillaren der Social-Media-Diskurse selbst (oder vielleicht auch gerade) derjenigen, die diesen Kenntnisstand zu problematisieren suchen. Gerade darin, dass man sich in diesen Konversationen so beharrlich an diesem Kenntnisstand als Diskurs der »Schlafschafe« abarbeitet, stellen sich dessen wesentliche Inhalte als das eigentlich durchgehende Thema der Auseinandersetzung heraus. Es gibt also etwas, von dem in der Debatte als geteiltem (wenn auch von einigen problematisiertem) Wissen vorausgesetzt wird, dass es als wahr und vor allem als erhellend – im Sinne von pragmatisch hinreichend sicher und konsequenzenreich für Entscheidungen über weitere Handlungen – gilt.

Dieser *best account* ist selbstverständlich nicht über alle Zweifel erhaben – aber als Ergebnis der Konsistenzprüfungen mit anderen Wirklichkeitsannahmen und Beobachtungen ist er schlicht die Annahme über die Beschaffenheit der Dinge, über die man vom jetzigen Standpunkt aus nicht hinausgreifen kann – ohne sie *inhaltlich* zu korrigieren, also einen neuen *best account* zumindest vorzubereiten. Und das ist ja gerade der Witz der Beobachtungen der vergangenen Kapitel: Alternative Fakten tun genau dies nicht. Als formale Negationen korrigieren sie das angegriffene Tatsachenwissen nicht, indem sie eine konkurrierende Tatsachenfeststellung artikulieren, für die sie dann die Verantwortung übernehmen, sondern sie bleiben bei der Problematisierung des angegriffenen Wissens stehen beziehungsweise ziehen sich immer wieder auf diese zurück. Das mag auf den ersten Blick ähnlich wirken wie die Herausstellung der Kontingenz sozialer Tatsachenfeststellungen durch die Beobachtung zweiter Ordnung, ist aber etwas kategorial Verschiedenes. Denn erstens betreffen die entsprechenden Äußerungen in allen beobachteten Fällen nie den Konstruktionscharakter der kritisierten Tatsache, sondern reihen einfach widersprechende Tatsachenbehauptungen aneinander, die »genauso gut« wahr sein könnten; und zweitens betrifft der so erzeugte Zweifel ja nicht den theoretischen Status des Wissens, sondern die Frage, ob *konkretes* Wissen handlungspraktisch als Entscheidungsgrundlage dienen kann.[7]

»Wahrheit der Gesellschaft« ist hier also in dem pragmatischen Sinn gemeint, in dem auch der US-amerikanische Philosoph Robert Brandom in seiner Rekonstruktion des Erkenntnisprozesses vom »Prozess« der Wahrheit spricht: als Ordnung des Prozesses, in dem wir überhaupt zu dem kommen, was sozial als wahr gelten kann, und worum wir, wenn wir handelnd an diese Welt anschließen wollen, nicht herumkommen. Wenn wir uns, geleitet von der Annahme, dass die Welt um uns herum Struktur hat, daranmachen, diese zu verstehen, müssen wir ständig zwischen Beobachtungen und

7 Diese beiden Phänomene ineinanderfallen zu lassen, ist gewissermaßen der Grundfehler der Fundamentalskepsis: Aus der Unmöglichkeit, Wissen global als gesichert und wohlbegründet zu beweisen, zu schließen, dass auch lokale und spezifische Wissensansprüche nicht als begründet gelten können; vgl. Rescher, *Scepticism*, a. a. O., v. a. S. 249 f.

theoretischen Vorannahmen vermitteln und für dabei auftretende Widersprüche die Verantwortung übernehmen. Verantwortung übernehmen heißt dabei, sie im Sinne einer »Erfahrung des Irrtums« aufzuheben zu versuchen, indem wir unsere Annahmen (so umfassend wie nötig) dahingehend verändern, dass sie die Beobachtungen zu erklären helfen, an denen sich die Widersprüche entzündet haben. Dass diese Widersprüche auftreten (und immer weiter auftreten werden), ist in diesem Zusammenhang kein Argument dafür, den Begriff der Wahrheit aufzugeben, sondern dafür, ihn als dynamisch zu fassen.[8] Das ist nicht nur ein luftiges Ideal, sondern scheint mir immer noch die beste Minimaldefinition, wie geteiltes Wissen überhaupt sozial produziert werden und gelten kann. Auch für den gesellschaftlichen Erkenntnisprozess gilt: Hinterher ist man immer klüger, aber das ist kein legitimer Grund, sich zu einem gegebenen Zeitpunkt dümmer zu stellen, als man ist. Genau diesem Prozess verweigert sich die Praxis der Artikulation alternativer Fakten.

Es ist darum kein Zufall, dass alternative Fakten vor allem von der politischen Rechten artikuliert werden.[9] Sie sind ein im eigentlichen Sinne des Wortes *reaktionäres* Phänomen. Vergegenwärtigen wir uns noch einmal

8 Vgl. Brandom, *Im Geiste des Vertrauens*, a. a. O., v. a. S. 159-169.

9 Zumindest gilt dies für massenmedial problematisierte alternative Fakten – nicht ausgeschlossen ist, dass auch von anderer Seite ähnliche Äußerungen in vergleichbarer Zahl getätigt werden. Wenn diese aber so nicht rezipiert werden, wirken sie auch nicht als alternative Fakten im Diskurs und damit nicht als kommunikative Form im Sinne der Überlegungen dieses Buches.

kurz, was die beiden wichtigsten Wahrscheinlichkeitsbedingungen alternativer Fakten sind: dass sich erstens ein gesellschaftliches Problem so »aufdrängt«, dass es weder durch Ignorieren zum Verschwinden gebracht noch durch eine alternative Deutung ersetzt werden kann, und dass zweitens die Bearbeitung dieses Problems einen Konflikt bedeuten würde, in dem mindestens eine Seite kaum auf ihren Interessen beharren könnte, so dass es im Interesse zumindest dieser Partei ist, das Problem selbst so weit wie möglich im Unklaren verschwimmen zu lassen. Sie erlauben also, für den Moment weiterzumachen, auch wenn es nach dem eigentlichen Stand des gesellschaftlichen Wissens so nicht weitergehen dürfte.

Den erkenntnistheoretischen Diagnosen von der Krise der Wahrheit und dem Verlust der gemeinsamen Wirklichkeit wird man nach den Überlegungen dieses Buches also eher mit Vorsicht begegnen müssen. Aber auch gegen Zeitdiagnosen, die sich auf die politischen und sozialen Gründe oder Auswirkungen einer Zunahme alternativer Fakten beziehen, steht zumindest der Verdacht im Raum, dass die vermeintliche Zunahme alternativer Fakten in erster Linie einer aktualistischen Blickverzerrung geschuldet ist – dass also der Umstand, dass ihnen mehr Aufmerksamkeit zuteilwird, dazu führt, dass man sie öfter beobachtet, was dann wiederum die Aufmerksamkeit steigert und so weiter.

Der österreichisch-amerikanische Philosoph und Kommunikationswissenschaftler Paul Watzlawick erwähnt in seinem Buch *Wie wirklich ist die Wirklichkeit* eine Anekdote, die einen ganz ähnlichen Mechanismus beschreibt:[10] In Seattle berichtete Ende der fünfziger Jahre die Presse über eine rätselhafte Zunahme kleiner Risse und Kratzer auf Windschutzscheiben, was Anlass zu Spekulationen bot, woran das liegen könnte – war es der Fallout von Atombombentests? Saurer Regen? Die Untersuchung einer Kommission des Eichamtes, die Präsident Dwight D. Eisenhower entsandte, um diesem Rätsel auf den Grund zu gehen, kam allerdings zu einem ganz anderen Ergebnis: dass die Kleinstschäden, die beim normalen Gebrauch ganz alltäglich anfallen, gar nicht zugenommen hatten, sondern schlicht erst im Zuge der Berichterstattung vermehrt aufgefallen waren. »Was sich also in Seattle ergeben hatte, war keine Epidemie beschädigter, sondern *angestarrter* Windschutzscheiben.«[11] Dabei hatten die Mitarbeiter:innen des Eichamts einen entscheidenden Vorteil: Beschädigte Windschutzscheiben in Seattle lassen sich sehr viel einfacher zählen und vergleichen als alternative Fakten in der weltweiten politischen Kommunikation – was in unserem Fall den Gegenbeweis, der zeigen müsste, dass alternative Fakten schon immer im gleichen Ausmaß zirkulierten (jenseits von anekdotischer Evidenz), genauso unterminiert.

Allerdings wäre es unbefriedigend und überdies nicht ohne eine gewisse tragische Ironie in Bezug auf die Diagnose dieses Buches, bei dieser skeptischen Einklammerung stehenzubleiben – denn die Diagnose lautete

10 Vgl. Watzlawick, Paul, *Wie wirklich ist die Wirklichkeit? Wahn, Täuschung, Verstehen*, München: Piper 2021 [1976], S. 84f.
11 Ebd., S. 85 (H.i.O.).

ja ausgerechnet, die kommunikative Wirkung alternativer Fakten bestünde vor allem in der Erzeugung von Zaudern durch Skepsis. Ohne Frage sind alternative Fakten in den vergangenen Jahren zu einem prominenteren Thema geworden, als sie das zuvor waren. Zumindest dieser Umstand *ist* also zeitdiagnostisch bedeutsam. Wie also kommt es, dass sie die Kommunikation über die Wirklichkeit ausgerechnet jetzt so grundlegend zu irritieren scheinen? Mindestens drei Faktoren, die sich gegenseitig stützen, tragen dazu ihren Teil bei.

Erstens die gesteigerte synchrone Beobachtbarkeit der Wahrheit der Gesellschaft: Es ist ein wenig aus der Mode gekommen, positiv hervorzuheben, wie sehr die medialen Neuerungen der vergangenen Jahrzehnte – und insbesondere die Digitalisierung – die Verfügbarkeit von Informationen beschleunigt und verbreitert haben. Und doch bleibt es bemerkenswert: Wir können heute zum Beispiel nach kurzer Recherche, bequem vom Schreibtisch aus, anhand historischer Daten vergleichen, wie sich während der sogenannten Spanischen Grippe die Infektionszahlen in verschiedenen US-amerikanischen Großstädten abhängig von deren Infektionsschutzmaßnahmen entwickelten,[12] und daraus potenziell Lehren für den Umgang mit der aktuellen Pandemie ziehen. Vor allem aber konnten seit Beginn der Coronapande-

12 Vgl. z.B. Hatchett, Richard J./Carter E. Mecher/Marc Lipsitch, »Public health interventions and epidemic intensity during the 1918 influenza pandemic«, in: *Proceedings of the National Academy of Sciences* 104/18 (2007), S. 7582-7587, online verfügbar unter: {https://doi.org/10.1073/pnas.0610941104}.

mie alle mit einem funktionierenden Internetzugang die Erfolge und Misserfolge verschiedener Maßnahmen zu ihrer Bekämpfung weltweit quasi in Echtzeit beobachten, die Einschätzungen verschiedener Wissenschaftler:innen dazu als Pre-Prints herunterladen und, soweit man der jeweiligen Landessprache mächtig war, auch die Aufarbeitung dieses Wissensstandes in der Presseberichterstattung zwischen Tokyo und New York hinzuziehen. Vergleichbare Möglichkeiten hatten nur sehr wenige Zeitzeug:innen der Spanischen Grippe – und nur in sehr viel geringerem Umfang.[13]

Selbstverständlich haben all jene recht, die darauf verweisen, dass diese Zunahme an verfügbaren Informationen Selektionsprobleme erzeugt: Wo man früher zumindest für tagesaktuelle Meldungen auf wenige vor Ort verfügbare Zeitungen, vielleicht noch die Verlautbarungen der eigenen Regierung und, je nachdem, auf zirkulierende Pamphlete, die Sonntagspredigt und Gerüchte angewiesen war, denen man dann vertrauen oder misstrauen konnte, muss man diese Entscheidung nun

13 Wobei die Verfügbarkeit und Synchronisationsgeschwindigkeit von Massenmedien auch bei der sogenannten Spanischen Grippe (und der sogenannten Russischen Grippe wenige Jahrzehnte zuvor) schon einen markanten Unterschied zu vergangenen Epidemien bedeutete. Der britische Medizinhistoriker Mark Honigsbaum weist darauf hin, dass diese Krankheiten deswegen erstmals auch als »Pandemien« beobachtet und bekämpft werden konnten; vgl. Honigsbaum, Mark/Philipp Sarasin, »The century of pandemics. A conversation with Mark Honigsbaum«, in: *Geschichte der Gegenwart* (19. Januar 2022), online verfügbar unter: {https://geschichtedergegenwart.ch/the-century-of-pandemics-a-conversation-with-mark-honigsbaum/}.

für ungleich mehr Quellen treffen. Und auch weil es unmöglich ist, all diese Quellen ergebnisoffen gleichberechtigt zu beurteilen, kommen soziale und vermachtete Vorselektionen der Verteilung von Vertrauen und Misstrauen zum Tragen,[14] die das Ergebnis der Gesamtschau prägen und damit potenziell sozial spezifisch kontingent ausfallen lassen dürften. Aber es ist doch bemerkenswert, wie schnell sich ein grundlegender Konsens über die Einschätzung der Gefährlichkeit des Virus und die Effizienz verschiedener Maßnahmen zu seiner Bekämpfung durchsetzte. Diesem Konsens konnte man dann wieder vertrauen oder misstrauen – aber alle an der Kommunikation Beteiligten konnten (und mussten) in dem Sinne mit ihm rechnen, dass sie ihn als bekannt voraussetzen konnten, und vor allem musste man im Fall von Widerspruch auch noch mit der prinzipiellen Nachvollziehbarkeit der Konsensfindung selbst rechnen.

Wie schon in Kapitel 3 argumentiert, macht ausgerechnet dieser Umstand alternative Fakten als Strategie der skeptischen Wahrheitsleugnung wahrscheinlicher: Denn wenn die Wahrheit als geteilter Wissensbestand vorausgesetzt werden kann, werden eventuelle alternative, funktionsäquivalente Strategien, wie das Ignorieren der entsprechenden Tatsache oder das Beharren auf

14 Denn Misstrauen ist nicht einfach die Abwesenheit von Vertrauen, sondern vielmehr sein funktionales Äquivalent: Beide ermöglichen Komplexitätsreduktion, weil sie von der ergebnisoffenen Überprüfung aller verfügbaren Informationen entlasten; vgl. Luhmann, Niklas, *Vertrauen. Ein Mechanismus der Reduktion sozialer Komplexität*, Stuttgart: Lucius & Lucius 2009 [1968], v. a. S. 92ff.

einer anderen Tatsachenbehauptung, weniger erfolgversprechend. Ich kann also im Herbst 2021 nicht einfach so tun, als wüsste ich nicht, dass Masken gegen die Übertragung des Coronavirus helfen, weil mein Gegenüber nicht nur die entsprechende Verordnung, sondern auch die dazugehörigen Studien eventuell zur Kenntnis genommen hat. Ich muss schon etwas anderes bemühen: vielleicht zum Beispiel, dass es unterschätzte Kosten hat (unter den Masken bekommen vor allem Kinder zu wenig Luft, was gesundheitliche Probleme verursacht, oder die Masken wirken traumatisierend) oder dass es mittelfristig sinnlos ist, weil ohnehin keine Alternative zur Durchseuchung besteht etc. All diese Aussagen haben dann als Tatsachenbehauptungen ihrerseits einen schweren Stand – und deswegen werden sie dann eben auch wieder ausgewechselt.

Alternative Fakten werden aber nicht nur wahrscheinlicher, sondern – und das ist für die Überlegungen an dieser Stelle wichtiger – auch problematischer für die gesellschaftliche Selbstbeobachtung. Denn der Umstand, dass die Wahrheit der Gesellschaft als allgemein bekannt und verfügbar vorausgesetzt werden kann, macht die Zirkulation alternativer Fakten zum Skandal der normativ-rationalistischen Selbstbeschreibung der Gesellschaft. Während man vor allem in der historischen Rückschau bei offensichtlich falschen Tatsachenbehauptungen (selbst dann, wenn ex post sich als richtig erwiesen habende Äußerungen zum selben Thema für denselben Zeitpunkt auch nachweisbar sind) einigermaßen bequem davon ausgehen kann, dass die Betreffenden es einfach nicht besser wussten, wird man bei den alternativen Fakten der Gegenwart den unbequemen Eindruck nicht los, dass der »zwanglose Zwang des besseren Arguments« (Habermas) versagt – und zwar grundlegend und systematisch. In diesem sparsamen Sinne ist hier von den Grenzen der Aufklärung die Rede: An alternativen Fakten als praktische Weigerung, sich auf die zugleich implizit anerkannte Wahrheit der Gesellschaft festlegen zu lassen, stößt die Aufklärung an ihre Grenze, weil ihr die Geschäftsgrundlage der rationalen Verständigung entzogen wird. Aber verwirrenderweise gerade nicht, indem man sich gegen Wissen kommunikativ abschottet, sondern indem im Modus einer fundamentalskeptischen Kommunikation der Genese dieses Wissens der Latenzschutz entzogen wird. Das Problem, dass die Anerkennung der Wirklichkeit bedeuten würde, wird nicht abgedunkelt, sondern scheinbar überstrahlt von der abgeklärten Pose, nach der alles eben auch ganz anders sein könnte. Wie herausfordernd diese Grenze der Aufklärung für die Semantik der gesellschaftlichen Selbstbeschreibung ist, sieht man nicht zuletzt daran, wie sehr noch ihre Bearbeitung dem Paradigma verhaftet bleibt, die betreffenden Probleme doch besser zu beleuchten: Die Serie der wissenschaftlichen und journalistischen Beiträge, die sich fragen, wie eine Wissenschafts- und Politikkommunikation aussehen müsste, die die Unbelehrbaren doch noch erreicht, reißt bis heute nicht ab.

Gesteigert wird die Wirkung dieses Faktors – die verbesserte Beobachtbarkeit der Wahrheit der Gesellschaft, die alternative Fakten wahrscheinlicher und zugleich skandalöser macht – durch einen zweiten Effekt der medialen Neuerungen der vergangenen Dekaden:[15] Auch die alternativen Fakten sind sichtbarer geworden. Vor allem die sozialen Medien haben durch die sprunghafte Vermehrung selbstdokumentierender, öffentlich oder quasi-öffentlich zugänglicher Interaktionen dazu geführt, dass, sobald die Aufmerksamkeit für alternative Fakten einmal geweckt worden war, an Nachschub nie ein Mangel entstand. Journalist:innen, die wollen, können innerhalb weniger Minuten zu jeder abwegigen Behauptung zu drängenden Themen jemanden finden, der sie getätigt hat. In etwas schiefer Analogie zu Paul Watzlawicks Anekdote könnte man sagen: Die besorgten Autobesitzer:innen sind in diesem Fall die Massenmedien, die Risse in der Windschutzscheibe die alternativen Fakten – und die sozialen Medien wirken wie ein ausuferndes, verschlagwortetes Fotoalbum aller Windschutzscheiben, in dem jeder nach Rissen stöbern kann. Schief ist die Anekdote (auch) deshalb, weil ja nicht nur die Massenmedien die sozialen Medien beobachten – sondern obendrein potenziell alle Nutzer:innen sowohl der Massen- als auch der sozialen Medien. Wenn man alternative Fakten also als Ereignisse versteht, die einen Unterschied in der Kommunikation machen, dann bedeutet die vermehrte Beobachtung (selbst wenn sie nicht

15 Natürlich dürfen mediale Neuerungen hier nicht allein als Resultat einer technischen Entwicklung gelesen werden. Wie Armin Nassehi prägnant argumentiert, müssen wir sie vielmehr als Ergebnis einer sozio-technischen Koevolution lesen, in deren Zug die Gesellschaft auch empfänglich dafür war, die technischen Möglichkeiten so (und nicht anders) zu benutzen; vgl. Nassehi, *Muster*, a.a.O., S. 16ff.

mit einer Vermehrung der Äußerungen einhergehen sollte, was wir, wie gesagt, schlicht nicht wissen) potenziell auch eine Vermehrung des Gegenstands der Beobachtung. So wie alternative Fakten wahrscheinlicher werden, wenn die Wahrheit als bekannt vorausgesetzt werden kann, so macht auch die allgemeine Sichtbarkeit der Äußerungen alternativer Fakten es wahrscheinlicher, dass auf sie kommunikativ Bezug genommen wird, sie also als alternative Fakten Wirksamkeit entfalten. Donald Trumps Twitter-Account ist dafür vielleicht das beste Beispiel. Gut möglich, dass Trump öfter alternative Fakten äußerte als seine Vorgänger, wie während und nach seiner Amtszeit immer wieder nachzuweisen versucht wurde.[16] Die starke Irritation, die von diesen alternativen Fakten ausging, hing aber vor allem an ihrer *Verbreitung*: Mit fast 90 Millionen Followern zum Zeitpunkt seiner Suspendierung von der Plattform, von denen nicht wenige für Zeitungen arbeiteten, die seine Tweets immer wieder gerade auch als schockierende Beispiele für den Niedergang der öffentlichen Kommunikation an- und damit in ebendiese Kommunikation einführten, schuf er ein außerordentlich sichtbares, üb-

16 Vgl. z.B. Kessler, Glenn/Salvador Rizzo/Meg Kelly, »Trump's false or misleading claims total 30,573 over 4 Years«, in: *Washington Post* (24. Januar 2021), online verfügbar unter: {https://www.washingtonpost.com/politics/2021/01/24/trumps-false-or-misleading-claims-total-30573-over-four-years/}; Dale, Daniel/Tara Subramaniam, »Donald Trump made 115 false claims in the last two weeks of February«, in: *CNN* (9. März 2020), online verfügbar unter: {https://www.cnn.com/2020/03/09/politics/fact-check-trump-false-claims-february/index.html}.

rigens bis heute öffentlich zugängliches und durchsuchbares Archiv seiner Äußerungen.[17]

Neben diesen beiden Faktoren, die vor allem auf die Einbettung der kommunikativen Form alternativer Fakten in die mediale Verfasstheit der Gegenwart zielen, gibt es noch einen dritten, auf die Themen der in diesem Buch rekonstruierten alternativen Fakten bezogenen Faktor, der zeitdiagnostisch bedeutsam sein dürfte: Alle drei Themenkomplexe (der Aufstieg reaktionärer politischer Akteure, der menschengemachte Klimawandel und die Coronapandemie) verweisen auf Probleme, die auch ohne alternative Fakten schon verzwickt genug wären – nicht, weil sie so schwer zu durchschauen wären,[18] sondern weil sie so schwer zu bearbeiten sind –, während ihre Nichtbearbeitung keine akzeptable Option ist.

Man könnte sagen, dass die Probleme nicht nur einen, sondern zwei apokalyptische Horizonte mit sich führen:[19] Auf der einen Seite würde eine Nichtbearbeitung

17 Vgl. »Trump Twitter Archive«, online verfügbar unter: {https://www.thetrumparchive.com/}.

18 Das sind sie nämlich, so meine Behauptung, zumindest in pragmatischer Hinsicht nicht: Die grundlegenden Funktionsweisen sind allgemein bekannt, und die entsprechenden Bearbeitungsmöglichkeiten sind zwar jeweils in ihren Nebenfolgen und Erfolgsbedingungen umstritten, in ihrer grundlegenden Wirkweise aber ebenfalls unkontrovers. Wir wissen, dass eine Reduktion vor allem der CO_2-Emissionen die wesentliche Stellschraube ist, um den menschengemachten Klimawandel zumindest zu dämpfen. Wir wissen auch, dass Kontaktreduktion die Verbreitung ansteckender Krankheiten bremst.

19 Das viel zitierte, mal Fredric Jameson, mal Slavoj Žižek zugeschriebene Bonmot, dass man sich heute das Ende der Welt eher vorstel-

des Problems Folgen riskieren, deren bloßes Ausmaß es zu verbieten scheint, sie gegen Bearbeitungskosten abzuwägen – die Coronapandemie mag als Beispiel dafür dienen, wie schwer diese Abwägung, die selbstverständlich graduell dennoch stattfindet (es wurde eben gerade keine Zero-Covid-Strategie verfolgt, auch wenn niemand explizierte, wie viele vermeidbare Tote jeweils wegen wie viel alltäglicher Bewegungsfreiheit in Kauf genommen werden müssten), sich kommunikativ bearbeiten lässt. Zum anderen aber scheint eine Bearbeitung des Problems, die diese Folgen wirklich vermeiden könnte, Interventionen in eingespielte gesellschaftliche Routinen und selbstläufige Koordinationen von Funktionssystemen notwendig zu machen, die den Rahmen des Vorstellbaren zumindest herausfordern. So albern die Rede von der drohenden »Corona-« oder »Ökodiktatur« wirken mag – sie markiert dennoch zutreffend, dass die Durchgriffe in alltägliche Handlungsmuster und die Koordinationsleistungen des Marktes, die auf diese Herausforderungen antworten, ziemlich grundlegend ausfallen müss(t)en.

In dieser Situation sind alternative Fakten doppelt funktional. Von der Seite der Problembearbeitung her sind sie eine (verhältnismäßig) opportune Ablenkung – gerade diejenigen, die unter einer Problembearbeitung besonders zu leiden hätten, haben ein Interesse daran,

len könne als das Ende des Kapitalismus, hat zumindest in seiner grundlegenden Konstruktionslogik einen wahren Kern: dass nämlich die Entscheidung über die Bearbeitung dieser Probleme offensichtlich so oder so den Horizont des gesellschaftlich Vorstellbaren überschreiten muss.

das Problem selbst so weit wie möglich im Unklaren zu belassen. Aber auch die restlichen Akteure ziehen unter Umständen den relativ konsequenzenlosen Streit um die Wahrheit dem harten Konflikt über die Verteilung der Kosten vor. Auf der Seite der Problemwahrnehmung wird das allerdings gleichzeitig als weiteres Problem registriert: In dem Maße, in dem der epistemische Streit um alternative Fakten praktisch als Umweg hingenommen wird, der dem sozialen Konflikt über die Bearbeitung des Ursprungsproblems auszuweichen erlaubt, erscheint er irgendwann als der »eigentliche« Konflikt, der die Lösung des Problems blockiert, so dass *seine* Bearbeitung wiederum es erlaubt, mit den normativen Weihen einer ernsthaften Problembearbeitung die Bearbeitung des Ausgangsproblems aufzuschieben.

Wenn man also eine zeitdiagnostische These wagen sollte, warum alternative Fakten für die Gegenwartsgesellschaft ein solch markantes Problem sind, dann würde diese weniger lauten, »weil sich an ihnen zeigt, dass wir nicht (mehr) in einer gemeinsamen Wirklichkeit leben« – denn das tun wir weiterhin, vielleicht sogar mehr, auf jeden Fall aber nicht weniger als früher –, sondern »weil sich an ihnen zeigt, dass wir in dieser gemeinsamen Wirklichkeit mit Wahrheit nur bedingt weiterkommen«. Erkenntnistheoretisch mag das tröstlich sein, für die soziologische Bearbeitung fängt die eigentliche Arbeit mit dieser Feststellung aber erst an.

»Und Dogville machte wieder eine jener kleinen Lichtveränderungen durch. Es war so, als wenn das Licht, zuvor barmherzig und schwach, sich weigerte, die Stadt noch länger zu schützen. Das Licht drang jetzt in alle Unebenmäßigkeiten und Makel an den Gebäuden. Und an den Menschen.« Mit diesen Worten kommentiert der Sprecher den letzten dramatischen Umschlag in der Handlung von *Dogville*, Lars von Triers Film über den Terror, dem sich eine geflüchtete Gangstertochter in dem kleinen Dorf ausgesetzt sieht, in dem sie Zuflucht vor ihrem Vater und seinen Häschern gesucht hat. Hatte sie bis zu diesem Zeitpunkt alle gegen sie gerichteten Schikanen, den erlittenen Missbrauch und die alltäglichen Niederträchtigkeiten der Bewohner:innen stoisch zu ertragen versucht, weil sie die Menschen als verängstigt und im Grunde gut gesehen hatte, verwandelt sie sich durch diese »kleine Lichtveränderung«, die nur daher rührt, dass die Wolken sich im entscheidenden Moment zurückziehen und der Mond die Szenerie beleuchtet, in eine erbarmungslose Rächerin.[20] Die überbordende Symbolik des Films soll hier nicht weiter interessieren. Worum es mir geht, ist die Metapher der »Lichtveränderung« und der damit verbundene Perspektivwechsel vom einfühlenden Nachvollziehen zur Außenperspektive. Denn nicht mehr und nicht weniger ist ja der Anspruch dieses Buches: Ein Ziel bestand darin, das Phänomen alternativer Fakten und insbesonde-

20 Trier, Lars von, *Dogville* (Film, 2003).

re den gesellschaftlichen Umgang damit in ein anderes Licht zu tauchen: ein Licht, das nicht hervorhebt, was die Menschen glauben, sondern was sie tun, wenn sie alternative Fakten kommunizieren – und wie das funktionieren kann.

Eine solche Perspektive vermittelt (erst recht, wenn sie sich wie diese Untersuchung im Grundsatz an einer so »kühlen« und distanzierten theoretischen Grundeinstellung[21] wie der systemtheoretisch inspirierten Kommunikationstheorie orientiert) notwendig eine gewisse Kälte und Härte, die der einen oder dem anderen vielleicht wie eine unzulässige Objektivitätsanmaßung vorkommen mag. Es ist darum notwendig zu betonen: Der Anspruch eines solchen Perspektivwechsels kann es nicht sein, das, was aus den anderen Perspektiven sichtbar wird, einfach zu negieren. Wer will, der kann das brutale Ende von *Dogville* auch in diesem Sinne verstehen: Ein Perspektivwechsel, der einfach vergisst, dass man die Welt auch anders sehen kann, droht sich am Ende vor allem gegen die Gegenstände der vorherigen Erkenntnis zu richten, anstatt neue Erkenntnisse hervorzubringen. Es geht hier deshalb in erster Linie darum, anderes sichtbar zu machen und neue, aufschlussreiche Fragen stellen zu können, und nicht vor allem darum, recht zu behalten.

Denn natürlich gibt es sicherlich Menschen, die alter-

21 Vgl. Beregow, Elena, »Theorieatmosphären. Soziologische Denkstile als affektive Praxis«, in: *Berliner Journal für Soziologie* 31/2 (2021), S. 189-217, online verfügbar unter: {https://doi.org/10.1007/s11609-021-00447-5}.

nativen Fakten als Tatsachenbehauptungen im empathischen Sinne »Glauben schenken«. Und natürlich ist es für die gesellschaftliche Verständigung zentral, das zu wissen und Umgangsweisen damit zu entwickeln. Die wichtige Arbeit von Sozialwissenschaftler:innen und anderer Beobachter:innen, die aufzeigt, wo und wie sich innerhalb der reaktionären Kommunikationsmilieus, von denen aus alternative Fakten und Verschwörungstheorien sich verbreiten, antidemokratische Organisationen und terroristische Gruppen herausbilden, ist unverzichtbar, denn – wie Steve Bannon, der als organischer Intellektueller der US-amerikanischen Reaktion den Präsidentschaftswahlkampf Donald Trumps begleitete, in einem Interview offen feststellte – »Dunkelheit« ist ihr Element.[22] Dasselbe gilt für sozialpsychologische Untersuchungen zu den Gefahren, dass Menschen alternativen Fakten und Verschwörungstheorien wirklich in dem empathischen Sinne Glauben schenken, dass sie versuchen, nach ihnen zu handeln – und eventuell blutige Löcher in eine Welt reißen, gegen die sie epistemisch nicht ankommen. Genauso gilt das für alle, die es sich zur Aufgabe gemacht haben, gegen alternative Fakten anzureden (in der Wissenschaftskommunikation, als Fact-Checker:in oder als Politiker:in), und ohne die die aus der Vogelperspektive so beeindruckende Stabi-

22 Vgl. Wolff, Michael, »Ringside with Steve Bannon at Trump Tower as the president-elect's strategist plots ›an entirely new political movement‹«, in: *The Hollywood Reporter* (18. November 2016), online verfügbar unter: {https://www.hollywoodreporter.com/news/general-news/steve-bannon-trump-tower-interview-trumps-strategist-plots-new-political-movement-948747/}.

lität der Wahrheit der Gesellschaft wohl kaum zur Geltung käme.

Das Kernergebnis der Untersuchungen in diesem Buch ist kein Widerspruch zur Notwendigkeit dieser Arbeit, sondern eine perspektivische Ergänzung. Dass nämlich für das Verständnis der gesellschaftlichen Funktionsweise alternativer Fakten als *sozialer* Erkenntnisabwehr die Frage, warum alternative Fakten geglaubt werden, nicht von entscheidender Bedeutung ist, ja, dass selbst der theoretisch denkbare Grenzfall, nach dem niemand an sie glaubt, dieser Funktion nicht notwendig einen Abbruch täte – solange nur genug Beteiligte an der Kommunikation zu verstehen geben, dass davon ausgegangen werden muss, dass jemand diese alternativen Fakten glaubt und die Kommunikation sich auf diesen Umstand einstellt.

Deutlich wurde dies schon in der ersten Fallstudie »Die größte Feier der Geschichte«: Es gibt keinerlei Anzeichen dafür, dass Sean Spicer oder Kellyanne Conway glaubten, dass die Inauguration Donald Trumps wirklich die größte Amtseinführungsfeier der Geschichte war. Ja, mehr noch, ihre Einlassungen lassen durchscheinen, dass es ihnen darum überhaupt nicht ging. Das Bezugsproblem ihrer Äußerungen war nämlich nicht, dass die Feier groß war, sondern zu vermitteln, dass nicht davon ausgegangen werden dürfe, dass sie so klein war, dass dies als Zeichen für die mangelnde Unterstützung des Präsidenten gelesen werden konnte. Ob man dafür ins Feld führt, dass die Feier größer war, als sie aussah; dass sie aus gutem Grund kleiner war; dass niemand wisse, wie groß sie wirklich war; oder eben, dass sie die größte Feier der Geschichte darstellte – das ist in diesem Sinne von nachgeordneter Bedeutung, und folgerichtig wird die argumentative Last, je nach Kontext, zwischen diesen Behauptungen hin und her geschoben. Für die Wirkweise als alternativer Fakt ist nicht entscheidend, ob einer dieser Behauptungen Glauben geschenkt wird. Wichtig ist vielmehr, dass im massenmedialen Diskurs im Anschluss die Frage im Mittelpunkt steht, ob und warum Sean Spicer gelogen hat, als er die Presse der Lüge bezichtigte, und dass die Politik damit vom Konflikt um die Legitimität der Präsidentschaft entlastet wurde.

Natürlich wurde dieser Streit hitzig geführt: Von Presservertreter:innen, die ihre Deutungshoheit über »die Dinge, wie sie sind«, verteidigten, von Fürsprecher:innen des Präsidenten, die genüsslich darauf hinwiesen, wie brüchig die Legitimität der meisten Massenmedien in dieser Hinsicht schon war, nachdem sie Donald Trumps Wahlsieg nicht vorhergesehen hatten, und nicht zuletzt von einem Publikum, das den politischen Kern dieses Konflikts durchaus wahrnahm und sich in seiner bekundeten Sicht auf die Fakten pragmatisch an ebendiesen Lagern orientierte. Doch der eigentlich auf der Hand liegende politische Streit darüber, was aus der kleinen Zuschauer:innenmenge geschlossen werden konnte und sollte, in dem sich Verteidiger:innen des Präsidenten, Vertreter:innen eines emphatischen Begriffs von Volkssouveränität (und Mehrheitsentscheiden) sowie Verteidiger:innen der institutionellen Ordnung um ihrer selbst willen gegenübergestanden hätten, wurde so paradoxerweise entschärft, indem er in einen Streit darüber transformiert wurde, wer sagen dürfe, ob die Zuschauer:innenmenge nun groß war, und woran man das festmachen sollte.

Wenn die Soziologie – verstanden nicht primär als wissenschaftliche Disziplin, sondern als Perspektive auf Gesellschaft als Gesellschaft, wie sie durchaus auch anderswo, wie zum Beispiel in der politischen Debatte, vorkommt – einen Beitrag zur Auflösung dieser Gemengelage beitragen will, dann kann sie darum nicht einfach die aus der Teilnehmer:innenperspektive durchaus sinnvolle Perspektive der Aufklärung der Einzelnen übernehmen. Alternative Fakten fungieren in der politischen Kommunikation als Ausweichmanöver qua Problematisierung der Diskussionsgrundlage. Man kann und sollte sie kritisieren, man kann ihre Artikulation und Verbreitung aber nicht effektiv unterbinden, ohne die Logik der Politik und der Massenmedien zu unterlaufen.[23] Widerlegen kann man zwar ihren propositionalen Gehalt, nicht aber ihre kommunikative Funktion, die ja gerade darin besteht, die Kommunikation auf die Frage zu zentrieren, ob das durch die alternativen Fakten problematisierte Wissen als Entscheidungsgrundlage vorausgesetzt werden kann.

Damit bleibt eine letzte Frage zu beantworten – was kann eine solche Perspektive zum Umgang mit alterna-

23 Die ja beide nicht nach wahr/unwahr codieren, sondern nach überlegen/unterlegen bzw. Information/keine Information. Und dass es z.B. eine Information ist, wenn auf Querdenker:innendemonstrationen völlig abwegige Dinge verbreitet werden, das kann man schwer dadurch verhindern, dass man diese abwegigen Dinge widerlegt – gerade weil ihr Informationswert nicht zuletzt dadurch zustandekommt, dass sie *als* Abwegiges artikuliert werden.

tiven Fakten beitragen? Die scheinbar widersinnige Formulierung von der Aufklärung über die Grenzen der Aufklärung verweist dabei auf eine Problemstellung, die in ähnlicher Form schon die Kritische Theorie in ihrem Ringen mit dem Erbe der Ideologiekritik identifiziert hatte:[24] Auch dort stellte sich das Problem, dass eine eigentlich im Sinne der Aufklärung entwickelte Form der wissenschaftlichen Kritik, die es sich zur Aufgabe gemacht hatte, die sozial bedingte Falschheit von Theorie (aber auch die Notwendigkeit dieser Falschheit und damit ihren wahren Kern) offenzulegen, sich an der zynischen Propaganda vor allem (aber beileibe nicht nur) des Faschismus zu blamieren schien. Diese Propaganda erhob nämlich keinen Anspruch auf »Autonomie und Konsistenz«,[25] und wer sie mit Vernunft, also aufklärend, kritisieren wollte, verfiel deshalb »ohnmächtiger Naivetät«.[26] Schlimmer noch, im Zweifelsfall verwiesen die Protagonist:innen dieser Propaganda gegenüber der letztlich zahnlosen Kritik auf den illusionären Charakter jeder Wahrheit und nutzten diese Abgeklärtheit, um ihre wirklichkeitssetzende Macht als eigentlich aufrechten Umgang mit der Frage nach der Wahrheit zu inszenieren. Wer sich dieser Propaganda anschließe, so Adornos Diagnose, der tue dies nicht aus Einsicht in ihren Wahrheitsgehalt als Theorie, sondern aus Angst und Nutzenkalkülen. Konfrontiert mit solchen zynischen Verhältnissen, bleibe der Kritik nichts anderes,

24 Vgl. Adorno, Theodor W., »Beitrag zur Ideologienlehre« (1954), in: ders., *Soziologische Schriften I*, Berlin: Suhrkamp 2020, S. 457-477.
25 Ebd., S. 466.
26 Ebd., S. 465.

als das Register zu wechseln. Gegenstand sei dann nicht mehr die Menge der Äußerungen als Theorie, also etwas, woran »Wahres und Unwahres« zu unterscheiden wäre, das aber vor allem selbst einen Wahrheitsanspruch erhebt, der diese Unterscheidung erst wirksam werden lässt. Gegenstand wird stattdessen das »cui bono«,[27] also die Frage danach, wer sich mit solchen Behauptungen wie einen Vorteil zu verschaffen hoffe, und die Frage nach den Dispositionen der Menschen, die für solche Propaganda empfänglich seien.

Die Ähnlichkeit dieser Problemdiagnose mit den in diesem Buch entwickelten Überlegungen zu alternativen Fakten hat auch mich überrascht – ja, sogar die eingangs formulierte Kritik am Stand der Forschung zu alternativen Fakten scheint dort in gewisser Weise vorweggenommen: »Je weniger Ideologie und je kruder ihre Erbschaft, desto mehr Ideologieforschung«.[28] Was die Ähnlichkeit der Form stiftet, ist das grundlegende Dilemma, das sich einer theoretischen Bearbeitung von Äußerungen stellt, die sich den grundlegenden (deontisch-normativen[29]) Ansprüchen an verständigungsori-

27 Ebd., S. 466.

28 Ebd., S. 467.

29 Robert Brandom unterscheidet in seinem hegelschen Modell eines »begrifflichen Realismus« zwischen materialer Inkompatibilität in der Realität als alethisch-modal (ein Ding, dass dreieckig ist, *kann* nicht quadratisch sein) und Inkompatibilitäten in der Verständigung, die deontisch-normativ zu verstehen sind. Ich kann natürlich von einem Dreieck behaupten, es sei überdies quadratisch. Der Punkt ist, dass dies in der diskursiven Verständigung Gegenstand normativer Verurteilung würde – ich *sollte* es also nicht tun; vgl. Brandom, *Im Geiste des Vertrauens*, a. a. O., S. 99-105.

entierten Diskurs verweigern, diese Suspension aber nicht als solche rahmen. Das ist, in aller Abstraktheit, die Frage nach den Grenzen der Aufklärung, also danach, wie damit umgegangen werden kann, dass der verständigungsorientierte Diskurs selbst über Fragen grundlegender Tatsachenwahrheiten an seine Grenzen stößt – und diese Frage stellt sich der soziologischen Perspektive besonders dringlich, weil sie zugleich nicht umhinkommt, dieses Problem selbst wieder im Medium der Theorie zu fassen und damit als Aufklärung anzugehen.

Und doch muss vor dem Hintergrund der theoretischen Perspektive und der Ergebnisse dieser Untersuchung das Problem in Nuancen und seine mögliche Bearbeitung grundlegend anders gefasst werden, als Adorno es vorschlägt: Es geht bei alternativen Fakten eben anders als bei totalitärer Propaganda nicht um Äußerungen, die ihre Kraft vor allem aus der Gewaltdrohung beziehen, mit der sie verbunden sind, die also Widerspruch negativ sanktionieren, sondern um Äußerungen, die ihre Wirkung dadurch entfalten, zum Widerspruch geradezu einzuladen, weil sie ihre Funktion durch Themenverlagerung erfüllen. Verschärft wird das Problem also in unserem Fall dadurch, dass die Kritik alternativer Fakten sich nicht nur als zahnlos erweist – sondern eben ironischerweise ihre kommunikative Funktion erst voll zum Tragen bringt. Damit werden aber auch die beiden Richtungen einer möglichen Antwort in ihrer Exklusivität fragwürdig: Das Verständnis psychologischer Dispositionen der Rezipient:innen mag in dem Fall, dass Menschen den Inhalt alternativer Fakten emphatisch vertreten, weiter wichtig sein – aber für all jene, die vor allem in ihren kommunikativen Sog geraten, bei dem es ja gerade irrelevant ist, ob man sie vertritt oder ihnen widerspricht, solange man sie als Beitrag zur Verständigung annimmt, wird das zu einer nachgeordneten Frage. Auch die Frage nach dem »cui bono«, also nach den zurechenbaren Interessen, die hinter den jeweiligen Äußerungen stehen, wird ungleich komplizierter allein dadurch, dass die Interessen an der einzelnen Äußerung (selbst wenn man sie identifizieren kann) ganz andere sein mögen als die daran, dass die Kommunikation den Verlauf nimmt, den sie nimmt: Die Querdenker:innen mögen das Interesse gehabt haben, sich um die Pandemie-Bekämpfungsmaßnahmen zu drücken, die sie als einschneidender erlebten als die befürchtete individuelle Erkrankungserfahrung, ohne sich der normativen (Selbst-)Bewertung als Egozentriker:innen aussetzen zu müssen. Genauso mögen sie damit eine Identitätsbehauptung als Freigeist betrieben haben, die ihnen zumindest situativ höherwertig schien als der Schutz vor Erkrankung. Oder ihr Interesse war politisch dadurch bestimmt, die staatlichen Institutionen zu unterminieren. Dass die Politik wiederum auf diese Behauptungen reagierte, wie sie es tat: Das ergibt sich, wenn man es denn überhaupt als Interesse zurechnen will, aus einer gänzlich anderen Interessenlage, nämlich dem Interesse daran, die moralisch schwer zu legitimierende Abwägung von Wirtschaftsinteressen und Menschenleben in eine legitime Sorge um politischen Zusammenhalt und Freiheitsrechte umzudeuten und dadurch bearbeitbar zu machen.

Insofern scheint es sinnvoll (und in Bezug auf die nötigen Voranmahmen auch sparsamer), auf Intentionszuschreibungen zunächst zu verzichten und allgemeiner nach den notwendigen Bedingungen für die Funktion alternativer Fakten zu fragen – also nicht, warum sie jemand lanciert oder warum sie jemand glaubt, wenn er sie hört, sondern warum sie in der Kommunikation ihre irritierende, diskursretardierende Wirkung entfalten können. Wie also konstituieren sich die Grenzen der kommunikativen Verständigung, die sich in alternativen Fakten zugleich ausdrücken und verbergen? Das ist es, was mit Aufklärung über die Grenzen der Aufklärung gemeint ist. Die Überwindung (oder Unschädlichmachung oder Verdrängung) dieser Grenzen ist eine praktische Herausforderung. Die soziologische Theorie kann nur hoffen, über das bessere Verständnis dieser Grenzen die Gelingensbedingungen und möglichen Nebenfolgen der unterschiedlichen Wege, diese praktische Herausforderung anzugehen, besser abschätzbar zu machen.

In diesem Sinne können die Erkenntnisse dieses Buches vielleicht zunächst einen Anstoß liefern, die umfangreiche und hervorragende Forschung zu Fake News in den Massenmedien, zu verschwörungstheoretischen Milieus, zur Psychologie des »Querdenkens«, zur Wissenschaftskommunikation etc., auf die sich die Überlegungen dieses Buches nur äußerst selektiv beziehen konnten, anders zu verknüpfen und vor allem an den Übersetzungsstellen nach Möglichkeiten zu fahnden, die diskursretardierende Wirkung alternativer Fakten zumindest zu dämpfen. Vielleicht kann ja auch schon die Erkenntnis über die kommunikative Funktion alternativer Fakten zu einer differenzierteren und damit in gewisser Weise entdramatisierten Auseinandersetzung mit dem Thema führen – allein wenn die kaum aufrechtzuerhaltende Vermutung, dass große Teile der Bevölkerung in epistemische Paralleluniversen übergesiedelt hätten, nicht mehr ständiger Begleiter der Debatte wäre, könnte das die Wirkung alternativer Fakten schon bedeutend schmälern.

Die entscheidende Aufgabe scheint mir aber in der empirischen und theoretischen Verfolgung der Spur zu liegen, die sich in der Erkenntnis andeutet, dass alternative Fakten primär als epistemisierende *Konfliktverschiebung* wirken. Aus dieser Erkenntnis folgt nämlich, dass alternative Fakten nur da reüssieren können, wo ein Konflikt schon angelegt ist, und dass der Gegenstand dieses Konflikts nicht mit dem Thema der alternativen Fakten identisch sein kann. Denn gäbe es keine vorgängige Konfliktstruktur, dann hätten alternative Fakten höchstens einen sehr geringen Informationswert in der öffentlichen Debatte – sie wären einfach als Hypothesen zu Sachverhalten formulier- und verhandelbar und könnten dementsprechend auch relativ unzeremoniell (durch Widerlegung) erledigt werden. Interessant sind sie ja nur, weil sie Sachverhalte betreffen, aus denen etwas folgt, und weil diese Folgen umstritten sind. Das war empirisch in allen hier betrachteten Fällen beobachtbar: Sean Spicer formulierte explizit, dass er den eigentlichen Skandal darin ausmachte, dass die Presseberichterstattung die »enorme Zustimmung«, die der Präsident genösse, klein erscheinen lasse. Im Vorwort des Berichts des NIPCC wird explizit thematisiert, dass der Stein des Anstoßes für die Kritik der klimawissenschaftlichen Expertise des IPCC die zu erwartende Klimapolitik war. Und auch die Kommentator:innen in den Social-Media-Konversationen zu Corona machten keinen Hehl daraus, dass es ihnen vor allem um die politische Bearbeitung der Pandemie und nicht um die Eigenschaften des Virus ging.

Und nur weil der Gegenstand des Konflikts nicht mit dem Thema der alternativen Fakten identisch ist, ist die außerordentliche propositionale Flexibilität alternativer Fakten möglich, die zu den beobachtbaren, inkohärenten Behauptungsketten geführt hat – Behauptungen zur Infektiösität eines Virus kann man wissenschaftlich überprüfen und durch eine begründete Widerlegung aus der weiteren Kommunikation verbannen. Wo der eigentliche Gegenstand aber die Pandemiepolitik ist, ist die Reihe der potenziellen Gegenbehauptungen potenziell unabschließbar und damit auch nicht zu widerlegen. Wenn das Virus unleugbar existiert, dann ist es eben eine Grippe. Wenn das nicht trägt, dann sind die Viren zu klein, um von Masken herausgefiltert zu werden. Und wenn das auch nicht stimmt, dann nehmen eben kleine Kinder, weil sie gezwungen werden, Masken zu tragen, körperlich und psychisch irreparabel Schaden.

Für die Selbstbeobachtung der Gesellschaft wirft das eine entscheidende Folgefrage auf: Wo immer alternative Fakten beginnen, ihre irritierende Wirkung zu entfalten, lässt sich dann nämlich untersuchen, an welche Konfliktstruktur hier eigentlich angeschlossen wird. Welche Konflikte werden also in genau der Verhandlung alternativer Fakten, die sie befeuern, zugleich de-thematisiert? Für die Zwecke dieses Buches war diese Frage meist hinreichend zu beantworten, aber sie ist alles andere als trivial: Denn es ist mitnichten ausgemacht, dass die Konfliktlinien, die die Artikulation alternativer Fakten befeuern, dieselben sind, die auch ihre Rezeption in der massenmedialen Debatte bestimmen. Während zum Beispiel in der Coronapandemie die Proteste, in deren Rahmen alternative Fakten, artikuliert wurden, vor allem als Partei im Konflikt um die Legitimität der in das Pandemiemanagement einbezogenen staatlichen Institutionen auftraten, bestand auf der Seite der Rezeption in Politik und Massenmedien die Funktion vor allem darin, die Abwägung von wirtschaftlichen Folgekosten und gesundheitlichen Risiken in eine zögerliche Abwägung legitimierende Sorge um politische Legitimität und Durchsetzungsfähigkeit zu überführen. Und das sind eben weder auf der einen noch auf der anderen Seite unbedingt die Konfliktlinien, die eine Betrachter:in prima facie für die entscheidenden hält – egal, wie sehr viele Sozialwissenschaftler:innen (ich eingeschlossen) sich eine Debatte um die sozial ungleich verteilten Gesundheitsrisiken und wirtschaftlichen Folgekosten gewünscht hätten: Zumindest diese kursorische Untersuchung war nicht in der Lage, Konflikte um diese Frage als Triebkraft hinter der Auseinandersetzung um alternative Fakten zum Coronavirus auszumachen.

Man kann sich auf den Standpunkt stellen, dass die Lösung der Probleme, die sich der Gesellschaft als Krisen zu stellen scheinen, ohnehin unvermeidlich scheitert, weil die Komplexität der Gesellschaft dazu zwingt, die Probleme qua vorsichtig tastendem, ständig ergebniskontrollierendem *piecemeal engineering* kleinzuarbeiten und damit immer hinter der eigentlichen Drastik der Situation zurückzubleiben. In diesem Fall wären alternative Fakten das unvermeidbare (und vielleicht sogar gelegentlich im emphatischen Sinne funktionale) Begleitgeräusch, das das »Unbehagen«[30] der Gesellschaft ob dieses Umstandes zu rationalisieren hilft – analog zur »organisierten Heuchelei«, die in der Organisationssoziologie ja ebenfalls als Problembearbeitung in Situationen widersprüchlicher Anforderungen gilt.[31] Auch in der Psychoanalyse sind ja Verdrängung und Verneinung nicht zwingend pathologische, sondern oft genug einfach unvermeidliche Mechanismen, die Schlimmeres verhüten helfen. Man kann aber auch argumentieren, dass diese Sicht der Dinge die entscheidenden politischen Konflikte gerade durch Verästelung und Verrätselung unlösbar erscheinen lässt und zumindest qua Wahlverwandtschaft in die Nähe der konservativen Gegenwartsverwaltung gerät.[32] Die Entscheidung für eine dieser Sichtweisen kann selbst allerdings nicht gesell-

30 Vgl. Nassehi, Armin, *Unbehagen. Theorie der überforderten Gesellschaft*, München: Beck 2021.

31 Vgl. Brunsson, Nils, *The Organization of Hypocracy. Talk, Decisions and Actions in Organizations*, Kopenhagen: CBS Press 2019 [1989].

32 Vgl. Youssef, Ramy, »Überforderte Gesellschaft. Radikale Forderungen sind auch keine Lösung«, in: *Frankfurter Allgemeine Zeitung* (5. November 2021), online verfügbar unter: {https://www.faz.net/aktuell/feuilleton/buecher/rezensionen/sachbuch/armin-nassehis-buch-unbehagen-theorie-der-ueberforderten-gesellschaft-17585243.html}.

schaftstheoretisch begründet, sondern höchstens plausibilisiert werden. Und diese Entscheidung müssen deshalb auch Soziolog:innen, wie alle anderen, selbst treffen. Der Beitrag einer soziologischen Aufklärung (Luhmann) oder einer Sozio-Analyse (Bourdieu) kann aber in jedem Fall darin liegen, die Konflikte explizit zu machen, die in den betreffenden politischen Aushandlungen wirksam werden. Ob man diese Konflikte dann in der Auseinandersetzung aufgreift, ob und wie man sie eskalieren lassen sollte – das ist eine politische Frage, die letzten Endes praktisch ausgefochten werden muss. Wo sie aber explizit gestellt wird, da werden alternative Fakten voraussichtlich von nachgeordneter Bedeutung sein.

Literatur

Adorno, Theodor W. (Hg.), *Der Positivismusstreit in der deutschen Soziologie*, Darmstadt: Luchterhand 1987 [1969].

Adorno, Theodor W., »Beitrag zur Ideologienlehre« (1954), in: ders., *Soziologische Schriften I*, Berlin: Suhrkamp 2020, S. 457-477.

Allcott, Hunt/Matthew Gentzkow, »Social media and fake news in the 2016 election«, in: *Journal of Economic Perspectives* 31/2 (2017), S. 211-236, online verfügbar unter: {https://doi.org/10.1257/jep.31.2.211} (alle URL Stand März 2022).

Arendt, Hannah, »Wahrheit und Politik« (1964), in: dies., *Wahrheit und Lüge in der Politik. Zwei Essays*, München: Piper 2021.

Baraldi, Claudio, »Interaktion«, in: *GLU. Glossar zu Niklas Luhmanns Theorie sozialer Systeme*, herausgegeben von Claudio Baraldi, Giancarlo Corsi und Elena Esposito, Frankfurt am Main: Suhrkamp 2015 [1997], S. 82-85.

Baraldi, Claudio, »Politik«, in: Baraldi/Corsi/Esposito (Hg.), *GLU*, a. a. O., S. 135-139.

Barkun, Michael, *A Culture of Conspiracy. Apocalyptic Visions in Contemporary America*, Berkeley/Los Angeles: University of California Press 2013.

Beisch, Natalie/Carmen Schäfer, »Ergebnisse der ARD/ZDF-Onlinestudie: Internetnutzung mit großer Dynamik. Medien, Kommunikation, Social Media«, in: *Media Perspektiven* 9/2020, online verfügbar unter: {https://www.ard-zdf-onlinestudie.de/files/2020/0920_Beisch_Schaefer.pdf}.

Benz, Arthur, *Kooperative Verwaltung. Funktion, Voraussetzungen und Folgen*, Baden-Baden: Nomos 1994.

Beregow, Elena, »Theorieatmosphären. Soziologische Denkstile als affektive Praxis«, in: *Berliner Journal für Soziologie* 31/2 (2021), S. 189-217, online verfügbar unter: {https://doi.org/10.1007/s11609-021-00447-5}.

Berger, Peter L./Thomas Luckmann, *Die gesellschaftliche Konstruktion der Wirklichkeit. Eine Theorie der Wissenssoziologie*, Frankfurt am Main: Fischer 1969 [1966].

Bloch, Ernst, *Erbschaft dieser Zeit*, Frankfurt am Main: Suhrkamp 1985 [1935].

Bogner, Alexander, *Die Epistemisierung des Politischen. Wie die Macht des Wissens die Demokratie gefährdet*, Ditzingen: Reclam 2021.

Bogner, Alexander/Wolfgang Menz, »Wissen und Werte im Widerstreit. Zum Verhältnis von Expertise und Politik in der Corona-Krise«, in: *Leviathan* 49/1 (2021), S. 112-132, online verfügbar unter: {https://doi.org/10.5771/0340-0425-2021-1-111}.

Bohnsack, Ralf, »Dokumentarische Methode und sozialwissenschaftliche Hermeneutik«, in: *Zeitschrift für Erziehungswissenschaft* 6/4 (2003), S. 550-570.

Bohnsack, Ralf, »Dokumentarische Methode: Theorie und Praxis wissenssoziologischer Interpretation«, in: *Wie kommt die Wissenschaft zum Wissen?*, herausgegeben von Theo Hug, Hohengehren: Schneider Verlag 2021, S. 326-345.

Bohnsack, Ralf, *Rekonstruktive Sozialforschung*, Opladen/Farmington Hills: Barbara Budrich 2010.

Boltanski, Luc, *Rätsel und Komplott. Kriminalliteratur, Paranoia, moderne Gesellschaft*, Berlin: Suhrkamp 2013.

Bourdieu, Pierre, »Die öffentliche Meinung gibt es nicht« (1972), in: ders., *Soziologische Fragen*, Frankfurt am Main: Suhrkamp 1993, S. 212-223.

Bourdieu, Pierre, *Die feinen Unterschiede. Kritik der gesellschaftlichen Urteilskraft*, Frankfurt am Main: Suhrkamp 1994 [1979].

Bourdieu, Pierre, *Meditationen. Zur Kritik der scholastischen Vernunft*, Frankfurt am Main: Suhrkamp 2001.

Bourdieu, Pierre, *Was heißt sprechen? Zur Ökonomie des sprachlichen Tausches*, Wien: New Academic Press 2012 [1982].

Bourdieu, Pierre, »Der Begriff ›Volk‹ und sein Gebrauch« (1992), in: ders., *Politik*, herausgegeben von Franz Schultheis und Stephan Egger, Berlin: Suhrkamp 2013, S. 117-123.

Bourdieu, Pierre, »Das politische Feld« (2000), in: ders., *Politik*, a. a. O., S. 97-112.

Brandom, Robert B., *Begründen und Begreifen. Eine Einführung in den Inferentialismus*, Frankfurt am Main: Suhrkamp 2001.

Brandom, Robert B., *Im Geiste des Vertrauens. Eine Lektüre der Phänomenologie des Geistes*, Berlin: Suhrkamp 2021.

Brashier, Nadia M./Daniel L. Schacter, »Aging in an era of fake news«, in: *Current Directions in Psychological Science* 29/3 (2020), S. 316-323, online verfügbar unter: {https://doi.org/10.1177/0963721420915872}.

Bruder, Martin et al., »Measuring individual differences in generic beliefs in conspiracy theories across cultures: The Conspiracy Mentality Questionnaire (CMQ)«, in: *Frontiers in Psychology* 4/225 (2013), S. 2-15, online verfügbar unter {https://doi.org/10.3389/fpsyg.2013.00225}.

Brunsson, Nils (2019) [1989], *The Organization of Hypocrisy. Talk, Decisions and Actions in Organizations*, Kopenhagen: CBS Press.

Butter, Michael, *»Nichts ist, wie es scheint«. Über Verschwörungstheorien*, Berlin: Suhrkamp 2018.

Corsi, Giancarlo, »Moral«, in: Baraldi/Corsi/Esposito, *GLU*, a. a. O., S. 119-121.

Dyk, Silke van, »Krise der Faktizität? Über Wahrheit und Lüge in der Politik und die Aufgabe der Kritik«, in: *Prokla. Zeitschrift für kritische Sozialwissenschaft* 47/3 (2017), S. 347-368, online verfügbar unter: {https://www.prokla.de/index.php/PROKLA/article/view/65}.

Elster, Jon, »Arguing and bargaining in two constituent assemblies«, in: *University of Pennsylvania Journal of Constitutional Law* 2 (2000), online verfügbar unter: {https://scholarship.law.upenn.edu/jcl/vol2/iss2/1/}.

Faas, Thorsten/Mona Krewel, »Corona-Sprechstunde mit Maybrit Illner, Anne Will & Frank Plasberg: Parteilich & oberflächlich oder ausgewogen & informativ? Erste Ergebnisse einer Analyse der Qualität der Diskussionen über die Covid-19-Pandemie in ausgewählten deutschen Polit-Talkshows« (2021), online verfügbar unter: {https://rudolf-augstein-stiftung.de/wp-content/uploads/2021/11/studie-corona-sprechstunde-faas-rudolf-augstein-stiftung.pdf}.

Flaxman, Seth/Sharad Goel/Justin M. Rao, »Filter bubbles, echo chambers, and online news consumption«, in: *Public Opinion Quarterly* 80/1 (2016), S. 298-320, online verfügbar unter: {https://doi.org/10.1093/poq/nfw006}.

Frankfurt, Harry G., *Bullshit*, Berlin: Suhrkamp 2019 [1988].

Freud, Sigmund, »Der Witz und seine Beziehung zum Unbewussten« (1905), in: ders., *Psychologische Schriften*, Studienausgabe, Bd. IV, Frankfurt am Main: Fischer 1970, S. 9-219.

Freud, Sigmund, »Die Verneinung« (1925), in: *Psychologie des Unbe-*

wußten, Studienausgabe, Bd. III, Frankfurt am Main: Fischer 1975, S. 371-377.

Gabriel, Markus, *Fiktionen*, Berlin: Suhrkamp 2020.

Garfinkel, Harold, »Das Alltagswissen über soziale und innerhalb sozialer Strukturen«, in: *Alltagswissen, Interaktion und gesellschaftliche Wirklichkeit*, herausgegeben von der Arbeitsgruppe Bielefelder Soziologen, Opladen: Westdeutscher Verlag 1981, S. 189-262.

Gess, Nicola, *Halbwahrheiten. Zur Manipulation von Wirklichkeit*, Berlin: Matthes & Seitz 2021.

Goffman, Erving, *Wir alle spielen Theater. Die Selbstdarstellung im Alltag*, München: Piper 2019 [1956].

Habermas, Jürgen, »Überlegungen und Hypothesen zu einem erneuten Strukturwandel der politischen Öffentlichkeit«, in: Seeliger/Sevignani (Hg.), *Ein neuer Strukturwandel der Öffentlichkeit?*, a. a. O., S. 470-500.

Hatchett, Richard J./Carter E. Mecher/Marc Lipsitch, »Public health interventions and epidemic intensity during the 1918 influenza pandemic«, in: *Proceedings of the National Academy of Sciences* 104/18 (2007), S. 7582-7587, online verfügbar unter: {https://doi.org/10.1073/pnas.0610941104}.

Hegel, Georg Friedrich Wilhelm, *Wissenschaft der Logik. Die objektive Logik*, Frankfurt am Main: Suhrkamp 1986 [1816].

Hegel, Georg Wilhelm Friedrich, *Phänomenologie des Geistes*, Hamburg: Felix Meiner 1988 [1807].

Hegel, Georg Wilhelm Friedrich, *Grundlinien der Philosophie des Rechts*, Hamburg: Felix Meiner 2017 [1820].

Heitmeyer, Wilhelm/Manuela Freiheit/Peter Sitzer, *Rechte Bedrohungsallianzen. Signaturen der Bedrohung II*, Berlin: Suhrkamp 2020.

Hentschel, Christine, »›Das große Erwachen‹: Affekt und Narrativ in der Bewegung gegen die Corona-Maßnahmen«, in: *Leviathan* 49/1 (2021), S. 62-85, online verfügbar unter: {https://doi.org/10.5771/0340-0425-2021-1-62}.

Hirschi, Caspar, »Expertise in der Krise. Zur Totalisierung der Expertenrolle in der Euro-, Klima- und Coronakrise«, in: *Umstrittene Expertise. Zur Wissensproblematik in der Politik*, herausgegeben von Sebastian Büttner und Thomas Laux, Baden-Baden: Nomos 2021, S. 161-186.

Hitzler, Ronald/Anne Honer/Christoph Maeder (Hg.), *Expertenwissen. Die institutionalisierte Kompetenz zur Konstruktion von Wirklichkeit*, Opladen: Westdeutscher Verlag 1994.
Hoffarth, Mark Romeo/Gordon Hodson, »Green on the outside, red on the inside: Perceived environmentalist threat as a factor explaining political polarization of climate change«, in: *Journal of Environmental Psychology* 45 (2016), S. 40-49, online verfügbar unter: {https://doi.org/10.1016/j.jenvp.2015.11.002}.

Imhoff, Roland/Oliver Decker/Norman Geißler/Andreas Hinz, »Verschwörungsmentalität als Weltbild«, in: *Rechtsextremismus der Mitte. Eine Sozialpsychologische Gegenwartsdiagnose*, herausgegeben von Oliver Decker, Johannes Kiess und Elmar Brähler, Gießen: Psychosozial Verlag 2013, S. 146-160.

Jakobs, Ilka/Tanjev Schultz/Christina Viehmann/Oliver Quiring/Nikolaus Jackob/Marc Ziegele/Christian Schemer, »Medienvertrauen in Krisenzeiten. Mainzer Langzeitstudie Medienvertrauen 2020«, in: *Media Perspektiven* 3 (2021), S. 152-62, online verfügbar unter: {https://medienvertrauen.uni-mainz.de/files/2021/04/Medienvertrauen_Krisenzeiten.pdf}.
Jang, S. Mo/Joon K. Kim, »Third person effects of fake news: Fake news regulation and media literacy interventions«, in: *Computers in Human Behavior* 80 (2018), S. 295-302, online verfügbar unter: {https://doi.org/10.1016/j.chb.2017.11.034}.

Kuhn, Oliver, »Spekulative Kommunikation und ihre Stigmatisierung – am Beispiel der Verschwörungstheorien«, in: *Zeitschrift für Soziologie* 39/2 (2016), S. 106-123, online verfügbar unter: {https://doi.org/10.1515/zfsoz-2010-0202}.
Kumkar, Nils C., »Autoritarismus und Realitätsverlust. Das Krisenerleben des klassischen Kleinbürgertums und die Attraktivität Donald Trumps«, in: *Psychologie und Gesellschaftskritik* 3/4 (2017), S. 87-107.
Kumkar, Nils C. (2018), *The Tea Party, Occupy Wall Street, and the Great Recession*, Basingstoke/New York: Palgrave.

Lindemann, Gesa, *Strukturnotwendige Kritik. Theorie der modernen Gesellschaft*, Band 1, Weilerswist: Velbrück Wissenschaft 2019.
Luhmann, Niklas, »Die Praxis der Theorie«, in: *Soziologische Aufklä-*

rung. Aufsätze zur Theorie sozialer Systeme, Bd. 1, Opladen: Westdeutscher Verlag 1974, S. 253-267.

Luhmann, Niklas, *Die Realität der Massenmedien*, Opladen: Westdeutscher Verlag 1996.

Luhmann, Niklas, *Vertrauen. Ein Mechanismus der Reduktion sozialer Komplexität*, Stuttgart: Lucius & Lucius 2009 [1968].

Luhmann, Niklas, *Die Gesellschaft der Gesellschaft*, Frankfurt am Main: Suhrkamp 2015 [1998].

Luhmann, Niklas, *Die Politik der Gesellschaft*, Frankfurt am Main: Suhrkamp 2019 [2002].

Mannheim, Karl, »Eine soziologische Theorie der Kultur und ihrer Erkennbarkeit (Konjunktives und kommunikatives Denken)« (1924), in: *Strukturen des Denkens*, herausgegeben von David Kettler, Volker Meja und Nico Stehr, Frankfurt am Main: Suhrkamp 1980, S. 155-322.

Maschewski, Felix/Anna-Verena Nosthoff, »Der plattformökonomische Infrastrukturwandel der Öffentlichkeit: Facebook und Cambridge Analytica revisited«, in: Seeliger/Sevignani (Hg.), *Ein neuer Strukturwandel der Öffentlichkeit?*, a. a. O., S. 320-341.

Maurer, Marcus/Carsten Reinemann/Simon Kruschinski, »Einseitig, unkritisch, regierungsnah? Eine empirische Studie zur Qualität der journalistischen Berichterstattung über die Corona-Pandemie« (2021), online verfügbar unter: {https://rudolf-augstein-stiftung.de/wp-content/uploads/2021/11/Studie-einseitig-unkritisch-regierungsnah-reinemann-rudolf-augstein-stiftung.pdf}.

Mayer, Adam, »Social support for de-carbonizing the energy system: The role of expressive partisanship«, in: *Environmental Science & Policy* 109 (2020), S. 83-94, online verfügbar unter: {https://doi.org/10.1016/j.envsci.2020.03.013}.

Mead, George Herbert, »Die soziale Identität« (1913), in: ders., *Gesammelte Aufsätze*, herausgegeben von Hans Joas, Frankfurt am Main: Suhrkamp 1987, S. 241-249.

Mead, George Herbert, *Geist, Identität und Gesellschaft*, Frankfurt am Main: Suhrkamp 1995 [1934].

Medimorec, Srdan/Gordon Pennycook, »The language of denial: Text analysis reveals differences in language use between climate change proponents and skeptics«, in: *Climatic Change* 133/4 (2015), S. 597-605, online verfügbar unter: {https://doi.org/10.1007/s10584-015-1475-2}.

Molyneux, Logan/Shannon C. McGregor, »Legitimating a platform: Evidence of journalists' role in transferring authority to Twitter«, in: *Information, Communication & Society* 0/0 (2021), S. 1-19, online verfügbar unter: {https://doi.org/10.1080/1369118X.2021.1874037}.

Moscovici, Serge, »The conspiracy mentality«, in: *Changing Conceptions of Conspiracy*, herausgegeben von Carl F. Graumann und Serge Moscovici, New York: Springer 1987, S. 151-169, online verfügbar unter: {https://doi.org/10.1007/978-1-4612-4618-3_9}.

Mudde, Cas, »The populist zeitgeist«, in: *Government and Opposition* 39/4 (2004), S. 542-563, online verfügbar unter: {https://doi.org/10.1111/j.1477-7053.2004.00135.x}.

Myers, Rupert, »The smear factor: The power of anonymous allegations to affect democracy, justice and the political system«, in: *Index on Censorship* 45/3 (2016), S. 42f., online verfügbar unter: {https://doi.org/10.1177/0306422016670339}.

Nachtwey, Oliver/Robert Schäfer/Nadine Frei, »Politische Soziologie der Corona-Proteste«, in: *SocArXiv* (16. Dezember 2020), online verfügbar unter: {https://doi.org/10.31235/osf.io/zyp3f}.

Nassehi, Armin, *Muster. Theorie der digitalen Gesellschaft*, München: Beck 2019.

Nassehi, Armin, *Unbehagen. Theorie der überforderten Gesellschaft*, München: Beck 2021.

National Research Council, *Changing Climate. Report of the Carbon Dioxide Assessment Committee*, Washington, D.C.: The National Academies Press 1983, online verfügbar unter: {https://doi.org/10.17226/18714}.

Nguyen-Kim, Mai Thi, *Die kleinste gemeinsame Wirklichkeit. Wahr, falsch, plausibel – die größten Streitfragen wissenschaftlich geprüft*, München: Droemer 2021.

Nocun, Katharina/Pia Lamberty, *True Facts. Was gegen Verschwörungserzählungen wirklich hilft*, Köln: Quadriga 2021.

Nocun, Katharina/Pia Lamberty, *Fake Facts. Wie Verschwörungstheorien unser Denken bestimmen*, Köln: Quadriga 2020.

Oevermann, Ulrich, »Eine exemplarische Fallrekonstruktion zum Typus versozialwissenschaftlichter Identitätsformation«, in: *Vom Ende des Individuums zu Individualität ohne Ende*, herausgegeben von Hanns-Georg Brose und Bruno Hildenbrand, Opladen: Leske & Budrich 1988, S. 243-286.

Oreskes, Naomi, »The scientific consensus on climate change«, in: *Science* 306 (2004), S. 1686, online verfügbar unter: {https://doi.org/10.1126/science.1103618}.

Oreskes, Naomi/Erik M. Conway, *Merchants of Doubt: How a Handful of Scientists Obscured the Truth on Issues from Tobacco Smoke to Global Warming*, London: Bloomsbury 2011; deutsche Übersetzung: Oreskes, Naomi/Erik M. Conway, *Die Machiavellis der Wissenschaft. Das Netzwerk des Leugnens*, Weinheim: Wiley-VCH 2014.

Pew Research Center, »Many fault media coverage of health care debate«, in: *Pew Research Center – U. S. Politics & Policy* (6. August 2009), online verfügbar unter: {https://www.pewresearch.org/politics/2009/08/06/many-fault-media-coverage-of-health-care-debate/}.

Pew Research Center, »Americans' views on climate change and climate scientists«, in: *Pew Research Center Science & Society*, (4. Oktober 2016), online verfügbar unter: {https://www.pewresearch.org/science/2016/10/04/public-views-on-climate-change-and-climate-scientists/}.

Pew Research Center, »An examination of the 2016 electorate, based on validated voters«, in: *Pew Research Center – U. S. Politics & Policy* (9. August 2018), online verfügbar unter: {https://www.pewresearch.org/politics/2018/08/09/an-examination-of-the-2016-electorate-based-on-validated-voters/}.

Pfaller, Robert, *Die Illusionen der anderen. Über das Lustprinzip in der Kultur*, Frankfurt am Main: Suhrkamp 2002.

Pfister, Ulrich (Hg.), *Kulturen des Entscheidens. Narrative, Praktiken, Ressourcen*, Göttingen: Vandenhoeck & Ruprecht 2018.

Plan International, »The truth gap: How misinformation and disinformation online affect the lives, learning and leadership of girls and young women« (2021), online verfügbar unter: {https://plan-international.org/publications/truth-gap}.

Przyborski, Aglaja/Monika Wohlrab-Sahr, *Qualitative Sozialforschung. Ein Arbeitsbuch*, München: Oldenbourg 2014.

Rebentisch, Juliane, *Der Streit um Pluralität. Auseinandersetzungen mit Hannah Arendt*, Berlin: Suhrkamp 2022.

Reichardt, Sven (Hg.), *Die Misstrauensgemeinschaft der »Querdenker«. Die Corona-Proteste aus kultur- und sozialwissenschaftlicher Perspektive*, Frankfurt am Main: Campus 2021.

Rescher, Nicholas, *Scepticism. A Critical Reappraisal*, Oxford: Blackwell 1980.

Rosa, Hartmut, »Best Account. Skizze einer systematischen Theorie der modernen Gesellschaft«, in: Andreas Reckwitz/Hartmut Rosa, *Spätmoderne in der Krise. Was leistete die Gesellschaftstheorie?*, Berlin: Suhrkamp 2021, S. 151-251.

Rosa, Hartmut, »Demokratischer Begegnungsraum oder lebensweltliche Filterblase? Resonanztheoretische Überlegungen zum Strukturwandel der Öffentlichkeit im 21. Jahrhundert«, in: Seeliger/Sevignani (Hg.), *Ein neuer Strukturwandel der Öffentlichkeit?*, a. a. O., S. 252-274.

Rucht, Dieter, »Gegenöffentlichkeit und Gegenexperten. Zur Institutionalisierung des Widerspruchs in Politik und Recht«, in: *Zeitschrift für Rechtssoziologie* 9/2 (1988), S. 290-305.

Schaffner, Brian F./Samantha Luks, »Misinformation or expressive responding? What an inauguration crowd can tell us about the source of political misinformation in surveys«, in: *Public Opinion Quarterly* 82/1 (2018), S. 135-47, online verfügbar unter: {https://doi.org/10.1093/poq/nfx042}.

Schelling, Thomas C., *The Strategy of Conflict*, Cambridge: Harvard University Press 1980 [1960].

Schelling, Thomas C., »Climate change: Implications for welfare and policy«, in: *Changing Climate. Report of the Carbon Dioxide Assessment Committee*, herausgegeben vom National Research Council, Washington, D. C.: The National Academies Press 1983, S. 449-482, online verfügbar unter: {https://doi.org/10.17226/18714}.

Schimank, Uwe, »Die Moderne. Eine funktional differenzierte kapitalistische Gesellschaft«, in: *Berliner Journal für Soziologie* 19/3 (2009), S. 327-351, online verfügbar unter: {https://doi.org/10.1007/s11609-009-0101-4}.

Schimank, Uwe, *Handeln und Strukturen. Einführung in die akteurtheoretische Soziologie*, Weinheim und Basel: Beltz Juventa 2016 [2000].

Schimank, Uwe, »Kulturelles am Entscheiden. Ein Kommentar aus soziologischer Perspektive«, in: *Kulturen des Entscheidens: Prakti-*

ken – Narrative – Ressourcen, herausgegeben von Ulrich Pfister, Göttingen: Vandenhoeck & Ruprecht 2017, S. 387-404.

Scholl, Armin/Julia Völker, »Fake News, aktuelle Desinformationen und das Problem der Systematisierung. Anmerkungen zum Aufsatz von Fabian Zimmermann & Matthias Kohring ›‹Fake News› als aktuelle Desinformation – systematische Bestimmung eines heterogenen Begriffs‹ in M&K 4/2018«, in: *Medien & Kommunikationswissenschaft* 67/2 (2019), S. 206-214, online verfügbar unter: {https://doi.org/10.5771/1615-634X-2019-2-206}.

Schrape, Jan-Felix, »Social Media, Massenmedien und gesellschaftliche Wirklichkeitskonstruktion«, in: *Berliner Journal für Soziologie* 21/3 (2011), S. 407-429, online verfügbar unter: {https://doi.org/10.1007/s11609-011-0160-1}.

Schütze, Alfred, *Der sinnhafte Aufbau der sozialen Welt. Eine Einleitung in die verstehende Soziologie*, Frankfurt am Main: Suhrkamp 1981 [1974].

Schwarz, Ori, *Sociological Theory for Digital Society. The Codes that Bind Us Together*, Cambridge/Medford: Polity Press 2021.

Searle, John R., *Die Konstruktion der gesellschaftlichen Wirklichkeit. Zur Ontologie sozialer Tatsachen*, Berlin: Suhrkamp 2018 [1995].

Seeliger, Martin/Sebastian Sevignani (Hg.), *Ein neuer Strukturwandel der Öffentlichkeit?*, Baden-Baden: Nomos 2021.

Skocpol, Theda/Vanessa Williamson, *The Tea Party and the Remaking of Republican Conservatism*, Oxford: Oxford University Press 2012.

Spiegel, Simon et al., »Verschwörungstheorien als narratives Phänomen«, in: *Zeitschrift für Fantastikforschung* 8/1 (21. Dezember 2020), online verfügbar unter: {https://doi.org/10.16995/zff.3415}.

Staab, Philipp/Thorsten Thiel, »Privatisierung ohne Privatismus. Soziale Medien im digitalen Strukturwandel der Öffentlichkeit«, in: Seeliger/Sevignani (Hg.), *Ein neuer Strukturwandel der Öffentlichkeit?*, a. a. O., S. 275-297, online verfügbar unter: {https://doi.org/10.5771/9783748912187-275}.

Staley, Richard, »Partisanal knowledge: On Hayek and heretics in climate science and discourse«, in: *Weak Knowledge*, herausgegeben von Moritz Epple, Annette Imhausen und Falk Müller, Frankfurt am Main: Campus 2019, S. 351-375.

Stichweh, Rudolf, *Der frühmoderne Staat und die europäische Universität. Zur Interaktion von Politik und Erziehungssystem im Pro-*

zeß ihrer Ausdifferenzierung (16.-18. Jh.), Frankfurt am Main: Suhrkamp 1991.
Streeck, Hendrik et al., »Infection fatality rate of SARS-CoV2 in a super-spreading event in Germany«, in: *Nature Communications* 11/1 (2020), 5829, online verfügbar unter: {https://doi.org/10.1038/s41467-020-19509-y}.

Taylor, Charles, »What is human agency?«, in: *Human Agency and Language*, Cambridge und London: Cambridge University Press 1985, S. 15-44.
Taylor, Charles, *Quellen des Selbst. Die Entstehung der neuzeitlichen Identität*, Frankfurt am Main: Suhrkamp 1994.
Taylor, Charles, *Das sprachbegabte Tier*, Berlin: Suhrkamp 2017.
Trautmann, Hannah/Nils C. Kumkar, »Alternative Fakten im Gespräch: AfD-Diskussionen auf Facebook«, Otto Brenner Stiftung 2021, online verfügbar unter: {https://www.otto-brenner-stiftung.de/fileadmin/user_data/stiftung/02_Wissenschaftsportal/03_Publikationen/AP49_Alternative_Fakten.pdf}.

Wagner, María Celeste/Pablo J. Boczkowski, »The reception of fake news: The interpretations and practices that shape the consumption of perceived misinformation«, in: *Digital Journalism* 7/7 (2019), S. 870-885, online verfügbar unter: {https://doi.org/10.1080/21670811.2019.1653208}.
Watzlawick, Paul, *Wie wirklich ist die Wirklichkeit? Wahn, Täuschung, Verstehen*, München: Piper 2021 [1976].
Weingart, Peter, »Scientific expertise and political accountability: Paradoxes of science in politics«, in: *Science and Public Policy* 26/3 (1999), S. 151-161, online verfügbar unter: {https://doi.org/10.3152/147154399781782437}.
Weingart, Peter, *Wissenschaftssoziologie*, Bielefeld: Transcript 2015.
Weingart, Peter »›Wahres Wissen‹ und demokratisch verfasste Gesellschaft«, in: *Aus Politik und Zeitgeschichte* 67/13 (2017), S. 11-16.
Weingart, Peter/Anita Engels/Petra Pansegrau, *Von der Hypothese zur Katastrophe. Der anthropogene Klimawandel im Diskurs zwischen Wissenschaft, Politik und Massenmedien*, Opladen/Farmington Hills: Barbara Budrich 2008.
Wright, Jake, »›Many people are saying …‹: Applying the lessons of naïve skepticism to the fight against fake news and other ›total bullshit‹«, in: *Postdigital Science and Education* 2/1 (2020), S. 113-

131, online verfügbar unter: {https://doi.org/10.1007/s42438-019-00051-0}.

Zimmermann, Fabian/Matthias Kohring, »›Fake News‹ als aktuelle Desinformation. Systematische Bestimmung eines heterogenen Begriffs«, in: *Medien & Kommunikationswissenschaft* 66/4 (2018), S. 525-541, online verfügbar unter: {https: doi.org/10.5771/1615-634X-2018-4-526}.

Danksagung

Die Entstehung dieses Buches fiel in eine Zeit, in der Lockdowns, Shutdowns, Kitaschließungen, Online-Konferenzen und Fernlehre mich an den Bildschirm in meinem Arbeitszimmer fesselten. Das war Zufall, und das ausschlaggebende Forschungsprojekt zu alternativen Fakten in Social-Media-Diskursen hatte ich schon vorher entwickelt und beantragt. Passend war es trotzdem: Das Material zu den Untersuchungen in diesem Buch musste man im Internet kaum suchen, es drängte sich in einem Umfang auf, der es eher schwierig machte, eine Auswahl zu treffen – und es war immer noch zu viel für das Literaturverzeichnis. Deshalb habe ich mich entschieden, Online-Quellen (die in den Fußnoten selbstverständlich trotzdem aufgeführt sind) in der Regel nicht in die Bibliografie aufzunehmen, wenn es sich um Artikel von den Homepages von Tageszeitungen, um Blog-Beiträge, Twitter-Posts oder andere Ephemera des Internets handelt. Dort finden sich lediglich Einträge, für die man zumindest theoretisch noch in eine Bibliothek hätte fahren können.

Obwohl ich dieses Buch also buchstäblich im stillen Kämmerlein ersonnen und geschrieben habe, war ich dabei keinesfalls allein: Die ersten Tastversuche zu den Gedanken aus dem Kapitel »Die größte Feier der Geschichte« habe ich auf der Tagung »Digital Truth-Making: Ethnographic Perspectives on Practices, Infrastructures and Affordances of Truth-Making in Digital Societies« der dgv/DGEKW-Kommission »Digitalisierung im Alltag« vorgestellt. Den Teilnehmer:innen danke ich für ihre Anmerkungen.

Das Kapitel »Eine zweite Meinung zum Klima-Konsens« geht im Wesentlichen auf Überlegungen zurück, die ich in dem Artikel »Unbestimmte Negation. Gegenexpertise als alternative Fakten« entwickelt habe, der 2021 in dem von Sebastian Büttner und Thomas Laux herausgegebenen *Leviathan*-Sonderband »Umstrittene Expertise« erschienen ist – den Herausgebern des Bandes, dem anonymen Reviewer des Artikels und den Teilnehmer:innen der Tagung der Sektion Politische Soziologie der Deutschen Gesellschaft für Soziologie (DGS) im Sommer 2020, auf der ich diese Argumente erstmals zur Diskussion gestellt habe, danke ich ebenfalls für ihre Anmerkungen.

Das Kapitel »Masken und Maulkörbe« geht auf ein von der Otto-Brenner-Stiftung finanziertes Forschungsprojekt zu alternativen Fakten in rechtspopulistischen Social-Media-Diskursen zurück, das ich gemeinsam mit Hannah Trautmann durchgeführt habe. Die Ergebnisse des Projekts wurden zunächst im August 2021 als OBS-Arbeitspapier 49 *Alternative Fakten im Gespräch* veröffentlicht. Der AG Qualitative Methoden und Mikrosoziologie am SOCIUM der Universität Bremen und insbesondere der Leiterin Betina Hollstein danke ich für die hilfreichen Diskussionen, die den Antrag erst möglich und die Ergebnisse sehr viel besser gemacht haben.

Den »großen Bogen«, den ich im Fazit aus den einzelnen Fallstudien zu entwickeln versuche, habe ich im Herbst 2021 auf der Tagung der DGS-Sektion Soziologische Theorie erstmals zur Diskussion gestellt. Den Teilnehmer:innen dieser Tagung danke ich für ihre Anmerkungen.

Außerdem danke ich meiner Agentin, Aenne Glienke, sowie dem Programmleiter der edition Suhrkamp, Heinrich Geiselberger, ohne die dieses Buch wahrscheinlich nicht zustande gekommen, auf jeden Fall aber weniger schön geworden wäre. Auch all denen, die Kapitel dieses Buches gelesen und mich auf Bruchstellen in der Argumentation und ungeschickte Formulierungen hingewiesen haben, danke ich von Herzen: David Bebnowski, Jennifer Brichzin, Thorsten Peetz, Uwe Schimank, Hannah Trautmann und Désirée Waibel. Was jetzt noch falsch ist, ist wirklich meine Schuld.

Der größte Dank geht an Levi Kumkar und Verena Letsch – aber das gehört nicht hierher.